단숨에 켠다.

단기 특강

독서

Contents

단숨에 켠다.

단기 특강

독서

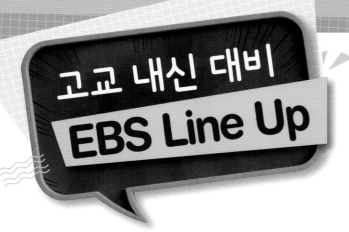

고교 내신 대비 EBS Line Up

고등학교 0학년 필수 교재
고등예비과정

국어, 영어, 수학, 한국사, 사회, 과학 6책

모든 교과서를 한 권으로,
교육과정 필수 내용을 빠르고 쉽게!

국어 · 영어 · 수학 내신 + 수능 기본서
올림포스

국어, 영어, 수학 16책

내신과 수능의 기초를 다지는 기본서
학교 수업과 보충 수업용 선택 No.1

국어 · 영어 · 수학 개념+기출 기본서
올림포스
전국연합학력평가
기출문제집

국어, 영어, 수학 10책

개념과 기출을 동시에 잡는 신개념 기본서
최신 학력평가 기출문제 완벽 분석

한국사 · 사회 · 과학 개념 학습 기본서
개념완성

한국사, 사회, 과학 19책

한 권으로 완성하는 한국사, 탐구영역의 개념
부가 자료와 수행평가 학습자료 제공

수준에 따라 선택하는 영어 특화 기본서
영어 POWER 시리즈

Grammar POWER 3책
Reading POWER 4책
Listening POWER 2책
Voca POWER 2책

원리로 익히는 국어 특화 기본서
국어 독해의 원리

현대시, 현대 소설, 고전 시가, 고전 산문,
독서 5책

국어 문법의 원리

수능 국어 문법, 수능 국어 문법 180제 2책

기초 수학 닥터링부터 고난도 문항까지
올림포스 닥터링

수학, 수학 I, 수학 II, 확률과 통계, 미적분 5책

올림포스 고난도

수학, 수학 I, 수학 II, 확률과 통계, 미적분 5책

최다 문항 수록 수학 특화 기본서
수학의 왕도

수학(상), 수학(하), 수학 I, 수학 II,
확률과 통계, 미적분 6책

개념의 시각화 + 세분화된 문항 수록
기초에서 고난도 문항까지 계단식 학습

단기간에 끝내는 내신
단기 특강

국어, 영어, 수학 8책

얇지만 확실하게, 빠르지만 강하게!
내신을 완성시키는 문항 연습

| 2부 | 실전 문제 |

Structure

이 책의 구성과 특징

- '독서' 과목의 기본을 익히고 문제 해결의 기초를 다질 수 있도록 구성하였습니다.
- '독서' 문항을 유형별로 학습한 후, 실전 문제를 통해 종합적인 훈련을 할 수 있도록 '유형 학습'과 '실전 학습'의 순서로 구성하였습니다.
- 단기간에 체계적으로 학습할 수 있도록 전체를 총 13강으로 나누어 구성하였습니다.

유형 학습

'독서' 과목의 문항을 크게 6가지 유형으로 나누어 설명하였으며, 각 유형을 '수능에 길을 묻다 → 교과서에서 길을 보다 → 수능의 빛을 찾다'의 순서로 구성하여 단계별로 학습할 수 있도록 하였습니다.

❶ 수능에 길을 묻다

- 해당 유형에 대한 설명을 바탕으로 '독서' 과목의 주요 평가 요소를 이해하고 관련 개념을 학습할 수 있도록 하였습니다.
- 최근 출제된 평가원 모의평가와 대학수학능력시험 기출 문제를 활용하여 해당 유형의 대표적인 문항을 살펴보고, 문항을 해결할 수 있는 방법을 설명하였습니다.

❷ 교과서에서 길을 보다

- 독서 교과서 제재를 수록하였으며, 내용 이해를 위해 'ㅇ, ✕' 확인 문제를 수록하였습니다.
- '수능에 길을 묻다'에 수록된 유형의 대표 문항과 변형 문항을 유제로 제시하여 유형에 대해 충분히 학습할 수 있도록 구성하였습니다.

❸ 수능의 빛을 찾다

대표 유형을 응용·변용한 문제들을 제시하여 앞에서 학습한 유형의 문항들이 실제 수능에서는 어떻게 출제되는지 확인하도록 하였습니다.

실전 문제

- '독서' 과목 중 수능에 출제되는 인문, 사회, 과학, 기술, 예술의 5개 영역과 최근 경향인 융합을 고루 제시하여 실전 감각을 익힐 수 있도록 구성하였습니다.
- 최근의 출제 경향을 반영한 문항을 유형별로 다양하게 풀어 봄으로써 종합적으로 학습할 수 있도록 하였습니다.

정답과 해설

풀어 본 내용을 스스로 점검할 수 있도록 자세하고 친절한 해설을 수록하였습니다.

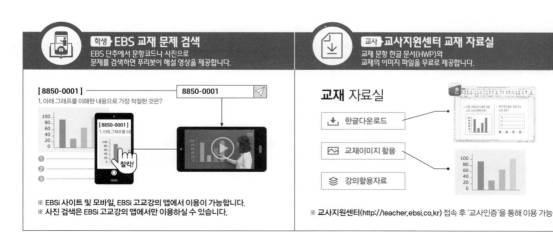

01 유형 학습 1 글에 담긴 정보 파악 ①

수능에 길을 묻다

유형 1 세부 정보 파악

유형 확인

글 속에 담긴 세부 정보를 확인하여 선지의 서술과 일치하는지 비교하는 유형이다. 무작정 지문부터 읽으며 모든 정보를 다 파악하려 하지 말고, 각 선지에 제시되어 있는 주요 서술 대상을 먼저 파악해야 한다. 그리고 그러한 주요 서술 대상에 대한 정보가 글 속에 어떻게 제시되어 있는지를 파악하는 것이 중요하다.

출제 의도 확인

글에서 다루고 있는 주요 서술 대상(섬유소, 반추 동물, 반추위 미생물, 피브로박터 숙시노젠 등)의 세부 정보를 이해하고, 그 세부 정보와 선지의 정보들의 일치 여부를 파악할 수 있는지를 평가한다.

문제 해결 전략

❶ 1문단에 따르면, 사람은 섬유소를 포도당으로 분해하는 효소를 합성하지 못해, 섬유소를 소장에서 이용하지 못한다.
❷ 1문단에 따르면, 반추 동물도 셀룰로스와 같은 섬유소를 분해하는 효소를 합성하지 못한다.
❸ 2문단에 따르면, 반추 동물의 반추위에는 산소가 없으며, 반추위 미생물들은 이러한 환경에서 생장한다.
❹ 4문단에 따르면, 급성 반추위 산성증은 반추 동물이 짧은 시간에 과도한 양의 비섬유소를 섭취했을 때 유발된다.
❺ 2문단에 따르면, 피브로박터 숙시노젠(F)은 자신이 가진 효소 복합체를 이용하여 다른 물질과 얽혀 있는 셀룰로스를 노출시킨 후 이를 포도당으로 분해한다. 그리고 분해된 포도당은 F 내에서 대사 과정을 거쳐 에너지원으로 이용된다.
ⓖ 정답

탄수화물은 섬유소와 비섬유소로 구분된다. 사람은 체내에서 합성한 효소를 이용하여 곡류의 녹말과 같은 비섬유소를 포도당으로 분해하고 이를 소장에서 흡수하여 에너지원으로 이용한다. 반면, 사람은 풀이나 채소의 주성분인 셀룰로스와 같은 섬유소를 포도당으로 분해하는 효소를 합성하지 못하므로, 섬유소를 소장에서 이용하지 못한다. 소, 양, 사슴과 같은 반추 동물도 섬유소를 분해하는 효소를 합성하지 못하는 것은 마찬가지이지만, 비섬유소와 섬유소를 모두 에너지원으로 이용하며 살아간다.

위(胃)가 넷으로 나누어진 반추 동물의 첫째 위인 반추위에는 여러 종류의 미생물이 서식하고 있다. 반추 동물의 반추위에는 산소가 없는데, 이 환경에서 왕성하게 생장하는 반추위 미생물들은 다양한 생리적 특성을 가지고 있다. 그중 피브로박터 숙시노젠(F)은 섬유소를 분해하는 대표적인 미생물이다. 식물체에서 셀룰로스는 그것을 둘러싼 다른 물질과 복잡하게 얽혀 있는데, F가 가진 효소 복합체는 이 구조를 끊어 셀룰로스를 노출시킨 후 이를 포도당으로 분해한다. F는 이 포도당을 자신의 세포 내에서 대사 과정을 거쳐 에너지원으로 이용하여 생존을 유지하고 개체 수를 늘림으로써 생장한다. 〈중략〉

반추위에는 비섬유소인 녹말을 분해하는 스트렙토코쿠스 보비스(S)도 서식한다. 이 미생물은 반추 동물이 섭취한 녹말을 포도당으로 분해하고, 이 포도당을 자신의 세포 내에서 대사 과정을 통해 자신에게 필요한 에너지원으로 이용한다. 〈중략〉

그런데 S의 과도한 생장이 반추 동물에게 악영향을 끼치는 경우가 있다. 반추 동물이 짧은 시간에 과도한 양의 비섬유소를 섭취하면 S의 개체 수가 급격히 늘고 과도한 양의 젖산이 배출되어 반추위의 산성도가 높아진다. 이에 따라 산성의 환경에서 왕성히 생장하며 항상 젖산을 대사산물로 배출하는 락토바실러스 루미니스(L)와 같은 젖산 생성 미생물들의 생장이 증가하며 다량의 젖산을 배출하기 시작한다. 〈중략〉 S와 L은 상대적으로 산성에 견디는 정도가 강해 자신의 세포 외부의 pH가 5.5 정도까지 떨어지더라도 이에 맞춰 자신의 세포 내부의 pH를 낮출 수 있어 자신의 에너지를 세포 내부의 pH를 유지하는 데 거의 사용하지 않고 생장을 지속하는 데 사용한다. 그러나 S도 자신의 세포 외부의 pH가 그 이하로 더 떨어지면 생장을 멈추고 사멸하는 단계로 접어들고, 산성에 더 강한 L을 비롯한 젖산 생성 미생물들이 반추위 미생물의 많은 부분을 차지하게 된다. 그렇게 되면 반추위의 pH가 5.0 이하가 되는 급성 반추위 산성증이 발병한다.

유형 1 윗글을 읽고 알 수 있는 내용으로 가장 적절한 것은?

◐ 8850-0001

① 섬유소는 사람의 소장에서 포도당의 공급원으로 사용된다.
② 반추 동물의 세포에서 합성한 효소는 셀룰로스를 분해한다.
③ 반추위 미생물은 산소가 없는 환경에서 생장을 멈추고 사멸한다.
④ 반추 동물의 과도한 섬유소 섭취는 급성 반추위 산성증을 유발한다.
⑤ 피브로박터 숙시노젠(F)은 자신의 세포 내에서 포도당을 에너지원으로 이용하여 생장한다.

보험 가입자들이 자신이 가진 위험의 정도에 대해 진실한 정보를 알려 주지 않는 한, 보험사는 보험 가입자 개개인이 가진 위험의 정도를 정확히 파악하여 거기에 상응하는 보험료를 책정하기 어렵다. 이러한 이유로 사고 발생 확률이 비슷하다고 예상되는 사람들로 구성된 어떤 위험 공동체에 사고 발생 확률이 더 높은 사람들이 동일한 보험료를 납부하고 진입하게 되면, 그 위험 공동체의 사고 발생 빈도가 높아져 보험사가 지급하는 보험금의 총액이 증가한다. 보험사는 이를 보전하기 위해 구성원이 납부해야 할 보험료를 인상할 수밖에 없다. 결국 자신의 위험 정도에 상응하는 보험료보다 더 높은 보험료를 납부하는 사람이 생기게 되는 것이다. 이러한 문제는 정보의 비대칭성에서 비롯되는데 보험 가입자의 위험 정도에 대한 정보는 보험 가입자가 보험사보다 더 많이 갖고 있기 때문이다. 이를 해결하기 위해 보험사는 보험 가입자의 감춰진 특성을 파악할 수 있는 수단이 필요하다.

우리 상법에 규정되어 있는 고지 의무 는 이러한 수단이 법적으로 구현된 제도이다. 보험 계약은 보험 가입자의 청약과 보험사의 승낙으로 성립된다. 보험 가입자는 반드시 계약을 체결하기 전에 '중요한 사항'을 알려야 하고, 이를 사실과 다르게 진술해서는 안 된다. 여기서 '중요한 사항'은 보험사가 보험 가입자의 청약에 대한 승낙을 결정하거나 차등적인 보험료를 책정하는 근거가 된다. 따라서 고지 의무는 결과적으로 다수의 사람들이 자신의 위험 정도에 상응하는 보험료보다 더 높은 보험료를 납부해야 하거나, 이를 이유로 아예 보험에 가입할 동기를 상실하게 되는 것을 방지한다.

보험 계약 체결 전 보험 가입자가 고의나 중대한 과실로 '중요한 사항'을 보험사에 알리지 않거나 사실과 다르게 알리면 고지 의무를 위반하게 된다. 이러한 경우에 우리 상법은 보험사에 계약 해지권을 부여한다. 보험사는 보험 사고가 발생하기 이전이나 이후에 상관없이 고지 의무 위반을 이유로 계약을 해지할 수 있고, 해지권 행사는 보험사의 일방적인 의사 표시로 가능하다. 해지를 하면 보험사는 보험금을 지급할 책임이 없게 되며, 이미 보험금을 지급했다면 그에 대한 반환을 청구할 수 있다. 일반적으로 법에서 의무를 위반하게 되면 위반한 자에게 그 의무를 이행하도록 강제하거나 손해 배상을 청구할 수 있는 것과 달리, 보험 가입자가 고지 의무를 위반했을 때에는 보험사가 해지권만 행사할 수 있다.

유형 2 윗글의 고지 의무 에 대한 설명으로 적절하지 않은 것은?

⊙ 8850-0002

① 고지 의무를 위반한 보험 가입자가 보험사에 손해 배상을 해야 하는 근거가 된다.
② 보험사가 보험 가입자의 위험 정도에 따라 차등적인 보험료를 책정하는 데 도움이 된다.
③ 보험 계약 과정에서 보험사가 가입자들의 특성을 파악하는 데 드는 어려움을 줄여 준다.
④ 보험사와 보험 가입자 간의 정보 비대칭성에서 기인하는 문제를 줄일 수 있는 법적 장치이다.
⑤ 자신의 위험 정도에 상응하는 보험료보다 높은 보험료를 내야 한다는 이유로 보험 가입을 포기하는 사람들이 생기는 것을 방지하는 효과가 있다.

유형 확인

문제의 발문에 출제 요소가 되는 주요 서술 대상 혹은 핵심 정보를 제시하고, 이에 대한 세부적인 정보의 적절성 여부를 파악하는 유형이다. 전체 글을 다 읽어 내기보다는 제시된 핵심 정보가 언급되어 있는 문단을 위주로 정보를 파악하여, 각 선지 속에 제시된 세부적인 내용들과 발문에 제시된 핵심 정보와의 연관성을 정확하게 비교하는 것이 중요하다.

출제 의도 확인

이 문제는 주요 서술 대상인 중심 화제를 세부적으로 이해하고 있는지를 묻는 유형이다. 이런 유형의 문제를 해결하려면 각 문단에서 서술하고 있는 중심 화제에 관한 핵심 정보 및 세부 정보를 정확하게 파악할 수 있어야 한다.

문제 해결 전략

❶ 3문단에서 일반적으로 법에서 의무를 위반한 자에게 손해 배상을 청구할 수 있는 것과 달리, 보험 가입자가 고지 의무를 위반했을 때에는 보험사가 계약 해지권만 행사할 수 있다고 하였다.
❷ 2문단에서 고지 의무의 '중요한 사항'은 차등적인 보험료를 책정하는 근거가 된다고 하였으므로 적절하다.
❸ 1, 2문단에서 보험 가입자가 가진 위험의 정도를 정확히 파악하기 위해 보험사는 보험 가입자의 특성을 파악하기 위한 수단이 필요한데 고지 의무가 그러한 수단이라고 하였다.
❹ 1, 2문단을 통해 정보의 비대칭성으로 인한 문제를 해결하기 위한 수단이 고지 의무라는 것을 알 수 있으므로 적절하다.
❺ 2문단에서 고지 의무는 자신의 위험 정도에 상응하는 보험료보다 더 높은 보험료를 납부하는 문제로 보험에 가입할 동기를 상실하게 되는 것을 방지한다고 하였으므로 적절하다.

① 정답

공유 자원 은 여러 사람이 공동으로 소유하고 소비하는 자원으로 공유 재산 또는 공용 재산이라고도 한다. 예를 들어 공기는 우리 모두 공동으로 소유하고 소비하는 자원이다. 산이나 들, 바다에 있는 동식물들, 들에 피는 이름 모를 꽃, 서울 시민들의 식수를 담당하는 한강 역시도 공유 자원이다. 이 밖에도 사람들이 자주 찾는 관광 자원이나 4,000만이 넘는 휴대 전화 소유자에게 필요한 전파 역시 공유 자원이라 할 수 있다.

이런 공유 자원은 과도하게 소비된다는 특성이 있다. 그래서 '공유 자원의 비극'이라고 표현된다. 이것은 소유권이 없는 공공 자원을 공유할 경우 사람들의 남용으로 인해 자원이 쉽게 고갈될 수 있다는 부정적 효과를 설명하는 말이다. 한 사례로 북유럽의 어느 도시는 시민들의 편의를 위해 자전거 몇 만 대를 사서 시내 곳곳에 두고 필요한 시민은 자전거를 타고 목적지까지 가고, 목적지에 도착하면 자전거를 길거리에 그냥 두도록 했다. 자전거가 필요한 또 다른 사람은 길거리에 있는 자전거를 타고 자기 목적지로 갈 수 있어서 아주 편리할 뿐만 아니라 모든 사람에게 도움이 되는 아이디어였다. 하지만 모두가 함께 공유하던 자전거들이 상당수 도난당하거나 그나마 남아 있는 자전거들은 대부분 고장 나서 더 이상 쓸 수 없게 되었는데, 이 역시 공유 자원의 비극이라 할 수 있다.

공유 자원의 비극은 공산주의 국가에서 더 자주 발생한다. 공산주의 국가는 모든 국민이 모든 자원과 재산을 공유하기 때문이다. 개인의 소유권이 없기 때문에 공유 자원을 특별히 보호하는 사람도 없다. 공산주의 국가의 주민들은 자원이 특정한 사람의 것이 아니라고 생각하기 때문에 함께 써야 할 자원을 개인이 집으로 가져와 사용하면서도 도덕적으로 문제가 없다고 생각한다. 따라서 공유 자원의 비극이 공산주의 국가에서 더 많이 발생하는 경우가 많은 것이다. 물론 시장 경제에서도 수산 자원, 야생 동물, 지하자원은 모두 공유 자원이기 때문에 공유 자원의 비극이 발생한다. 예를 들어 바다에는 주인이 따로 없기 때문에 누구나 물고기를 잡기만 하면 자기 것이 되다 보니 너도나도 더 많이 잡으려 한다. 물론 어부들도 물고기가 알을 낳기 전에 잡으면 물고기의 씨가 말라 버린다는 사실을 알지만, 자신만 물고기 잡기를 멈춘다고 해서 문제가 해결되지 않는다는 것을 알기에 결국 아무도 손을 멈추지 않게 되는 것이다.

이런 공유 자원의 비극을 피하기 위해서는 시장에 맡기기보다는 정부 또는 시민들의 자발적인 개입이 필요한데, 이때 '소유권'과 '동기 부여'라는 두 가지 관점을 고려해야 한다. 공유 자원의 비극이 발생하는 근본적인 이유는 소유권과 관련이 있다. 따라서 소유권을 고려한 문제 해결법은 공유 자원이기 때문에 남획하게 되므로 각자의 재산으로 만들면 문제가 해결된다는 것이 기본 원리이다. 대표적으로 1960년대 오스트레일리아의 바닷가재 공동체 사례를 살펴보자. 이 지역의 어부들은 바닷가재의 숫자가 계속 줄어드는 공유 자원의 비극을 해결하기 위해 바닷가재 공동체를 결성해서 설치할 수 있는 어망의 숫자를 제한하였다. 어부들이 설치할 수 있는 어망의 숫자를 자발적으로 제한하면서, 자신들의 이익을 지키기 위해 다른 사람이 어망을 더 설치하는 것을 서로 감시하였고, 약속을 어기고 어망을 설치하는 어민도 사라져서 결국 바닷가재의 숫자를 늘리는 데 성공할 수 있었던 것이다.

한편, 공유 자원의 비극은 환경 문제와도 밀접한 관련이 있다. 우리가 마시는 공기도 공유 자원이라 할 수 있는데, 이런 공기가 오염되는 것 역시 공유 자원의 비극이라 할 수 있다. 이를 해결하기 위해서는 지구의 허파라고 불리는 아마존의 열대림을 온전히 보존할 필요가 있다. 하지만 아마존 원주민들은 열대림을 태워 화전을 일굼으로써 생계를 위한 경제적 이득을 얻을 수 있기에 이런 이득을 포기하라는 것은 원주민들에게 가혹한 일이 될 수도 있다. 따라서 열대림을 보호하기 위해서는 원주민들에게 환경을 보호하기 위한 동기를 부여해 주어야 한다. 예를 들어, 열대림을 관광 상품으로 개발해서 원주민에게 이득이 되게 한다면, 원주민들은 굳이 숲을 태우지 않고도 경제적 이득을 얻게 되므로 열대림을 보호할 동기를 얻게 된다는 것이다.

다음 내용이 맞으면 ○표, 틀리면 ×표 하시오.

(1) 여러 사람이 공동으로 소유하고 소비하는 자원을 공유 자원이라고 한다. (　　)
(2) 공유 자원의 비극 문제는 시장에 맡김으로써 자연스럽게 해결될 수 있다. (　　)
(3) 우리가 마시는 공기나 물을 과도하게 낭비하거나 훼손하는 것은 공유 자원의 비극으로 볼 수 있다. (　　)

정답　(1) ○　(2) ×　(3) ○

유제 1 윗글을 읽고 알 수 있는 내용으로 가장 적절한 것은?　　　　　 8850-0003

① 모든 사람이 모든 자원과 재산을 공유하는 국가에서는 공유 자원의 비극이 덜 발생한다.
② 공유 자원의 비극은 시민들의 개입이 아니라 정부의 필수적인 개입에 의해서만 해결될 수 있다.
③ 산이나 바다 같은 자연에서 나는 동식물들은 여러 사람이 공동으로 소유하고 소비하는 자원으로 볼 수 없다.
④ 바닷가재 공동체의 어민들이 설치할 수 있는 어망 수를 제한한 것은 자신들의 이익을 지키기 위한 행위였다.
⑤ 공산주의 국가의 주민들은 함께 써야 할 자원을 집으로 가져와서 사용한다 해도, 그것이 비도덕적이라는 사실은 인지하고 있다.

유제 2 윗글의 공유 자원 에 대한 설명으로 적절하지 않은 것은?　　　　　 8850-0004

① 사람들이 구경하면서 즐기는 자연 속 풍물도 공유 자원으로 볼 수 있다.
② 국민 대다수가 사용하는 스마트폰에 이용되는 전파는 공유 자원으로 볼 수 없다.
③ 공유 자원의 비극은 공산주의 체제에서 자주 발생하지만 시장 경제 체제에서도 발생한다.
④ 북유럽 어느 도시의 자전거 정책 실패는 소유권이 없는 공유 자원을 사람들이 과도하게 남용한 사례이다.
⑤ 아마존 원주민에게 경제적 이득을 보장하는 이유는 공유 자원 보존에 대한 동기를 부여하기 위해서이다.

고구려의 시조 고주몽은 하느님의 아들인 해모수와 하백의 딸 유화 사이에서 태어난다. 그리고 여기에서 신비한 알이 등장하는데, 이 점은 신라의 시조인 박혁거세도 마찬가지다. 당시 알은 사람들에게 하늘로부터 내려온 시조 탄생의 신성성을 드러내기 위한 설정이라 할 수 있다. 이에 더하여 주몽의 두 아들 가운데 둘째인 온조가 백제의 시조라는 이야기까지 감안하면, 삼국은 모두 '하늘의 후손'이라는 의식을 밑바탕에 깔고 있다는 것이 공통점이었다. 그리고 각 나라에는 내용은 조금씩 다르지만 유교적 이념을 구현하기 위한 유교 사상 이 내재되어 있다는 또 다른 공통점이 존재했다.

고구려에서는 태학이 설립되기 이전부터 현자를 존중하는 기풍과 선비 정신을 바탕으로 유교 사상이 뿌리내리고 있었다. 태학은 국가 최고의 국립 교육 기관으로 소수림왕 2년(372년)에 건립되었는데, 이때를 유교 사상이 완전히 정착된 시기로 본다. 이때를 전후하여 선진 문물과 제도를 받아들이게 되고, 한 나라의 형법과 행정법 체계인 율령도 반포하였다. 태학에서는 유교의 오경을 중심으로 역사·문학·무술을 가르쳤는데, 이는 문무를 겸한 엘리트를 양성하되 어디까지나 유학을 나라의 통치 이념으로 삼았음을 알려 주고 있다. 그 밖에 평민들의 교육을 담당하는 경당이 있었는데, 여기의 학생들은 유사시에 전쟁터에 나설 수 있는 상비군의 역할도 함께 맡았다. 유학이 유행하면서 매매혼*과 같은 풍습이 사라지게 되었고, 부모나 남편이 죽었을 때에는 삼 년 동안 상복을 입는 등의 유교적 예법이 백성들 사이에서 널리 행해지게 되었다. 또 효에 대한 관념과 조상 숭배의 사상이 더 강화되기도 했다.

백제는 고이왕 27년(260년)에 관제의 기본 틀이 만들어졌으며, 웅진 시대에 이르러서는 지방의 군현제까지 정비되었다. 그런데 여기에서 유교적인 이념이 드러난 예를 찾을 수 있는데, 16관등의 이름이나 옷의 색깔, 중앙 관제 및 지방 행정 기구의 편제 등에 음양오행 사상, 십간십이지의 관념이 깔려 있었다는 점이 바로 그것이다. 또한 역대 임금들이 어려운 백성들을 구제하는 데 힘을 쏟았던 것이나 풍년과 흉년에 따라 세금을 다르게 매겼던 정책 역시 유학의 덕치 사상에서 나온 결과로 볼 수 있다. 당시 백제의 지식인 계층은 유교의 경전 및 제자백가의 책들을 폭넓게 읽었으며, 한학 수준도 상당했다. 근초고왕 시대에는 이미 박사 제도가 있었는데, 이는 고구려보다 먼저 유학 교육 기관을 설치했다는 추측도 가능하게 하는 대목이다. 여러 분야의 박사들은 학문과 기술을 비롯한 문화 부흥에 큰 역할을 담당했을 뿐만 아니라, 일본에도 파견되어 그곳의 학술을 진흥시키는 데 결정적인 몫을 담당하기도 했다.

신라는 지리적 여건상 외국과의 교류가 빈번하지 못했으나, 덕분에 스스로 고유성을 잘 간직할 수 있었다. 그런 신라에 유학이 보급된 것은 4세기 내물왕 시대로 보며, 그 후 지증왕과 법흥왕 대의 체제 정비와 더불어 유학은 사회 모든 분야로 확산되어 갔다. 지증왕으로부터 법흥왕에 이르는 시기에 순장제를 금지하였고 '신라'라고 하는 나라 이름이 만들어졌다. 또한 들쭉날쭉한 왕의 명칭을 통일하고 유교식 연호를 사용하며, 중국식 상복제와 지방 군현제를 제정하고 율령을 반포하는 등 유교 사상을 근본으로 국가 체제와 사회 질서를 유지하려 했다. 진흥왕 대에는 유교 사상에 입각한 왕도 정치를 표방했으며, 진흥왕 순수비 가운데에는 스스로 잘 닦아 백성을 편안하게 해야 한다는 사상이 새겨져 있다. 더불어 신라의 화랑도 역시 유교 사상의 영향을 받은 흔적이 많다. 가령 화랑도의 세속 오계인 '사군이충·사친이효·교우이신·임전무퇴·살생유택' 등은 각각 충·효·신·용·인의 오상지도*로 해석될 수 있어 유교의 실천 윤리와도 관계가 깊다고 할 수 있다.

---

*매매혼(賣買婚) 신랑이 신부 집에 금품을 지급함으로써 성립되는 혼인 형태.
*오상지도(五常之道) 유교에서 말하는 사람이 언제나 몸에 갖추어야 할 5가지 덕목.

1 윗글을 읽고 알 수 있는 내용으로 가장 적절한 것은?   ○ 8850-0005

① 고구려는 삼국 중 가장 먼저 유학을 가르치는 교육 기관을 설치했을 것으로 추정된다.

② 고구려는 태학이 설립된 후 비로소 선비 정신을 바탕으로 유교 사상이 뿌리내리게 되었다.

③ 경당에서 평민들의 교육을 담당하던 이들은 유사시에 전쟁터에 나설 수 있는 상비군으로 활동하였다.

④ 백제에서 음양오행 사상이나 십간십이지의 관념에 바탕을 둔 16관등의 이름은 유교적 이념과는 무관하다.

⑤ 신라가 중국식 상복제와 지방 군현제를 제정한 것은 유교 사상에 근본을 두고 사회 질서를 유지하기 위함이었다.

2 윗글의 유교 사상 에 대한 설명으로 적절하지 않은 것은?   ○ 8850-0006

① 백제에서는 중앙 관제 및 지방 행정 기구의 편제에 유교 사상을 반영하고 있었다.

② 백제에서는 유교 사상의 영향으로 풍흉에 따라 세금을 다르게 책정하기도 하였다.

③ 고구려에서 성행한 유교 사상은 결혼의 성립에 금품을 이용하는 풍습을 사라지게 하였다.

④ 신라에서는 지증왕과 법흥왕 대에 유교 사상이 보급되면서 사회 모든 분야로 확산되었다.

⑤ 신라에는 유교 사상의 영향을 받은 흔적이 많았으며, 화랑도의 세속 오계가 이에 해당된다.

3점 문항 따라잡기

3 〈보기〉는 윗글을 읽은 후에 작성한 요약문이다. ⓐ~ⓔ 중, 적절하지 않은 것은?   ○ 8850-0007

┌─ 보기 ├─

ⓐ고구려와 백제 그리고 신라는 하늘의 후손이라는 의식을 밑바탕에 깔고 있었다. 그리고 이러한 공통점 외에도 삼국에는 유교적 이념을 구현하기 위한 유교 사상이 내재되어 있다는 것이 특징이었다. 고구려가 ⓑ태학에서 유교의 오경을 중심으로 문무를 겸한 엘리트를 양성한 것은 유학이 통치 이념이었음을 보여 준다. 더불어 ⓒ남편이 죽으면 삼 년 동안 상복을 입는 예법이 폐지되고 매매혼과 같은 풍습 역시 사라지게 되었다. 백제는 유학의 덕치 사상을 바탕으로 세금 정책을 만들고, 유학 교육 기관을 설치한 후 ⓓ일본에도 박사들을 파견하여 일본의 학술을 진흥시켰다. 신라는 유학이 사회 모든 분야로 확산되면서 순장제를 금지하고, ⓔ왕의 명칭도 통일하였으며 유교식 연호를 사용하였다. 더불어 유교 사상에 입각한 왕도 정치를 표방하였다.

① ⓐ   ② ⓑ   ③ ⓒ   ④ ⓓ   ⑤ ⓔ

수능에 길을 묻다

유형 확인

세부 내용들을 파악하고 그것들을 비교 또는 대조하여 정보들을 정리할 능력이 있는지 알아보기 위한 유형이다.

출제 의도 확인

글 속에서 특정 정보들을 파악하고 그것들을 관련지어 정보를 재구성해 보라는 것이 출제자의 의도이다. 여기에서는 학생들에게 학자들의 생각을 파악해 보고, 공통점을 찾는 것을 요구하고 있다.

문제 해결 전략

❶ 갈릴레이는 근대 과학에 기초한 기계론적 입장에서 목적론적 설명이 과학적 설명으로 사용될 수 없다고 비판하였다.
❷ 갈릴레이는 '목적론적 설명이 과학적 설명으로 사용될 수 없다'고 주장하였고, 우드필드는 '목적론적 설명이 과학적 설명은 아니지만' 그 옳고 그름을 확인할 수는 없기 때문에 거짓이라 할 수도 없다고 지적하였다.
❸ 베이컨은 목적론을 비판하기는 했지만 교조적 신념에 의존했다는 비판을 가하지는 않았고, 우드필드는 베이컨 등 근대 학자들의 목적론 비판을 반박하였다.
❹ 스피노자는 목적론이 자연에 대한 이해를 왜곡한다고 비판하였다. 볼로틴은 목적론을 비판한 근대 과학의 견해에 대해 반박하기는 했지만 목적론이 자연에 대한 이해를 확장한다는 주장을 펼치지는 않았다.
❺ 스피노자는 목적론이 자연물도 이성을 갖는 것으로 의인화한다고 비판하는 입장을 보였지만, 우드필드는 목적론의 옳고 그름을 확인할 수 없기 때문에 거짓이라 할 수도 없다고 지적하였다.
② 무음

아리스토텔레스는 모든 자연물이 목적을 추구하는 본성을 타고나며, 외적 원인이 아니라 내재적 본성에 따른 운동을 한다는 목적론을 제시한다. 그는 자연물이 단순히 목적을 갖는 데 그치는 것이 아니라 목적을 실현할 능력도 타고나며, 그 목적은 방해받지 않는 한 반드시 실현될 것이고, 그 본성적 목적의 실현은 운동 주체에 항상 바람직한 결과를 가져온다고 믿는다. 아리스토텔레스는 이러한 자신의 견해를 "자연은 헛된 일을 하지 않는다!"라는 말로 요약한다.

근대에 접어들어 모든 사물이 생명력을 갖지 않는 일종의 기계라는 견해가 강조되면서, 아리스토텔레스의 목적론은 비과학적이라는 이유로 많은 비판에 직면한다. 갈릴레이는 목적론적 설명이 과학적 설명으로 사용될 수 없다고 주장하며, 베이컨은 목적에 대한 탐구가 과학에 무익하다고 평가하고, 스피노자는 목적론이 자연에 대한 이해를 왜곡한다고 비판한다. 이들의 비판은 목적론이 인간 이외의 자연물도 이성을 갖는 것으로 의인화한다는 것이다. 그러나 이런 비판과는 달리 아리스토텔레스는 자연물을 생물과 무생물로, 생물을 식물·동물·인간으로 나누고, 인간만이 이성을 지닌다고 생각했다.

일부 현대 학자들은, 근대 사상가들이 당시 과학에 기초한 기계론적 모형이 더 설득력을 갖는다는 일종의 교조적 믿음에 의존했을 뿐, 아리스토텔레스의 목적론을 거부할 충분한 근거를 제시하지 못했다고 비판한다. 이런 맥락에서 볼로틴은 근대 과학이 자연에 목적이 없음을 보이지도 못했고 그렇게 하려는 시도조차 하지 않았다고 지적한다. 또한 우드필드는 목적론적 설명이 과학적 설명은 아니지만, 목적론의 옳고 그름을 확인할 수 없기 때문에 목적론이 거짓이라 할 수도 없다고 지적한다.

17세기의 과학은 실험을 통해 과학적 설명의 참·거짓을 확인할 것을 요구했고, 그런 경향은 생명체를 비롯한 세상의 모든 것이 물질로만 구성된다는 물질론으로 이어졌으며, 물질론 가운데 일부는 모든 생물학적 과정이 물리·화학 법칙으로 설명된다는 환원론으로 이어졌다. 이런 환원론은 살아 있는 생명체가 죽은 물질과 다르지 않음을 함축한다. 하지만 아리스토텔레스는 자연물의 물질적 구성 요소를 알면 그것의 본성을 모두 설명할 수 있다는 엠페도클레스의 견해를 반박했다. 이 반박은 자연물이 단순히 물질로만 이루어진 것이 아니며, 또한 그것의 본성이 단순히 물리·화학적으로 환원되지도 않는다는 주장을 내포한다.

유형 1 윗글에 나타난 목적론에 대한 논의를 적절하게 진술한 것은?   ▶ 8850-0008

① 갈릴레이와 볼로틴은 목적론이 근대 과학에 기초한 기계론적 모형이라고 비판한다.
② 갈릴레이와 우드필드는 목적론적 설명이 과학적 설명이 아니라는 데 동의한다.
③ 베이컨과 우드필드는 목적론적 설명이 교조적 신념에 의존했다고 비판한다.
④ 스피노자와 볼로틴은 목적론이 자연에 대한 이해를 확장한다고 주장한다.
⑤ 스피노자와 우드필드는 목적론이 사물을 의인화하기 때문에 거짓이라고 주장한다.

LFIA 키트는 주로 직접 방식 또는 경쟁 방식으로 제작되는데, 방식에 따라 검사선의 발색 여부가 의미하는 바가 다르다. 직접 방식에서 복합체에 포함된 특정 물질은 목표 성분에 결합할 수 있는 항체이다. 시료에 목표 성분이 포함되어 있다면 목표 성분은 이 항체와 일차적으로 결합하고, 이후 검사선의 고정된 항체와 결합한다. 따라서 검사선이 발색되면 시료에서 목표 성분이 검출되었다고 판정한다. 한편 경쟁 방식에서 복합체에 포함된 특정 물질은 목표 성분에 대한 항체가 아니라 목표 성분 자체이다. 만약 시료에 목표 성분이 포함되어 있으면 시료의 목표 성분과 복합체의 목표 성분이 서로 검사선의 항체와 결합하려 경쟁한다. 이때 시료에 목표 성분이 충분히 많다면 시료의 목표 성분은 복합체의 목표 성분이 검사선의 항체와 결합하는 것을 방해하므로 검사선이 발색되지 않는다. 직접 방식은 세균이나 분자량이 큰 단백질 등을 검출할 때 이용하고, 경쟁 방식은 항생 물질처럼 목표 성분의 크기가 작은 경우에 이용한다.

한편, 검사용 키트는 휴대성과 신속성 외에 정확성도 중요하다. 키트의 정확성을 측정하기 위해서는 키트를 이용해 여러 번의 검사를 실시하고 그 결과를 분석한다. 키트가 시료에 목표 성분이 들어 있다고 판정하면 이를 양성이라고 한다. 이때 시료에 목표 성분이 실제로 존재하면 진양성, 시료에 목표 성분이 없다면 위양성이라고 한다. 반대로 키트가 시료에 목표 성분이 들어 있지 않다고 판정하면 음성이라고 한다. 이 경우 실제로 목표 성분이 없다면 진음성, 목표 성분이 있다면 위음성이라고 한다. 현실에서 위양성이나 위음성을 배제할 수 있는 키트는 없다.

여러 번의 검사 결과를 통해 키트의 정확도를 구하는데, 정확도란 시료를 분석할 때 올바른 검사 결과를 얻을 확률이다. 정확도는 민감도와 특이도로 나뉜다. 민감도는 시료에 목표 성분이 존재하는 경우에 대해 키트가 이를 양성으로 판정한 비율이다. 특이도는 시료에 목표 성분이 없는 경우에 대해 키트가 이를 음성으로 판정한 비율이다. 민감도와 특이도가 모두 높아 정확도가 높은 키트가 가장 이상적이지만 현실에서는 그렇지 않은 경우가 많아서 상황에 따라 민감도나 특이도를 고려하여 키트를 선택해야 한다.

유형 **2** 윗글을 참고할 때, 〈보기〉의 A와 B에 들어갈 말을 올바르게 짝지은 것은? ◐ 8850-0009

┌ **보기** ┐

검사용 키트를 가지고 여러 번의 검사를 실시하여 키트의 정확성을 측정하였을 때, 검사 결과 (A)인 경우가 적을수록 민감도는 높고, (B)인 경우가 많을수록 특이도는 높다.

	A	B
①	진양성	진음성
②	진양성	위음성
③	위양성	위음성
④	위음성	진음성
⑤	위음성	위양성

지문 연구

「예술, 세계 명화의 비밀」

해제 | 이 글은 고독한 생활 속에 오해받는 예술가의 삶을 살았던 빈센트 반 고흐와 그의 대표작인 「해바라기」에 대해 고찰하고 있다. 반 고흐의 파란만장했던 삶을 소재로 한 소설, 영화, 책, 음악 등을 소개하고 이러한 것들로 인해 빈센트 반 고흐의 삶이 사람들에게 더욱 유명하게 되었다는 것을 말하고 있다. 그의 대표작인 「해바라기」의 주제처럼 짧았지만 훌륭했던 그의 삶을 소개하며, 마지막으로 「해바라기」를 활용한 다양한 소품들을 통해 고흐와 관련된 상품들이 쏟아지는 이면에는 순수함과 냉소, 감상주의와 상업주의가 혼재하고 있음을 밝히고 있다.

주제 | 반 고흐의 삶과 「해바라기」의 의미

구성 |

• 1문단: 반 고흐의 삶과 해바라기

• 2문단: 반 고흐의 삶을 신화화하는 데 기여한 예술 작품들

• 3문단: 「해바라기」에 대한 감상과 그것을 활용한 상품에 대한 논평

빈센트 반 고흐는 짧고 격정적인 삶을 살아가는 동안 화가로서 온당한 인정을 받지 못했지만 사후에 유명해지기까지는 그리 오래 걸리지 않았다. 그의 삶과 예술이 모두 당시에는 이해할 수 없는 것으로 받아들여졌다는 것과 그의 삶을 이해하는 데 있어 해바라기 모티브가 중요한 역할을 했다는 것은, 1892년에 있었던 그의 회고전에 쓰인 카탈로그 표지를 통해 알 수 있다. 그 표지에는 이

제 막 해가 떠오르고 있음에도 불구하고 고개를 숙인 해바라기가 애처롭게 그려져 있는데, 해바라기의 마른 잎사귀마저 화가의 이름 첫 자(V 자)를 연상시키고 있다.

고독한 생활 속에 오해받는 예술가였던 빈센트 반 고흐의 삶은 동생 테오와 주고받은 약 650편의 편지를 통해 엿볼 수 있으며, 스스로 흡족할 때에만 작품에 'Vincent'라는 서명을 했다는 것을 통해 그의 성격을 알 수 있다. 반 고흐의 파란만장했던 삶을 소재로 한 최초의 소설은 1913년에 출간되었다. 어빙 스톤이 써서 베스트셀러가 되었던 전기 소설 『빈센트 빈센트 빈센트 반 고흐』는 1934년에 나왔으며, 1950년에는 빈센트 미넬리 감독이 커크 더글러스를 주연으로 해서 영화화하기도 했다. 그 이외에도 '오두막집의 남자', '빈센트'라는 노래도 나왔다. 이는 모두 빈센트 반 고흐를 신화화하는 데에 어느 정도 기여했다고 볼 수 있다. 지금까지도 반 고흐의 일생을 다룬 책이나 영화는 끊임없이 만들어지고 있다. 물론 반 고흐가 ㉠재능을 가진 성실한 화가가 아니었다면 그의 삶을 다룬 이야기는 사람들의 관심을 끌지 못했을 것이다. 하지만 ㉡그러한 삶을 사람들에게 확고하게 각인시켜 준 전기들이 없었더라면, 반 고흐의 그림들은 지금 누리고 있는 지위를 얻을 수 없었을 것이다.

「해바라기」는 단순한 형식과 열정적인 붓놀림 때문에 첫눈에 빈센트 반 고흐의 작품임을 알아볼 수 있다. 서로 다른 노란색 그림자와 다양한 표면 느낌을 통해 세심하게 이루어 낸 조화로운 구성을 보면 광인이었던 것으로 알려져 있는 그의 일반적인 이미지를 다시 생각해 보게 된다. 모든 사람의 호응을 얻을 수 있는 기쁨에 넘치는 작품을 만들고 싶었던 화가의 열망이 이 작품에서 성취되었다고 볼 수 있는 것이다. 반 고흐 자신의 짧고 격정적인 삶처럼, 이 작품도 순간적이지만 매우 강렬한 의미를 담아내고 있다. 「해바라기」는 분명 뛰어난 작품이기에 많은 전기들이 없었어도 대중적인 인기를 누릴 수 있었겠지만, 아마 지금과 같은 지위에는 오르지 못했을 것

이다. 지금까지도 「해바라기」와 그림을 그린 화가에 대한 관심은 줄어들지 않고 있다. 그의 전시회는 항상 관람객으로 넘쳐나고 「해바라기」를 활용한 소품들도 끊임없이 팔리고 있다. 그렇게 상품들이 쏟아지는 현상의 이면에는 순수함과 냉소 그리고 감상주의와 상업주의가 혼재되어 있는 것으로 해석할 수 있다.

다음 내용이 맞으면 ○표, 틀리면 ×표 하시오.

(1) 빈센트 반 고흐는 그의 죽음 후에야 작품 세계를 온당하게 인정받게 되었다. (　　)
(2) 생전에 빈센트 반 고흐는 동생과 함께 살았지만, 항상 고독감에 젖어 있었다. (　　)
(3) 빈센트 반 고흐는 만족스러운 작품에만 자신의 서명을 넣었다. (　　)
(4) 빈센트 반 고흐에 대한 많은 전기들이 없었더라면, 작품 「해바라기」는 대중적인 인기를 누릴 수 있었을 것이다. (　　)

정답 (1) ○ (2) × (3) ○ (4) ×

유제 1 반 고흐의 「해바라기」에 대한 설명으로 가장 적절한 것은?   ◉ 8850-0010

① 작가의 삶과는 상반되는 주제를 표현하고 있다.
② 가족 간의 따뜻하고 영원한 사랑을 그려 내고 있다.
③ 전기 소설과 다양한 노래에서 비판하고 있는 대상이다.
④ 그의 다른 작품들과는 다르게 복잡한 형식으로 그려져 있다.
⑤ 그와 관련된 많은 전기들로 인해 현재와 같은 지위에 오르게 되었다.

유제 2 ㉠과 ㉡에 대한 설명으로 적절한 것은?   ◉ 8850-0011

① ㉠이 반 고흐를 신화화하는 데 도움이 되었다면 ㉡은 오히려 방해가 되었다.
② ㉠이 반 고흐의 그림이 인기를 끌게 된 전제였다면 ㉡은 촉진제 역할을 하였다.
③ ㉠에서는 반 고흐의 인간적인 면을 볼 수 있고 ㉡에서는 예술가적인 면을 볼 수 있다.
④ ㉡을 통해 반 고흐는 동생인 태오에게 ㉠임을 알게 하였다.
⑤ ㉡에서 ㉠을 다루지 않았기 때문에 사람들은 반 고흐를 신비하게 여기게 되었다.

유제 3 〈보기〉는 윗글을 읽고 쓴 글이다. ⓐ~ⓔ 중, 윗글에 대한 이해로 적절하지 않은 것은?   ◉ 8850-0012

┤ 보기 ├

　　고독한 생활 속에 정신적으로 균형을 잃기는 했지만, 그의 예술 세계는 매우 경이로웠다고 볼 수 있다. ⓐ그의 회고전 카탈로그 표지를 장식한 해바라기를 통해 알 수 있듯이 그의 삶과 해바라기를 분리하여 생각할 수는 없을 것이다. ⓑ해바라기를 담고 있는 꽃병에 그의 서명이 되어 있는 것으로 보아 그 역시 이 작품에 매우 흡족함을 느꼈음을 알 수 있다. ⓒ그의 삶을 그린 책이나 영화, 노래들은 그에게 현재의 지위를 얻게 해 주었다고 해도 과언이 아니다. ⓓ이러한 것들이 아니었다면, 뛰어난 재능을 지니고 있지만 나태한 성격을 지니고 있던 그의 대표작인 「해바라기」는 명화의 반열에 오르기가 힘들었을 것이다. 현재까지도 이 작품에 대한 인기는 매우 높아, 이를 활용한 다양한 소품을 쉽게 찾아볼 수 있다. ⓔ여기에서 예술의 순수함과 이를 이용하고 있는 상업주의를 함께 찾아볼 수 있다.

① ⓐ　　　　② ⓑ　　　　③ ⓒ　　　　④ ⓓ　　　　⑤ ⓔ

빛은 시각 신경을 자극하는 일종의 전자기파로 태양에서 만들어진다. 태양의 내부에서는 수소 원자핵들이 서로 결합하여 헬륨 원자핵이 되는 과정에서 엄청난 에너지와 파장이 짧은 감마선들이 방출된다. 이때 만들어진 감마선들은 이리저리 부딪쳐서 태양 표면에 도달하기까지 무려 이만 년의 세월이 걸린다. 이 과정에서 감마선은 에너지를 잃어버리면서 파장이 긴 자외선과 가시광선으로 변한다. 그중에서 우리가 눈으로 감지할 수 있는 빛은 오직 가시광선뿐이다.

사물에 부딪쳐 반사된 빛은 안구의 수정체를 통과할 때 거꾸로 뒤집혀서 안쪽의 망막에 상이 맺힌다. 망막에는 ㉠간상세포와 ㉡원추 세포들이 빽빽하게 다발을 이루고 있는데, 상이 맺히는 부위를 '중심와'라고 부른다. 이 부위에 초점이 맺혀져야 선명한 상을 볼 수 있기 때문에 우리는 눈동자를 끊임없이 움직이는 것이다. 막대 모양의 간상세포는 명암을 구별하는 예민한 센서인데, 어두운 밤에 사물이 흑백 TV처럼 보이는 것은 바로 이 때문이다. 반면 색을 감지하는 원추 세포는 빛이 있는 곳에서만 작동한다.

밤하늘의 별을 볼 때 정면으로 응시하면 별이 잘 보이지 않는다. 망막의 중심에 별의 상이 맺히더라도 간상세포가 거의 없어서 명암을 구별하기 힘들기 때문이다. 간상세포는 망막의 중심이 아닌 바깥쪽에 많으므로 희미한 물체를 보기 위해서는 눈동자를 약간 옆으로 돌려 망막의 바깥쪽에 상이 맺히도록 하면 훨씬 잘 볼 수 있다.

우리가 밝은 곳에서 어두운 곳으로 들어가거나 반대로 어두운 곳에서 밝은 곳으로 나갈 때, 두 종류의 세포가 임무를 교대하는 데에는 시간이 걸린다. 밝은 곳에서 어두운 곳으로 들어갈 때 약 20분에서 1시간 정도의 적응 시간이 필요한데, 이것을 '암순응'이라고 한다. 암순응의 적응 시간이 길어지면 제트기 조종사들은 매우 위험한 상황에 처할 수 있다. 그래서 조종사들은 붉은색 고글을 착용하는데, 그 이유는 붉은빛이 다른 빛보다 간상세포에서 일어나는 과정을 도와주기 때문이다. 반대로 어두운 곳에서 밝은 곳으로 나가는 경우에는 적응 시간이 매우 짧다. 이를 '명순응'이라고 하며, 원추 세포의 기능이 회복될 때까지 잠깐 동안 눈부심을 경험하게 된다.

사람의 망막에는 약 1억 2천만 개의 간상세포와 7백만 개의 원추 세포가 존재한다. 독수리 같은 맹금류의 망막의 중심에는 원추 세포의 밀도가 높아서 다른 동물들보다 선명한 상을 얻을 수 있다. 일부 영장류를 제외하곤 대부분의 포유류는 색깔을 제대로 구분하지 못한다. 원추 세포에는 빛의 삼원색에 대응하는 빨강, 초록, 파랑의 세 가지 종류가 있다. 삼원색의 수용체는 동물마다 모두 다르다. 올빼미는 색을 구별하는 원추 세포가 없어 사물을 흑백 영상으로 보는 반면, 원숭이는 빨간색을 감지하는 센서가 없어서 빨간색이 갈색으로 바뀐 세상을 본다. 대부분의 곤충들은 붉은색을 보지 못한다. 반면, 꿀벌을 비롯한 몇몇 곤충들은 우리가 보지 못하는 자외선을 볼 수 있다. 그래서 화려한 색깔의 꽃들에는 꽃잎 위의 꿀이 들어 있는 중심부를 향해서 우리 눈에 보이지 않는 자외선 띠가 형성되어 있다.

1 눈 에 대한 설명으로 적절하지 않은 것은?   ○ 8850-0013

① 모든 동물의 눈에는 사물이 흑백으로 보인다.
② 어떤 동물은 사람이 보지 못하는 빛을 보기도 한다.
③ 사람의 눈이 모든 빛을 감지할 수 있는 것은 아니다.
④ 눈동자가 움직이는 것은 선명한 상을 보기 위한 것이다.
⑤ 사람의 망막에는 원추 세포보다 간상세포의 수가 더 많다.

2 ㉠과 ㉡에 대한 이해로 가장 적절한 것은?   ○ 8850-0014

① ㉠은 ㉡과 달리, 사물의 색을 구별하지 못하는군.
② ㉠은 ㉡과 달리, 망막의 중심에서 중요한 기능을 담당하고 있군.
③ ㉡은 ㉠과 달리, 대부분의 포유류에게 잘 발달되어 있군.
④ ㉡은 ㉠과 달리, 밤하늘의 별을 보는 데에 중요한 역할을 하고 있군.
⑤ ㉠과 ㉡은 모두 자외선에 매우 민감하게 반응하고 있군.

3점 문항 따라잡기

3 윗글과 〈보기〉를 통해 이끌어 낼 수 있는 반응으로 가장 적절한 것은?   ○ 8850-0015

┤ 보기 ├

  밤 9시에 제주 앞바다 선상에서 환자를 탑승시킨 후 이륙하던 헬리콥터가 해상으로 추락한 사고가 발생하였다. 조종사가 비행 착각을 일으킨 원인은 환자를 탑승시키는 동안 조종사의 눈이 선상의 밝은 불빛에 노출되어 암순응 파괴가 이루어졌기 때문임이 밝혀졌다. 이에 항공 조종사들에게 안전한 야간 비행을 위해 다음과 같은 지침이 내려왔다.
  – 조종실 조명을 가능한 한 최소로 조절하고, 눈을 밝은 불빛에 노출시키지 않아야 한다.
  – 어떤 물체의 위치를 지속적으로 보기 위하여 물체를 중심으로 10도 상하좌우를 2~3초 간격으로 지속적으로 보는 주변 시력을 사용해야 한다.

① 암순응이 제대로 이루어지지 않은 상황에서 밝은 불빛에 1초 이상 노출이 되면 야간 시력은 회복되지 못할 정도로 손상되는군.
② 간상세포들이 망막의 중심와에는 없고 주변에 위치하고 있기 때문에, 야간이나 낮은 조도에서는 주변 시력을 사용해야 하는군.
③ 조종사들은 야간 비행 안전을 개선하기 위하여 낮 시간대에도 주변 시력을 사용하여 사물을 보는 연습을 지속적으로 해야 하겠군.
④ 항공기 조종사의 눈이 암순응 적응 시간을 단축할 수 있도록 원추 세포에서 일어나는 과정을 도와주는 고글의 개발이 시급히 필요하군.
⑤ 야간 비행 시의 사고를 방지하기 위해 비행 중에는 조종실의 조명과 항공기의 위치를 알 수 있도록 날개의 끝과 뒤에 달아 놓은 항공등을 밝게 하는 것이 좋겠군.

수능에 길을 묻다

유형 1 글의 구조 파악

2018학년도 9월 모의평가 38번

유형 확인

글의 중심 화제를 풀어내는 과정을 제대로 파악할 수 있는지를 알아보는 유형이다. 글쓴이가 말하고자 하는 대상과 의도, 그것들을 독자들에게 효과적으로 전달하기 위해 사용한 방식, 문단 간의 관계 등을 잘 이해했는지를 측정하기 위한 유형인 것이다.

출제 의도 확인

글의 중심 화제를 찾아내고, 그것을 설명하기 위해 어떤 방식을 사용했는지를 알아보며, 그 내용들을 문단별로 어떻게 구성하여 전개했는지를 파악해 보라고 하고 있다.

문제 해결 전략

❶ 이 글에는 각 학자들의 주장과 후대의 학자들이 앞선 학자들의 생각을 수정 보완하는 내용만 언급되어 있고, 합의한 결과는 제시되어 있지 않다.
❷ 집합 의례의 진행 과정과 관련하여 파슨스, 스멜서와 알렉산더가 서로 다른 견해를 가지고 있다는 내용이 제시되어 있지만 상반된 견해를 절충한 내용은 제시되어 있지 않다.
❸ 이 글은 중심 화제인 '집합 의례'를 설명하는 여러 학자들의 견해를 설명하고 있는데, 뒤르켐의 이론이 파슨스와 스멜서에 의해 보완되고 있으며, 파슨스와 스멜서의 이론의 한계가 알렉산더의 견해로 보완되고 있다.
❹ 사례들이 제시되어 있다고 볼 수 있으나 사례들을 유형별로 분류하고 있지 않다.
❺ 집합 의례의 역사적 기원을 설명하는 다양한 가설들이 제시되어 있지 않다.
© 금성출판

사람들은 함께 모여 '집합 의례'를 행한다. 뒤르켐은 오스트레일리아 부족들의 집합 의례를 공동체 결속의 관점에서 탐구한다. 부족 사람들은 문제 상황이 발생할 경우 생계 활동을 멈추고 자신들이 공유하는 성(聖)과 속(俗)의 분류 체계를 활용하여 이 상황이 성스러운 것인지 아니면 속된 것인지를 판별하는 집합 의례를 행한다. 이 과정에서 그들은 자신들이 공유하는 성스러움이 무엇인지 새삼 깨닫고 그것을 중심으로 약해진 기존의 도덕 공동체를 재생한다. 집합 의례가 끝나면 부족 사람들은 가슴속에 성스러움을 품고 일상의 속된 세계로 되돌아간다. 이로써 단순히 먹고사는 문제에 불과했던 생계 활동이 성스러움과 연결된 도덕적 의미를 지니게 된다.

뒤르켐은 현대 사회의 집합 의례가 기존 도덕 공동체의 재생으로 끝나지 않고 새로운 도덕 공동체를 창출할 것이라고 본다. 예를 들어, 프랑스 혁명은 자유, 평등, 우애와 같은 새로운 성스러움을 창출하고 이를 중심으로 새로운 도덕 공동체를 구성한 집합 의례다. 뒤르켐은 새로 창출된 성스러움이 자기 이해관계를 추구하며 속된 세계에서 살아가는 개인들에게 서로 결속할 수 있는 도덕적 의미를 제공할 것이라 여긴다.

파슨스와 스멜서는 이러한 이론적 통찰을 기능주의 이론으로 구체화한다. 그들은 성스러움을 가치라는 말로 바꿔 표현한다. 현대 사회에서는 가치가 평상시 사회적 삶 아래에 잠재되어 있다가, 그 도덕적 의미가 뿌리부터 뒤흔들리는 위기 시기에 위로 올라와 전국적으로 일반화된다. 속된 일상에서 사람들은 가치를 추구하기보다는 자기 이해관계를 구체화한 목표와 이의 실현을 안내하는 규범에 따라 살아간다. 하지만 위기 시기에는 사람들의 관심이 자신들의 특수한 이해관계에서 보편적인 가치로 상승한다. 사람들은 가치에 기대어 위기가 주는 심리적 긴장과 압박을 해소하는 집합 의례를 행한다. 그 결과 사회의 통합이 회복된다. 파슨스와 스멜서는 이것이 마치 유기체가 환경의 압박으로 인해 흐트러진 항상성의 기능을 생리 작용을 통해 회복하는 과정과 유사하다고 본다.

알렉산더는 파슨스와 스멜서의 이론을 받아들이면서도 그들이 사용한 생물학적 은유가 복잡한 현대 사회의 집합 의례를 탐구하는 데는 한계가 있다고 보고, 그 대안으로 '사회적 공연론'을 제시한다. 그는 가치를 전 사회로 일반화하는 집합 의례가 현대 사회에서는 유기체의 생리 작용처럼 자연적으로 진행되는 것이 아니라, 그 결과가 정해지지 않은 과정이라고 본다.

유형 1 윗글의 논지 전개 방식에 대한 설명으로 가장 적절한 것은?

○ 8850-0016

① 중심 화제에 대해 주요 학자들이 합의한 결과를 제시하고 있다.
② 중심 화제에 대해 상반된 견해를 제시한 후 두 견해를 절충하고 있다.
③ 중심 화제에 대한 이론이 후속 연구에 의해 보완되는 과정을 고찰하고 있다.
④ 중심 화제에 대한 다양한 사례들을 제시한 후 이를 유형별로 분류하고 있다.
⑤ 중심 화제의 역사적 기원에 대한 다양한 가설들의 의의와 한계를 평가하고 있다.

근대 도시의 삶의 양식은 많은 학자들의 관심을 끌어 왔다. 오랫동안 지배적인 관점으로 받아들여진 것은 삶의 양식 중 노동 양식에 주목하는 생산학파의 견해였다. 생산학파는 산업 혁명을 통해 근대 도시 특유의 노동 양식이 형성되는 점에 관심을 기울였다. 그들은 우선 새로운 테크놀로지를 갖춘 근대 생산 체제가 대규모의 노동력을 각지로부터 도시로 끌어 모으는 현상에 주목했다. 또한 다양한 습속을 지닌 사람들이 어떻게 대규모 기계의 리듬에 맞추어 획일적으로 움직이는 노동자가 되는지 탐구했다. 〈중략〉

이에 대하여 소비학파는 근대 도시인이 내면세계를 상실한 사물로 전락한 것은 아니라고 하면서 생산학파를 비판하기 시작했다. 예를 들어, 콜린 캠벨은 금욕주의 정신을 지닌 청교도들조차 소비 양식에서 자기 환상적 쾌락주의를 가지고 있었다고 주장하였다. 결핍을 충족시키려는 욕망과 실제로 욕망이 충족된 상태 사이에는 시간적 간극이 존재할 수밖에 없다. 그런데 근대 도시에서는 이 간극이 좌절이 아니라 오히려 욕망이 충족된 미래 상태에 대한 주관적 환상을 자아낸다. 〈중략〉

근래 들어 노동 양식에 주목한 생산학파와 소비 양식에 주목한 소비학파의 입장을 아우르려는 연구가 진행되고 있다. 일찍이 근대 도시의 복합적 특성에 주목했던 발터 벤야민은 이러한 연구의 선구자 중 한 명으로 재발견되었다. 그는 새로운 테크놀로지의 도입이 노동의 소외를 심화한다는 점은 인정하였다. 하지만 소비 행위의 의미가 자본가에게 이윤을 가져다주는 구매 행위로 축소될 수는 없다고 생각했다. 소비는 그보다 더 복합적인 체험을 가져다주기 때문이다. 벤야민은 이런 사실을 근대 도시에 대한 탐구를 통해 설명한다. 〈중략〉

벤야민은 근대 도시의 복합적 특성이 영화라는 새로운 예술 형식에 드러난다고 주장했다. 19세기 말에 등장한 신기한 구경거리였던 영화는 벤야민에게 근대 도시의 작동 방식과 리듬에 상응하는 매체다. 영화는 조각난 필름들이 일정한 속도로 흘러가면서 움직임을 만들어 낸다는 점에서 공장에서 컨베이어 벨트가 만들어 내는 기계의 리듬을 떠올리게 한다. 또한 관객이 아닌 카메라라는 기계 장치 앞에서 연기를 해야 하는 배우나 자신의 전문 분야에만 참여하는 스태프는 작품의 전체적인 모습을 파악하기 어렵다. 분업화로 인해 노동으로부터 소외되는 근대 도시인의 모습이 영화 제작 과정에서도 드러나는 것이다.

유형2 윗글의 내용 전개 방식으로 가장 적절한 것은?

◎ 8850-0017

① 근대 도시의 삶의 양식에 대한 벤야민의 주장을 기준으로, 근대 도시의 산물인 영화를 유형별로 분류하고 있다.

② 근대 도시와 영화의 개념을 정의한 후, 근대 도시의 복합적 특성을 밝힌 벤야민의 견해에 대해 그 의의와 한계를 평가하고 있다.

③ 근대 도시의 삶의 양식에 대한 벤야민의 관점을 활용하여, 근대 도시의 기원과 영화의 탄생 간에 공통점과 차이점을 비교하고 있다.

④ 근대 도시의 복합적 특성에 따른 영화의 변화 양상을 통시적으로 살펴본 후, 근대 도시와 영화의 체험에 대한 벤야민의 주장을 비판하고 있다.

⑤ 근대 도시의 삶의 양식에 대한 서로 다른 견해를 소개한 후, 근대 도시와 영화에 대한 벤야민의 견해가 근대 도시의 복합적 특성을 드러냄을 밝히고 있다.

유형 확인

글을 서술할 때에는 설명, 묘사, 분류, 정의, 대조, 논증, 예시, 비교, 유추 등의 서술 방식이나 전개 방식을 사용하게 된다. 이 유형은 앞선 '구조 파악' 문제와 유사하지만, 단순히 논지 전개 방식만 묻는 것이 아니라 글의 내용을 언급하면서 이에 대한 서술 방식이나 전개 방식을 파악하고 있는지를 측정하는 유형으로 출제되고 있다.

출제 의도 확인

글 속에 드러난 구체적인 내용을 선지와 비교해 보면서 글의 내용 및 전개 방식으로 적절한 것이 무엇인지 묻고 있다. 또한, 글쓴이의 의도를 효과적으로 드러내기 위해 사용한 내용 전개 방식의 의미를 정확하게 이해하고 있는지를 평가한다.

문제 해결 전략

❶ 근대 도시의 산물인 영화를 유형별로 분류하고 있지 않다.

❷ 근대 도시의 삶의 양식에 대한 견해를 제시하고 있을 뿐, 근대 도시나 영화의 개념을 정의하고 있지 않다. 또한 벤야민의 견해가 지닌 한계는 평가하고 있지 않다.

❸ 근대 도시의 기원이나 영화의 탄생에 대해 설명하는 글이 아니므로 그 공통점과 차이점을 비교한다는 진술 역시 적절하지 않다.

❹ 영화의 변화 양상을 살피고 있지 않으며, 벤야민의 주장에 대한 비판 역시 제시되어 있지 않다.

❺ 이 글은 근대 도시의 삶의 양식에 대한 생산학파와 소비학파의 서로 다른 견해를 소개한 후 일찍이 두 학파의 입장을 포괄하는 견해를 제시한 벤야민의 이론을 소개하고 있다. 벤야민은 근대 도시가 복합적 특성을 가지고 있다고 보았으며, 이러한 특성이 새로운 예술 형식인 영화에 드러난다고 주장했다.

ⓔ 정답

한옥은 알면 알수록 과학적인 집이다. 여름과 겨울의 기후 요소를 동시에 만족시키는 방법으로 가장 먼저 생각할 수 있는 것은 기계를 사용하는 것인데, 한옥은 이런 기계 장치 없이도 여름과 겨울의 기후 요소를 모두 만족시킬 수 있는 특징을 지니고 있다. 인간의 삶을 결정짓는 기후 요소는 결국 햇빛과 바람 두 가지로 귀결된다. 여름에 따가운 햇빛은 피해야 하고 시원한 바람은 받아들여야 하는 반면, 겨울에 추운 바람은 피해야 하고 따스한 햇빛은 받아들여야 한다. 한옥은 이런 상황을 동시에 충족시킬 수 있는 구조를 지니고 있다.

여름 해는 튕겨 낸다.

겨울 해는 통과시킨다.

그렇다면 한옥은 햇빛을 조절하기 위해 어떤 방법을 사용하고 있을까? 그에 대한 해답은 지붕과 창과 방의 크기와 위치를 활용하는 것이다. 이 셋은 집을 구성하는 가장 기본적인 요소인데, 이것들의 크기와 위치만 잘 조절하면 햇빛을 활용하는 최고의 과학을 행할 수 있게 된다.

우선 지붕의 돌출 길이를 이용할 수 있는데, 왼쪽 그림과 같이 지붕 처마를 여름 태양과 겨울 태양의 각도 사이에 위치하도록 돌출시키는 것이다. 이렇게 하면 여름 햇빛을 막아 튕겨 내고 겨울 햇빛은 통과시켜 들어오게 할 수 있다. 예를 들어 38도선 지역에서는 하지와 동지의 태양 각도인 75.5도와 32.1도 사이에 지붕 처마가 위치하게 돌출시키면 햇빛을 조절할 수 있게 된다. 한옥의 처마 길이는 한여름 해를 물리치고 한겨울 해를 방 안 깊숙이 받아들일 수 있도록 정해진다. 특히 겨울에는 대청 깊은 곳 끝까지 해가 들고, 여름에는 해가 방 안에는 들어오지도 못한 채 툇 끄트머리에 살짝 걸치다 돌아간다.

둘째로, 창과 방의 크기를 이용하여 햇빛을 조절할 수 있다. 창의 크기부터 살펴보면, 겨울을 기준으로 창은 가능한 한 해를 많이 받아들이는 것이 좋기 때문에 이를 위해서는 창이 클수록 좋다. 흔히 말하는 '전면 창'이 가장 좋은데, 이런 경우 여름에는 불필요한 햇빛을 불러들일 수 있어서 문제가 있다. 물론 여름 해는 일차적으로 지붕이 튕겨 내지만, 천공에 퍼져 있는 빛, 기단 바닥과 벽에서 반사되는 간접 광 등이 있기 때문에 창이 너무 크면 여전히 방 안에 여름 햇빛이 들어올 수 있다. 창이 너무 크면 겨울에도 찬바람이 들어오고 실내 열을 빼앗기기 때문에 좋지 않은 점이 많다. 따라서 한옥에서는 창의 크기를 중간 정도로 적절하게 만들며, 창의 위치 역시 바닥까지 내리거나 지붕 선까지 바짝 올리지 않고 중간쯤에 오게 한다. 겨울 해를 받아들이기 위한 것을 상한선, 여름 해를 튕겨 내면서 겨울에 단열을 하기 위한 것을 하한선으로 생각하여 창의 크기와 위치는 그 중간쯤으로 결정한다.

방의 크기 역시 중요한데, 지붕의 돌출 길이와 창의 크기가 주로 햇빛을 직접 받아들이는 통로에 관한 것이었다면 방의 크기는 이렇게 받아들인 햇빛을 실내에서 어떻게 활용할 것인지에 관한 것이다. 방의 크기는 방의 깊이와 천장 높이가 관건인데, 천장이 낮고 바닥의 길이가 길어서 방이 깊다면 겨울에 해가 들어오다가 말게 되고, 앞쪽만 해가 들고 안쪽은 그늘이 진다. 반대로 천장이 높고 바닥의 길이가 짧아서 방이 얕으면 사람이 먹고 자며 일상생활을 하는 데 필요한 치수에 못 미치게 된다. 그래서 방의 깊이는 이 중간 상태에서 결정이 되는데, 방을 사용하는 데 무리가 없는 것이 최소 깊이의 하한선이 된다. 겨울에 햇빛을 최대한 깊숙이 들어오게 해 주는 것이 최대 깊이를 한정하는 조건인데, 동짓날 지붕 처마 끝에 걸린 햇빛을 연장해서 바닥에 닿는 곳까지가 최대 깊이의 상한선이 된다.

한편, 한옥에서는 바람이 절실히 필요한 여름에 바람이 부는 방위에 맞춰 길을 냈는데, 집 안에 막힘 없는 구멍을 뚫어놓은 것을 바람길이라 하며, 방위를 기준으로 하면 남동풍이 부는 남동향이 된다. 한옥은 이런 남동풍에 맞춰 바람길을 냈는데 가장 대표적인 곳이 안채로, 남향으로 난 중문에서 시작해서 안마당과 대청을 거쳐 뒷산으로 빠져나가는 길이다. 중문에서 안마당을 통해 대청 뒷문으로 불어 나가는 길은 여름 동남풍이 지나가는 주요 바람길이며, 이것은 안채의 중심축과도 일치해서 사람이 가장 많이 다니는 길이기도 하고 중간에 막히는 곳이 없이 뻥 뚫려 있다. 안채는 보통 'ㅁ'자형의 구성을 하고 있어서 겨울에는 비교적 아늑하지만 여름에는 답답할 수 있는데 바람길을 내서 이것을 극복해 낸 것이다.

다음 내용이 맞으면 ○표, 틀리면 ×표 하시오.

(1) 한옥은 기계를 사용하지 않고도 여름과 겨울의 기후 요소를 동시에 만족시킬 수 있다. (　　)

(2) 38도선 지역에 있는 한옥에서 40도 정도에 지붕 처마가 위치하도록 돌출시키면 과학적인 햇빛 조절이 가능하다. (　　)

(3) 창의 크기는 햇빛 조절과 관계가 있지만, 창의 위치는 바닥까지 내려도 햇빛 조절에 큰 문제가 없다. (　　)

(4) 한옥의 안채는 보통 'ㅁ'자 구성으로 되어 있어 여름에는 답답할 수 있는데 이런 문제점을 해결해 주는 것이 바람길이었다. (　　)

정답 (1) ○ (2) ○ (3) × (4) ○

유제 1 윗글의 논지 전개 방식에 대한 설명으로 가장 적절한 것은?　　　　◎ 8850-0018

① 한옥이 불편하다는 통념이 잘못된 것임을 증명하고 있다.
② 한옥의 과학성에 대한 서로 다른 관점을 대비하며 설명하고 있다.
③ 한옥의 과학성에 대해 여러 요소로 나눠 분석하면서 설명하고 있다.
④ 한옥 배치로 인해 초래된 문제점과 해결 방안에 대해 모색하고 있다.
⑤ 한옥의 역사적 기원에 대한 상반된 관점을 절충하여 이를 종합하고 있다.

유제 2 윗글의 내용 전개 방식으로 가장 적절한 것은?　　　　◎ 8850-0019

① 한옥과 양옥의 개념을 정의한 후, 한옥의 특성에 대한 전문가의 의견을 인용하여 주장을 강화하고 있다.
② 한옥의 과학성에 대한 서로 다른 견해를 소개한 후, 한옥의 과학성이 지닌 전망과 한계점에 대해 밝히고 있다.
③ 인간 삶에 미치는 기후 요소를 제시하고, 그것과 관련한 한옥의 과학성을 건축 요소로 나눠 인과적으로 분석하고 있다.
④ 한옥의 복합적인 특성을 시대에 따라 통시적으로 살펴본 후, 한옥이 현대 사회에 미치는 영향력에 대해 비판하고 있다.
⑤ 한옥의 과학성에 대한 이론이 다양하게 분화되는 과정을 보여 준 후, 한옥이 더 과학적인 성격을 지니게 하기 위한 대안을 제시하고 있다.

가 예술의 창작과 감상을 명석하고 판명한 원리로 묶어 두려 한 합리론적 미학의 시도는 성공하지 못했다. 작품의 실제적인 창작과 감상에서 한계를 드러냈기 때문이다. 예술의 실제적인 경험을 강조한 경험론적 미학도 취미 판단에서 보편성을 확보할 수 없다는 한계를 나타냈다. 취미를 주관적이며 개인적인 성향의 것이라고 보았기 때문이다. 특히 흄은 취미를 자극하는 공통적인 성질은 없으며, 특정한 취미 판단이 정당하다든지 보편성을 갖는다고 볼 수 없다고 주장했다. 어떤 사람이 대상을 보면서 즐거움을 느끼고 아름답다고 하는 것에 다른 사람들이 동의하지 않을 수도 있고, 다르게 느낄 수도 있다는 것이다. 칸트는 합리론과 경험론을 비판적으로 종합하여 미학 이론에 대한 자신의 철학을 세우고, 지금까지 등장한 감성, 상상력, 오성, 이성 등의 마음의 능력을 체계화하는 방법을 통해 기존 이론들의 문제점과 한계들에 대한 답을 제시하려고 했다.

나 칸트는 합리론이 지식의 보편타당성을 이루었지만 현실에 부합하지 않는다는 한계를 드러냈고, 경험론에 의한 지식은 현실에는 부합하지만 보편타당성을 이루지 못했다고 보았다. 따라서 보편타당성과 현실에 부합하는 지식을 위해서는 합리론과 경험론을 비판적으로 종합해야 한다고 생각했다. 지식이 감각적 경험에서 출발하지만, 모든 사람이 본래 갖고 있는 정신의 형식을 통해서 구성된다는 관점에서였다. 우리가 경험을 전제로 하지만, 보편타당한 인식을 이룰 수 있는 것은 이런 선천적인 형식을 모든 사람이 갖고 있기 때문이라고 한다. 지식이 합리론처럼 정신에 의해서만 이루어지는 것도 아니며, 감각을 통한 경험만으로 이루어지는 것도 아니라는 것이다. 이런 관점에서 칸트는 정신 능력을 감성과 오성과 이성으로 구분하고, 인식은 감성과 오성의 작용을 통해서 이루어지며, 감각이 받아들인 경험 자료인 질료를 정신이 능동적으로 구성하는 것이라고 한다. 이성은 감각적 경험을 초월하는 것을 사유하는 능력이며, 인식을 이끌어 가는 이념과 관련된 정신 능력이라고 말한다.

다 칸트가 말하는 인식의 과정은 이렇다. 인식은 대상과 직접적이며 즉각적으로 관계하는 경험의 방식인 직관에서 시작된다. 데카르트의 정신에 의한 직관과는 달리 감각적 경험 안에서 이루어지는 직관이라는 점에서 감각 직관이라고 할 수 있다. 이 감각 직관을 담당하는 마음의 능력이 감성이며, 감성이 대상으로부터 받아들인 표상인 감각 직관의 내용이 현상이다. 감각적 경험을 통한 현상이란 감성이 대상으로부터 아직은 무엇인지 알 수 없는 질료를 받아들여 공간과 시간을 형식화해서 개별적인 감각 기관으로 구성한 것이라는 말이다.

라 인식의 다음 단계는 다양한 감각 직관인 현상들을 모아서 개념화하는 것인데, 칸트는 이 역할을 오성이 한다고 보았다. 오성이 다양한 현상들을 개념에 의해 통합해서 판단하고 인식을 이루게 된다는 것이다. 칸트는 이런 오성에도 선천적인 형식이 있다고 하면서, 그것을 범주라고 했다. 오성이 다양한 현상들을 이런 범주들 아래에 포섭해서 판단을 하고 개념화된 지식을 이루게 된다는 것이다. 그런데 감각 직관과 전혀 관련이 없는 오성이 어떻게 현상들에 적합한 범주를 적용할 수 있을까? 칸트는 이 일을 상상력이 한다고 보았다. 이미지를 만드는 능력인 상상력이 이미지를 바탕으로 현상들을 모아서 오성에 전달하며, 그에 따른 적합한 범주의 한계도 말해 준다고 한다. 예를 들어 상상력이 마음 안에 있는 컵의 이미지로 '둥글다'는 현상들을 모아서 오성에 전달하고 관계의 유형에 속한 '시간 안에서 실재적인 것의 지속성'을 뜻하는 '실체'의 범주로 한계를 정해 주면, 오성은 그 현상들에 '실체'의 범주를 적용하고 개념화해서 '컵은 둥글다'라는 판단을 하게 된다는 것이다.

마 이렇게 해서 칸트는 지식이 감각적 경험에서 시작한다고 보아 데카르트의 합리론의 문제점을 해결했고, 감성과 오성의 선천적인 형식에 의해 구성된다고 보아 경험론이 부딪친 보편적인 지식에 대한 흄의 회의론도 극복하고 있다. 하지만 칸트의 인식론에서 해결되지 않는 문제점도 남는다. 현상의 질료인 아직 무엇인지 알 수 없는 것은 어디로부터 오는가라는 것이다. 그리고 현상을 나타나게 하는 것이며 그것 배후에 있는 그 무엇을 어떻게 설명할 것인가라는 점이다. 칸트는 이것을 경험할 수 없는 것이며, 경험할 수 없는 것이기에 인식할 수도 없다고 말한다. 하지만 칸트는 알 수 없다고 해서 그것이 존재하지 않는다고 할 수는 없기 때문에 이것을 사유하는 정신 능력을 이성이라고 하면서, 그러한 이성을 통한 사유가 인식을 이끌어 가기도 하고 한계를 정해 주기도 한다고 보았다.

1 윗글의 논지 전개 방식에 대한 설명으로 가장 적절한 것은?　　○ 8850-0020

① 미학 이론의 개념을 밝히고 그 종류를 나누어 분석하고 있다.
② 미학 이론에 대해 주요 학자들이 합의한 결과를 제시하고 있다.
③ 칸트의 미학 이론에 대해 제기할 수 있는 문제들을 나열하고 있다.
④ 칸트의 미학 이론이 발전되어 온 과정을 역사적으로 고찰하고 있다.
⑤ 기존의 견해를 비판적으로 종합한 칸트의 미학 이론을 소개하고 있다.

2 윗글의 내용 전개 방식으로 가장 적절한 것은?　　○ 8850-0021

① 미학 이론에 대한 데카르트와 흄의 관점을 활용하여, 합리론적 미학 이론의 장점과 발전 가능성에 대한 전망을 소개하고 있다.
② 합리론적 미학과 경험론적 미학의 한계를 소개한 후, 칸트의 미학 이론을 통해 기존 이론들이 지닌 한계에 대한 답을 제시하고 있다.
③ 데카르트와 흄, 칸트가 공통적으로 주장하는 미학 이론을 바탕으로, 현대 사회 속에서 그러한 미학 이론이 지니는 한계점에 대해 제시하고 있다.
④ 칸트가 말하는 인식의 단계에 따른 미학 이론의 변화 양상을 통시적으로 살펴본 후, 합리론과 경험론이 지니는 공통점과 차이점을 비교하고 있다.
⑤ 합리론적 미학 이론의 입장을 표명한 데카르트의 미학 이론을 활용하여, 경험론적 미학 이론을 표명했던 칸트의 주장이 지닌 한계를 비판하고 있다.

3점 문항 따라잡기

3 윗글의 (가)~(마)에 대한 설명으로 가장 적절한 것은?　　○ 8850-0022

① (가): 합리론적 미학 이론이 실패한 이유에 대해 가설을 제시하고 이를 검증하고 있다.
② (나): 경험론적 미학 이론에 대한 상반된 관점을 절충하고 이를 종합하고 있다.
③ (다): 칸트의 미학 이론의 문제점을 여러 관점에서 분석하여 해결 방안을 제시하고 있다.
④ (라): 칸트의 미학 이론 속 요소들의 개념을 병렬적으로 설명하여 차이점을 드러내고 있다.
⑤ (마): 기존 견해를 극복한 칸트의 미학 이론이 지니는 의의와 한계점을 설명하고 있다.

수능에 길을 묻다

유형 확인

추론적 독해는 단순히 표면적으로 드러나는 내용을 파악하는 것이 아니라, 글의 목적이나 필자의 의도, 숨겨진 주제 등을 종합적으로 파악하는 것을 말한다.

출제 의도 확인

내용 추론 유형은 크게 한 부분의 지문을 참고하여 그 안에 내포된 의미를 찾도록 하는 경우와 두 부분 이상을 종합적으로 고려하여 선지의 정오를 가리게 하는 경우로 나뉜다. 따라서 내용 추론 유형은 어느 한 부분에서 정답을 확정지을 수 없기에 글의 내용을 전체적으로 이해한 후에 접근해야 한다.

문제 해결 전략

❶ 4문단에서는 DNS의 역할을 서술했고, 2문단 마지막 문장에서는 공인 IP 주소를 부여받아야 한다고 서술했으므로 사설 IP 주소 변환은 적절하지 않다.
❷ 3문단에서 사설 IP 주소는 내부 네트워크에서 서로를 식별하는 용도라 밝혔다. 서로를 식별한다는 말은 주소가 다르다는 말을 전제하고 있다.
❸ 3문단에서 유동 IP 주소의 DHCP는 IP 주소가 필요한 컴퓨터의 요청을 받아 주소를 할당해 주고, 컴퓨터가 IP 주소를 사용하지 않으면 다른 컴퓨터에게 넘긴다고 설명하고 있다.
❹ 2문단에서 각 컴퓨터들은 고유 IP 주소를 가져야 하며 IP 주소가 중복 지정되어서는 안 된다고 서술하고 있다.
❺ 4문단의 인터넷 통신사는 가입자들이 공동으로 사용할 수 있는 네임서버를 운영하고 있다는 내용을 통해, 서로 다른 컴퓨터들에도 동일한 네임서버의 IP 주소가 기록되어 있을 수 있음을 알 수 있다.

ⓔ 정답

DNS(도메인 네임 시스템) 스푸핑은 인터넷 사용자가 어떤 사이트에 접속하려 할 때 사용자를 위조 사이트로 접속시키는 행위를 말한다. 이는 도메인 네임을 IP 주소로 변환해 주는 과정에서 이루어진다.

인터넷에 연결된 컴퓨터들이 서로를 식별하고 통신하기 위해서 각 컴퓨터들은 IP(인터넷 프로토콜)에 따라 만들어지는 고유 IP 주소를 가져야 한다. 프로토콜은 컴퓨터들이 연결되어 서로 데이터를 주고받기 위해 사용하는 통신 규약으로 소프트웨어나 하드웨어로 구현된다. 현재 주로 사용하는 IP 주소는 '***.126.63.1'처럼 점으로 구분된 4개의 필드에 숫자를 사용하여 나타낸다. 이 주소를 중복 지정하거나 임의로 지정해서는 안 되고 공인 IP 주소를 부여받아야 한다.

공인 IP 주소에는 동일한 번호를 지속적으로 사용하는 고정 IP 주소와 번호가 변경되기도 하는 유동 IP 주소가 있다. 유동 IP 주소는 DHCP라는 프로토콜에 의해 부여된다. DHCP는 IP 주소가 필요한 컴퓨터의 요청을 받아 주소를 할당해 주고, 컴퓨터가 IP 주소를 사용하지 않으면 주소를 반환받아 다른 컴퓨터가 그 주소를 사용할 수 있도록 해 준다. 한편, 인터넷에 직접 접속은 안 되고 내부 네트워크에서만 서로를 식별할 수 있는 사설 IP 주소도 있다.

인터넷은 공인 IP 주소를 기반으로 동작하지만 우리가 인터넷을 사용할 때는 IP 주소 대신 사용하기 쉽게 'www.***.***' 등과 같이 문자로 이루어진 도메인 네임을 이용한다. 따라서 도메인 네임을 IP 주소로 변환해 주는 DNS가 필요하며 DNS를 운영하는 장치를 네임서버라고 한다. 컴퓨터에는 네임서버의 IP 주소가 기록되어 있어야 하는데, 유동 IP 주소를 할당받는 컴퓨터에는 IP 주소를 받을 때 네임서버의 IP 주소가 자동으로 기록되지만, 고정 IP 주소를 사용하는 컴퓨터에는 사용자가 네임서버의 IP 주소를 직접 기록해 놓아야 한다. 인터넷 통신사는 가입자들이 공동으로 사용할 수 있는 네임서버를 운영하고 있다.

유형 1 윗글을 바탕으로 알 수 있는 것은?

ⓞ 8850-0023

① DNS는 도메인 네임을 사설 IP 주소로 변환한다.
② 동일한 내부 네트워크에 연결된 컴퓨터들의 사설 IP 주소는 서로 달라야 한다.
③ 유동 IP 주소 방식의 컴퓨터들에는 동시에 동일한 공인 IP 주소를 할당할 수 있다.
④ 고정 IP 주소 방식의 컴퓨터들에는 동시에 동일한 공인 IP 주소를 부여할 수 있다.
⑤ IP 주소가 서로 다른 컴퓨터들은 각각에 기록되어 있는 네임서버의 IP 주소도 서로 달라야 한다.

유학은 ㉠수기치인(修己治人)을 통해 성인(聖人)이 되기 위한 학문으로 성학(聖學)이라고도 불린다. '수기'는 사물을 탐구하고 앎을 투철히 하고 뜻을 성실하게 하고 마음을 바르게 하여 자신을 닦는 일이며, '치인'은 집안을 바르게 하고 나라를 통치하고 세상을 평화롭게 하는 것을 의미한다. 수기치인을 통해 하늘의 도리인 천도(天道)와 합일되는 경지에 도달한 사람이 바로 '성인'이다. 이러한 유학의 이념을 적극 수용했던 율곡 이이는 수기치인의 도리를 밝힌 『성학집요』(1575)를 지어 이 땅에 유학의 이상 사회가 구현되기를 소망했다.

율곡은 수기를 위한 수양론과 치인을 위한 경세론을 전개하는데, 그 바탕은 만물을 '이(理)'와 '기(氣)'로 설명하는 이기론이다. 존재론의 측면에서 율곡은 '이'를 형체도 없고 시간과 공간의 제약을 받지 않고 존재하는 만물의 법칙이자 원리로 보고, '기'를 시간적인 선후와 공간적인 시작과 끝을 가지면서 끊임없이 변화하며 작동하는 물질적 요소로 본다. '이'와 '기'는 사물의 구성 요소로서 서로 다른 성질을 갖지만, '이'는 현실 세계에서 항상 '기'와 더불어 실제로 존재한다. 율곡은 이처럼 서로 구별되면서도 분리됨이 없이 존재하는 '이'와 '기'의 관계를 이기지묘(理氣之妙)라 표현한다.

수양론의 한 가지 기반으로, 율곡은 이통기국(理通氣局)을 주장한다. 이것은 만물이 하나의 동일한 '이'를 공유하지만, 다양한 '기'의 성질로 인해 서로 다른 모습으로 나타날 수 있음을 의미한다. 또한 이러한 이통기국론은, 성인과 일반인이 기질의 차이는 있지만 동일한 '이'를 갖기 때문에 일반인이라도 기질상의 병폐를 제거하고 탁한 기질을 정화하면 '이'의 선한 본성이 회복되어 성인의 경지에 이를 수 있다는 기질 변화론으로 이어진다. 율곡은 흐트러진 마음을 거두어들이는 거경(居敬), 경전을 읽고 공부하여 시비를 분별하는 궁리(窮理), 그리고 몸과 마음을 다스려 사욕을 극복하는 역행(力行)을 기질 변화를 위한 중요한 수양 방법으로 제시한다. 인간에게 내재된 천도를 실현하려는 율곡의 수양론은 사회의 폐단을 제거하여 천도를 실현하려는 경세론으로 이어진다.

유형2 ㉠에 관한 이해로 가장 적절한 것은? 　　　　　　　　　　　　　◎ 8850-0024

① '수기'와 '치인'은 각각 '이'와 '기'의 정화를 통해 '성인'이 됨을 목표로 한다.
② '이기지묘'는 '수기'와 '치인'의 상호 대립적이고 분리 가능한 특징을 설명해 준다.
③ '수기'를 위한 수양론과 '치인'을 위한 경세론은 모두 천도의 실현을 목적으로 한다.
④ '이통기국'은 '수기'와 '치인'을 통해 '성인'이 지닌 기질적 병폐의 극복이 가능함을 말해 준다.
⑤ '수기'와 '치인'을 위한 기질 변화 방법으로는 독서와 공부를 통해 시비를 분별하는 '역행'이 있다.

지문 연구
「부존 효과」

해제 | 이 글은 사람들이 소유하고 있는 물건을 포기하기 싫어하는 태도에서 비롯되는 부존 효과에 대해 다루고 있다. 코넬 대학 학생들을 대상으로 한 실험에서 머그잔을 갖고 있는 학생과 그렇지 않은 학생들 사이에 그것을 교환하려는 가격에 차이가 발생하면서 확인되었다. 이러한 부존 효과는 손실 기피적 태도에서 비롯되며, 전통적 경제 이론에서는 해석하지 못하는 사람들의 비합리적인 행태를 설명해 주는 근거가 된다.

주제 | 행태 경제 이론의 관점에서 본 부존 효과

구성 |

• 1문단: 부존 효과의 사례와 정의
• 2문단: 머그잔 실험을 통해서 본 부존 효과 ①
• 3문단: 머그잔 실험을 통해서 본 부존 효과 ②
• 4문단: 부존 효과 현상이 발생하는 원인 – 손실 기피적 태도
• 5문단: TV 홈쇼핑 상품 사례로 본 부존 효과
• 6문단: 부존 효과의 경제학적 의의

TV 홈쇼핑을 보면 상품을 일주일 먼저 사용한 후 마음에 들면 결제를 확정하고 마음에 안 들면 100% 환불을 받을 수 있다는 문구를 본 적이 있을 것이다. 얼핏 보기에 소비자 입장에서 손해 볼 것이 없는 듯한 이러한 권유 속에 숨어 있는 의도는 무엇일까? 판매자가 그와 같은 제의를 통해 노리고 있는 것은 경제학적 용어로 '부존 효과'를 만들어 내고자 하는 것이다. 부존 효과란 어떤 물건을 갖고 있는 사람은 그것을 갖고 있지 않은 사람에 비해 그 물건의 가치를 더 높게 평가하는 경향을 말하는데 일반적으로 부존 효과는 자신이 소유하고 있는 물건을 포기하기 싫어하는 태도에서 발생한다.

한 경제학자가 코넬 대학 학생들에게 그 학교 로고가 들어 있는 머그잔을 나눠 주고 학생들 사이에서 어떻게 거래가 이루어지는지 실험을 해 보았다. 실험의 내용은 그 머그잔을 받은 사람과 받지 못한 사람 사이에서 교환이 이루어지는지의 여부를 알아보는 것이다. 교환이 이루어지는 기본적 규칙은 보통의 상품이 거래되는 것과 전혀 차이가 없다. 즉 머그잔을 갖지 못한 사람이 최대한으로 지불할 용의가 있는 금액이 머그잔을 갖고 있는 사람이 최소한으로 받아야 하겠다는 금액보다 더 크면 둘 사이에 교환이 이루어지는 것이다.

6달러의 가격표가 달린 그 머그잔에 대한 학생들의 평가는 각양각색일 것으로 예상되었다. 특별히 머그잔을 좋아하는 사람만 골라 나눠 준 것이 아니라 무작위로 뽑아 나눠 주었기 때문이다. 그런데 실험 결과 특이한 현상이 발견되었다. ㉠머그잔을 갖고 있는 사람이 최소한으로 받아야겠다고 말하는 금액의 평균은 5.25달러로, 갖고 있지 않은 사람이 최대한으로 내겠다는 금액의 평균인 2.75달러보다 더 큰 것으로 나타났던 것이다. 흥미로운 것은 이 실험에서만 이런 결과가 나타난 것이 아니라 다른 맥락에서 실행한 실험에서도 이와 유사한 양상이 거듭 관찰되었다는 사실이다.

이 주제와 관련된 11개의 연구 결과를 종합해 보면 양자 사이의 격차가 최소 1.4배에서 최대 16.5배에 이르는 것으로 나타났다. 왜 이런 현상이 나타날까? 앞서 제시한 부존 효과로 설명할 수 있다. 즉 어떤 물건을 갖고 있은 사람은 그것을 포기하는 것을 꺼려서 상대적으로 더 높은 금액을 받아야만 그 물건을 넘겨주겠다는 태도를 갖기 때문이다. 행태 경제학자들은 이것이 사람들의 손실 기피적인 태도와 밀접한 관련이 있는 것으로 해석한다. 손실 기피적인 태도란 지금 갖고 있는 무언가를 잃어버리는 것을 특히 싫어하는 태도를 뜻한다. 자신이 갖고 있는 머그잔을 잃어버리는 게 싫기 때문에 높은 가격을 주어야만 팔겠다는 태도가 나오다는 해석이다. 이러한 손실 기피적인 태도는 우리 삶에서 여러 가지 구체적인 형태로 표출된다.

처음에 이야기한 홈쇼핑 상품으로 되돌아가 보자. 어떤 운동 기구에 12만 원의 가격표가 붙어 있는데 소비자는 10만 원까지만 낼 용의가 있다면 그 운동 기구를 사지 않을 것이다. 홈쇼핑에서는 소비자에게 아무 조건 없이 한 달만 써 보라고 권한다. 그렇게 운동 기구를 쓰게 된 과정에서 부존 효과가 발생해 그것이 없는 사람에 비해 만족감을 갖게 되면서 소비자는 이제 13만 원까지 낼 용의를 갖게 된다. 한 달 후 그는 물건을 되돌려 주지 않고 12만 원을 결제한다.

합리성의 관점에서 볼 때 어떤 물건의 소유 여부가 그것의 가치 평가에 영향을 미쳐 그 가치가 주관적으로 평가된다는 것은 이해하기 힘든 현상이다. 합리성을 전제로 하는 전통적 경제 이론에서는 이러한 현상을 설명하지 못한다. 그렇기 때문에 부존 효과의 존재는 현실에서 사람들이 보여 주는 비합리적인 행태와 심리학적 관점에서 인간의 경제적 행위를 설명하는 행태 경제 이론을 뒷받침해 줄 수 있는 좋은 근거가 된다.

다음 내용이 맞으면 ○표, 틀리면 ×표 하시오.

(1) 부존 효과는 자신이 소유하고 있는 물건을 포기하기 싫은 태도에서 비롯된다. (   )
(2) 상품의 거래는 판매자의 최소 수령 금액이 소비자의 최대 지불 금액보다 클 때 이루어진다. (   )
(3) 손실 기피적 태도는 지금 갖고 있는 것보다 더 좋은 것을 바라는 태도이다. (   )
(4) 부존 효과는 전통적 경제 이론에 따르면 비합리적인 행태로 볼 수 있다. (   )

정답   (1) ○   (2) ×   (3) ×   (4) ○

유제 1 ㉠의 이유를 추리한 것으로 가장 적절한 것은?   ◐ 8850-0025

① 머그잔에 대한 경제적 가치가 상승했기 때문에
② 머그잔을 특별히 원하는 학생들이 소유했기 때문에
③ 머그잔에 대한 학생들의 평가가 각양각색이기 때문에
④ 머그잔을 소유한 학생들이 그것을 포기하는 것을 꺼려 하기 때문에
⑤ 머그잔을 갖지 못한 학생들이 그것의 가치를 높게 평가했기 때문에

유제 2 윗글의 '부존 효과'를 바탕으로 〈보기〉의 두 현상에 대해 추론한 것으로 적절하지 <u>않은</u> 것은?   ◐ 8850-0026

┌─ 보기 ├─

A: 자동차 판매장에서 판매자가 구매자에게 먼저 풀 옵션 모델을 먼저 시승하게 한 뒤 기본 모델을 보여 주면, 기본 모델을 시승하게 한 뒤 풀 옵션 모델을 보여 주는 경우보다 구매자의 차량 구입 가격이 더 높게 나타난다고 한다.
B: 케이블 TV나 통신 회사로부터 다양한 혜택이 있는 콘텐츠를 석 달 동안만 무료로 사용해 보라는 제의를 받고 이를 수락한 가구에서 3개월 후 콘텐츠를 해지하는 비율이 5% 미만이라는 통계 결과가 있다.

① A에서 풀 옵션 모델을 시승해 본 경우, 구매자는 그것을 이미 자신이 소유한 차의 속성으로 인식하겠군.
② A에서 기본 모델을 먼저 시승해 본 경우, 구매자는 풀 옵션 모델보다 기본 모델을 더 나은 상품으로 인식하겠군.
③ B에서 콘텐츠를 3개월간 사용하는 동안, 고객은 콘텐츠를 점차 자신의 소유물로 인식하겠군.
④ B에서 콘텐츠를 3개월간 사용한 고객은, 그것을 가지지 못한 사람과 비교해 만족감을 느끼겠군.
⑤ B에서 콘텐츠를 3개월간 사용한 고객은, 사용 전과 달리 콘텐츠에 대한 손실 기피적 태도가 발생했겠군.

수능의 빛을 찾다

사우디아라비아는 석유 강국이다. 일본 하면 자동차와 애니메이션이 떠오른다. 우리가 극장에서 주로 보는 외국 영화는 미국의 할리우드 영화이다. 전 세계에서 생산되는 전자 제품을 뜯어보면 우리나라에서 생산된 반도체가 많이 꽂혀 있다. 나라마다 이렇게 특정 제품이 전 세계적으로 팔리게 되는 이유는, 다른 나라보다 잘 만들 수 있는 재화와 서비스를 특화하여 이를 세계 시장에서 교환하고, 이를 통해 이익을 얻기 때문이다. 즉 다른 나라보다 더 잘 만들 수 있는 재화와 서비스를 특화*하여 국제 거래를 통해 교환함으로써 거래 당사국이 모두 이익을 얻을 수 있다. 이를 뒷받침하는 이론으로 절대 우위론과 비교 우위론이 있다.

국제 거래에서 한 나라가 다른 나라보다 어떤 재화를 생산하는 데 동일한 생산 요소를 투입해서 더 많이 생산하거나, 그 나라보다 적은 생산 요소를 투입해서 더 싸게 생산할 수 있을 때, 즉 다른 나라보다 낮은 생산비로 생산할 수 있는 능력을 절대 우위라고 한다. 두 나라가 각각 절대 우위를 가진 재화와 서비스를 특화 생산하여 교환하면 두 나라 모두에게 이익이 된다는 이론이 절대 우위론이다. 무역을 할 때, A국이 B국보다 생산비가 절대적으로 적게 드는 재화와 서비스를 생산하여 B국에 수출하고, 생산비가 절대적으로 많이 드는 재화와 서비스를 B국으로부터 수입하면 모두에게 이익이 된다. 〈표 1〉과 같이, 휴대 전화의 한 단위 생산비는 A국이 10달러이고,

구분	휴대 전화 1단위	옷 1단위
A국 생산비	10달러	12달러
B국 생산비	15달러	8달러

〈표 1〉

B국이 15달러이므로 A국이 더 싸게 생산할 수 있다. 반면, 옷 생산은 A국이 12달러이고, B국이 8달러이므로 B국이 더 싸게 생산할 수 있다. 이때 A국은 휴대 전화 생산에, B국은 옷 생산에 절대 우위가 있다고 한다. 양국 모두 절대 우위에 있는 상품을 특화하여 1:1로 교환하면 A국은 20달러, B국은 16달러로 휴대 전화 1대와 옷 1벌씩을 얻을 수 있게 되므로 무역 전보다 A국은 2달러, B국은 7달러의 무역 이익이 발생한다.

그러나 만일 A국의 생산비가 두 상품 모두 B국보다 낮다면 이런 경우에도 무역은 이루어질 수 있을까? 국제 거래에서 한 나라가 다른 나라에 비해 모든 재화와 서비스를 생산하는 데 절대 우위를 가질 때에도 두 나라 사이에 무역이 발생할 수 있는데 이는 비교 우위론으로 설명할 수 있다. 비교 우위는 한 나라 안에서 다른 재화에 비해 상대적으로 생산비가 적게 드는 상품을 생산할 수 있는 능력을 말한다. 무역을 할 때 한 나라가 상대국보다 생산비가 상대적으로 적게 드는 상품은 수출을 하고, 생산비가 상대적으로 많이 드는 상품은 수입을 하는 것이 무역 당사국 모두에게 이익이 된다는 이론이 비교 우위론이다.

[A] 비교 우위론에 의한 무역의 특화 과정과 무역 후의 이익을 기회비용을 통해 살펴보자. 기회비용이란 어떤 것을 선택할 때, 선택한 것을 포기한 것의 가치로 나타낸 것을 말한다. 그리고 합리적으로 선택하려면 기회비용이 적은 것을 선택해야 한다. 〈표 2〉에서 휴대 전화 생산과 옷 생산에 있어 C국이 모두 절대 우위를 가진다. 이때 휴대 전화와 옷 1단위 생산에 따른 기회비용을 순서대로 구하면 C국은 각각 옷 $\frac{10}{12}$단위, 휴대 전화 $\frac{12}{10}$단위, D국은 각각 옷 $\frac{20}{15}$단

구분	휴대 전화 1단위	옷 1단위
C국 생산비	10달러	12달러
D국 생산비	20달러	15달러

〈표 2〉

위, 휴대 전화 $\frac{15}{20}$단위가 발생한다. 따라서 C국은 휴대 전화 생산에, D국은 옷 생산에 비교 우위를 가진다. 따라서 각국이 비교 우위 상품을 특화하여 1:1로 교환할 경우 C국은 20달러로 휴대 전화 1단위와 옷 1단위를 얻을 수 있게 되어 무역 전보다 2달러를 절약할 수 있다. 한편 D국은 30달러로 휴대 전화 1단위와 옷 1단위를 얻게 되어 5달러의 무역 이익이 발생한다. 즉 C, D 양국이 기회비용이 적은 것을 특화하여 무역한다면 두 나라는 무역 전보다 모두 이익을 얻을 수 있는 것이다.

한편, 각 나라마다 비교 우위가 다르게 나타나는 이유는 국가 간의 경제 여건이 서로 다르기 때문이다. 비교 우위는 노동, 자본, 토지 등과 같은 생산 요소를 얼마나 가지고 있는가에 따라 다르다. 나라마다 부존 자원이 다르므로 풍부한 노동력을 가지고 있는 나라는 노동 집약적 상품을 더 잘 만들 수 있고, 선진국과 같이 자본을 많

이 가지고 있는 나라는 자본 집약적 상품을 더 잘 만들 수 있다. 각 나라의 기술 수준의 차이도 비교 우위에 영향을 미친다. 미국은 항공기 산업에, 일본은 전자 제품에, 우리나라는 조선과 반도체 산업에 우수한 기술력을 가지고 있어 그 분야에 기술 집약적 상품을 더 잘 만들 수 있다.

한 나라의 비교 우위는 그 나라가 가지고 있는 생산 요소의 양뿐만 아니라 국민의 의식 수준, 문화 수준 등 질적인 부분에도 영향을 미친다. 또한 지리적 여건, 기후 등의 자연환경 요인에 따라 결정되기도 한다. 최근에는 창의적 지식, 첨단 과학 기술, 고급 정보 등도 중요한 비교 우위 결정 요인이 되고 있다.

*특화 한 상품만을 전념하여 생산하는 것.

---

1 윗글로 미루어 알 수 있는 내용이 <u>아닌</u> 것은? ◐ 8850-0027

① 특화된 상품을 집중 생산하여 교환하면 거래 당사국이 모두 이익을 얻는다.
② 생산비가 낮다는 것은 동일한 생산 요소의 투입으로 더 많은 재화를 생산할 수 있음을 뜻한다.
③ 동일한 생산 요소를 투입하여 다른 나라보다 더 많은 재화를 생산하는 능력을 비교 우위라 한다.
④ 한 나라가 다른 나라에 비해 모든 상품의 생산 능력이 높아도 두 나라 간 무역은 발생할 수 있다.
⑤ 나라마다 재화를 생산하는 데 드는 생산비가 각기 다른 이유는 국가별 경제 여건이 다르기 때문이다.

2 윗글의 [A]를 읽고 추론한 내용으로 적절하지 <u>않은</u> 것은? ◐ 8850-0028

① C국에서 휴대 전화 1단위를 생산하기 위해서는 0.83단위의 옷을 포기해야 한다.
② C국은 휴대 전화를 생산할 때의 기회비용이 옷을 생산할 때의 기회비용보다 많다.
③ D국은 옷을 생산하여 C국에 수출하는 것이 휴대 전화를 생산하여 수출하는 것보다 이득이다.
④ 재화 1단위를 기준으로 보면, C국이 휴대 전화를 특화하여 D국에 수출했을 때 2달러를 절감할 수 있다.
⑤ 재화 1단위를 기준으로 보면, D국이 옷을 특화하여 C국에 수출했을 때 5달러를 절감할 수 있다.

3점 문항 따라잡기

3 윗글을 참고하여 다음 〈보기〉를 이해한 것으로 적절하지 <u>않은</u> 것은? ◐ 8850-0029

| 보기 |

다음은 갑국과 을국 두 나라의 컴퓨터와 냉장고 두 상품의 1단위 생산에 필요한 노동량을 나타낸 것이다.

구분	컴퓨터	냉장고
갑국	10	15
을국	9	8

단, 컴퓨터와 냉장고의 교역 조건을 1:1로 가정함.

① 갑국에서 컴퓨터 1단위를 생산하기 위해서는 0.67단위의 냉장고를 포기해야 한다.
② 을국은 갑국에 비해 컴퓨터와 냉장고 두 상품 모두에 절대 우위를 가지고 있다.
③ 갑국은 컴퓨터를 생산할 때의 기회비용이 냉장고를 생산할 때의 기회비용보다 적다.
④ 을국은 냉장고를 생산하여 갑국에 수출하는 것이 컴퓨터를 생산하여 수출하는 것보다 이득이다.
⑤ 두 나라가 비교 우위 상품을 특화하여 1:1로 교환하면, 갑국은 무역 전보다 1의 노동량을 절감할 수 있다.

05

유형 학습 5 **다른 상황에 적용**

수능에 **길**을 묻다

유형 **1** 구체적 상황에 적용하기

유형 확인

글에 나타난 원리나 관점을 토대로 〈보기〉에 제시된 다른 사례를 해석할 수 있는지를 묻는 유형으로서, 글의 내용에 대한 확실한 이해가 뒷받침되어야 풀수 있는 문제이다.

출제 의도 확인

이 문제를 풀기 위해서는 글의 내용을 종합적으로 반영해야 한다. 즉 금리와 물가의 관계, 선제적 통화 정책, 정책 외부 시차의 의미를 알고 이를 적용해서 문제를 풀 수 있는지를 평가하려하고 있다. 한 번에 모든 정보를 반영하여 문제를 풀려고 하면 헷갈리기 쉬우므로 순차적으로 접근해야 한다.

문제 해결 전략

❶ 기준 금리를 인하하면 물가 상승률이 올라가기 때문에, 1분기에서 기준 금리를 2.5%로 인하하게 되면 2분기의 물가 상승률은 4%가 될 것이고, 2분기 기준 금리를 2.5%로 유지하게 되면 3분기의 물가 상승률 역시 4%로 조정될 것이다.

❷ 1분기에서 기준 금리를 2.5%로 인하하면 2분기의 물가 상승률은 4%가 된다. 그리고 2분기에 기준 금리를 4%로 인상하면 3분기의 물가 상승률은 다시 3%가 될 것이다.

❸ 1분기 기준 금리에는 변화가 없기 때문에 2분기 물가 상승률도 3%를 유지하겠지만, 2분기 기준 금리를 5.5%로 인상하면 3분기 물가 상승률은 2%로 조정될 것이다.

❹ 1분기 기준 금리를 5.5%로 인상하면 2분기 물가 상승률은 2%로 조정되겠지만, 2분기 기준 금리를 4%로 인하하게 되면 3분기 물가 상승률은 3%로 조정될 것이다.

통화 정책은 중앙은행이 물가 안정과 같은 경제적 목적의 달성을 위해 이자율이나 통화량을 조절하는 것이다. 대표적인 통화 정책 수단인 '공개 시장 운영'은 중앙은행이 민간 금융 기관을 상대로 채권을 매매해 금융 시장의 이자율을 정책적으로 결정한 기준 금리 수준으로 접근시키는 것이다. 중앙은행이 채권을 매수하면 이자율은 하락하고, 채권을 매도하면 이자율은 상승한다. 이자율이 하락하면 소비와 투자가 확대되어 경기가 활성화되고 물가 상승률이 오르며, 이자율이 상승하면 경기가 위축되고 물가 상승률이 떨어진다. 이와 같이 공개 시장 운영의 영향은 경제 전반에 파급된다.

중앙은행의 통화 정책이 의도한 효과를 얻기 위한 요건 중에는 '선제성'과 '정책 신뢰성'이 있다. 먼저 통화 정책이 선제적이라는 것은 중앙은행이 경제 변동을 예측해 이에 미리 대처한다는 것이다. 기준 금리를 결정하고 공개 시장 운영을 실시하여 그 효과가 실제로 나타날 때까지는 시차가 발생하는데 이를 '정책 외부 시차'라 하며, 이 때문에 선제성이 문제가 된다. 예를 들어 중앙은행이 경기 침체 국면에 들어서야 비로소 기준 금리를 인하한다면, 정책 외부 시차로 인해 경제가 스스로 침체 국면을 벗어난 다음에야 정책 효과가 발현될 수도 있다. 이 경우 경기 과열과 같은 부작용이 수반될 수 있다. 따라서 중앙은행은 통화 정책을 선제적으로 운용하는 것이 바람직하다.

유형 **1** 윗글을 바탕으로 〈보기〉를 이해할 때 '경제학자 병'이 제안한 내용으로 가장 적절한 것은?

▶ 8850-0030

┤ **보기** ├

어떤 가상의 경제에서 20○○년 1월 1일부터 9월 30일까지 3개 분기 동안 중앙은행의 기준 금리가 4%로 유지되는 가운데 다양한 물가 변동 요인의 영향으로 물가 상승률은 아래 표와 같이 나타났다. 단, 각 분기의 물가 변동 요인은 서로 관련이 없다고 한다.

기간	1/1~3/31	4/1~6/30	7/1~9/30
	1분기	2분기	3분기
물가 상승률	2%	3%	3%

경제학자 병은 1월 1일에 위 표의 내용을 예측할 수 있었고 국민들의 생활 안정을 위해 물가 상승률을 매 분기 2%로 유지해야 한다고 주장하였다. 이를 위해 다음 사항을 고려한 선제적 통화 정책을 제안했으나 받아들여지지 않았다.

[경제학자 병의 고려 사항]

기준 금리가 4%로부터 1.5%p*만큼 변하면 물가 상승률은 위 표의 각 분기 값을 기준으로 1%p만큼 달라지며, 기준 금리 조정과 공개 시장 운영은 1월 1일과 4월 1일에 수행된다. 정책 외부 시차는 1개 분기이며 기준 금리 조정에 따른 물가 상승률 변동 효과는 1개 분기

동안 지속된다.

＊%p는 퍼센트 간의 차이를 말한다. 예를 들어 1%에서 2%로 변화하면 이는 1%p 상승한 것이다.

① 중앙은행은 기준 금리를 1월 1일에 2.5%로 인하하고 4월 1일에도 이를 2.5%로 유지해야 한다.

② 중앙은행은 기준 금리를 1월 1일에 2.5%로 인하하고 4월 1일에는 이를 4%로 인상해야 한다.

③ 중앙은행은 기준 금리를 1월 1일에 4%로 유지하고 4월 1일에는 이를 5.5%로 인상해야 한다.

④ 중앙은행은 기준 금리를 1월 1일에 5.5%로 인상하고 4월 1일에는 이를 4%로 인하해야 한다.

⑤ 중앙은행은 기준 금리를 1월 1일에 5.5%로 인상하고 4월 1일에도 이를 5.5%로 유지해야 한다.

❺ 〈보기〉에 제시된 대로 경제학자 병은 선제적 통화 정책을 운용한다. 이에 따라 정책 외부 시차를 보면, '경제학자 병의 고려 사항'에 나온 대로 1개 분기이다. 문제는 금리인데, 〈보기〉에는 기준 금리가 1.5%p 변할 때 물가가 1%p 변한다고만 나와 있을 뿐 상승─하락의 관계는 말하지 않고 있다. 따라서 글을 통해 그것을 찾아내야 한다. 1문단을 보면 '이자율 하락 → 경기 활성화 → 물가 상승률 증가'라는 관계를 읽을 수 있다. 물론 이자율 상승은 반대의 상황을 가져올 것이다. 이를 〈보기〉에 적용해 보자. 1분기에 2%였던 물가가 2분기에 3%가 되었다. 경제학자 병은 2%를 유지하고자 하므로 선제적 정책에 따라 1월에 이미 손을 쓸 것이다. 물가를 낮추기 위해서는 금리를 올려야 하므로 '금리 1.5%p→물가 1%p' 공식에 따라 1월 1일에 금리를 5.5%로 올릴 것이다. 그러면 정책 외부 시차에 의해 한 분기를 지나 2분기부터 3%인 물가가 1%p 하락하게 된다. 그리고 그 상태를 계속 유지해야 3분기의 3%인 물가 역시 2%로 잡힐 것이다.

⑤ 정답

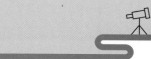

유형 2 다른 상황에 적용하기

유형 확인

글에 제시된 이론이나 개념을 새로운 상황에 적용하여 설명할 수 있는지를 묻는 유형이다. 구체적 상황에 적용하기 유형과 유사하지만 글에 없는 새로운 이론이나 개념이 등장한다는 점이 다르다.

출제 의도 확인

이 글의 하이퍼리얼리즘과 대표 작가인 '핸슨'의 작품을 정확히 이해하고 이를 다른 상황('쿠넬리스', '코수스'의 작품)에 적용하여 세 사람의 서로 다른 관점을 이해할 수 있는가를 평가하는 문제이다.

문제 해결 전략

❶ 핸슨은 자신의 작품에서 실물 주형 기법 등을 통해 사람의 형태와 크기 등을 똑같이 만들어 냈다. 시각적인 면에서 대상을 정확하게 재현하려고 한 것이다. 이에 반해, 쿠넬리스는 「무제」라는 작품에서 온기, 냄새, 소리를 통해 다양한 감각 체험이 가능하도록 실물을 그대로 제시하였다. 따라서 핸슨이 아니라 쿠넬리스가 미술 작품에서 다양한 체험을 강조할 것이다.

❷ 핸슨은 현실성을 높이기 위해 우리 주변에서 흔히 볼 수 있는 일상적 사물을 소재로 활용하고 있다. 또한 미술의 역사적, 정치적 가치에 대해 강조했는지 여부는 이 글에 전혀 언급되어 있지 않다.

❸ 쿠넬리스는 「무제」라는 작품에서 실제 살아 있는 말을 화랑 벽에 매어 놓고 감상자가 직접 체험을 통해 말에 대해 느끼고 작품의 의미를 만들도록 하였는데, 이는 대상을 직접 제시하여 감상자로 하여금 대상을 느끼고 체험하게 하는 것이 대상을 실제와 똑같이 만들어 내는 것보다 더 확실한 재현의 방법이라고 여긴 것이다. 그러므로 쿠넬리스가 핸슨에게 실물 주형 기법을 쓰는 것보다 실물 그 자체

미술관에서 오랫동안 움직이지 않고 서 있는 관광객 차림의 부부를 본다면 사람들은 다시 한 번 바라볼 것이다. 그리고 그것이 미술 작품이라는 것을 알면 놀랄 것이다. 이처럼 현실에 존재하는 것을 실재라고 믿을 수 있도록 재현하는 유파를 하이퍼리얼리즘이라고 한다. 〈중략〉

자본주의 일상을 사실적으로 표현한 하이퍼리얼리즘의 대표적인 작가에는 핸슨이 있다. 그의 작품「쇼핑 카트를 밀고 가는 여자」(1969)는 물질적 풍요함 속에 매몰되어 살아가는 당시 현대인을 비판적 시각에서 표현한 작품으로 해석할 수 있다. 이 작품의 대상은 상품이 가득한 쇼핑 카트와 여자이다. 그녀는 욕망의 주체이며 물질에 대한 탐욕을 상징하고 있고, 상품이 가득한 쇼핑 카트는 욕망의 객체이며 물질을 상징하고 있다. 그래서 여자가 상품이 넘칠 듯이 가득한 쇼핑 카트를 밀고 있는 구도는 물질적 풍요 속에서의 과잉 소비 성향을 보여 준다.

이 작품의 기법을 보면, 생활공간에 전시해도 자연스럽도록 작품을 전시 받침대 없이 제작하였다. 사람을 보고 찰흙으로 형태를 만드는 방법 대신 사람에게 직접 석고를 덧발라 형태를 뜨는 실물 주형 기법을 사용하여 사람의 형태와 크기를 똑같이 재현하였다. 또한 기존 입체 작품의 재료인 청동의 금속재 대신에 합성수지, 폴리에스터, 유리 섬유 등을 사용하고 에어브러시로 채색하여 사람 피부의 질감과 색채를 똑같이 재현하였다. 여기에 오브제*인 가발, 목걸이, 의상 등을 덧붙이고 쇼핑 카트, 식료품 등을 그대로 사용하여 사실성을 높였다.

*오브제(objet) 일상 용품이나 물건을 본래의 용도로 쓰지 않고 예술 작품에 사용하는 기법 또는 그 물체.

유형 2 윗글의 '핸슨'의 작품과 〈보기〉의 작품을 바탕으로 할 때, 작가들이 자신의 입장에서 상대를 비평하는 말로 가장 적절한 것은?

◐ 8850-0031

┤ 보기 ├

쿠넬리스, 「무제」

코수스, 「하나, 그리고 세 개의 의자」

쿠넬리스는 주변에서 흔히 볼 수 있는 살아 있는 말 12마리를 화랑 벽에 매어 놓고, 감상자가 화랑이라는 환경 안에 놓인 실제 말들의 존재와 말들의 온기와 냄새, 그리고 소리를 체험해서 다양하게 작품의 의미를 만들도록 하였다.

코수스는 '의자의 사진', '실제 의자', '의자의 언어적인 개념' 세 가지 모두를 한 공간에 배치하여, 대상을 나타내는 여러 가지 방식이 존재할 수 있음을 보여 주었다.

① 핸슨이 쿠넬리스에게: 미술은 시각적인 체험뿐만 아니라 청각, 후각 등 다양한 체험이 감상의 기준이 되어야 한다.

② 핸슨이 코수스에게: 미술에서 대상은 일상적이고 평범한 것이 아니라 역사적으로나 정치적으로 가치 있어야 한다.

③ 쿠넬리스가 핸슨에게: 미술에서 재현의 가장 효과적인 방법은 실물 주형의 기법보다 대상을 그대로 제시하는 것이어야 한다.

④ 쿠넬리스가 코수스에게: 미술에서 작품의 의미는 감상자가 실제 대상을 대면해서 만들어지는 것이 아니라 작가에 의해서 만들어지는 것이어야 한다.

⑤ 코수스가 쿠넬리스에게: 미술에서 대상을 재현할 때는 대상의 이미지보다 그 대상 자체만을 제시해야 한다.

를 제시하는 것이 더욱 효과적인 재현의 방법이라고 평하는 것은 적절하다.

❹ 코수스는 「하나, 그리고 세 개의 의자」라는 작품에서 작가의 생각, 의도를 담아 '의자의 사진', '실제 의자', '의자의 언어적인 개념'을 한 공간에 배치하였다. 작가에 의해서 작품의 의미가 만들어진다는 생각은 쿠넬리스가 아니라 코수스의 생각에 가깝다.

❺ 코수스는 「하나, 그리고 세 개의 의자」라는 작품에서 실제의 의자만이 아니라 의자 이미지(사진)와 의자의 개념도 함께 제시한다. 코수스는 대상 자체만을 제시해야 한다고 보지 않았다.

ⓒ 적용

지문 연구
「**대표성 휴리스틱과 가용성 휴리스틱**」

해제 | 현실에서 사람들은 모든 일에 있어 치밀하게 계산하고 합리적으로 판단을 내리지 않는다. 그렇게 하기에는 너무 많은 에너지와 노력이 소모되기 때문이다. 이로 인해 등장한 것이 휴리스틱이다. 이는 사람들이 현실에서 마주하는 수많은 판단의 순간에 최대한 빠르고 간결하게 선택을 내리기 위한 방법이다. 그 종류로서 대표성 휴리스틱과 가용성 휴리스틱이 있다. 대표성 휴리스틱은 어떤 대상이나 사람이 지니는 전형적인 특성을 근거로 판단을 내리는 것을 뜻하며 가용성 휴리스틱은 어떤 사건에 대해 자신이 떠올릴 수 있는 기억이나 사례에 의존하는 방법이다. 이러한 휴리스틱은 복잡하고 바쁜 삶을 살아가는 현대인에게 빠른 의사 결정을 내리게 해 준다는 장점이 있지만, 심각한 오판에 빠지게 된다는 위험성도 동시에 안고 있다.

주제 | 휴리스틱의 종류와 장단점

구성 |

• 1문단: 휴리스틱을 사용하는 이유
• 2문단: 휴리스틱의 장점과 단점
• 3문단: 대표성 휴리스틱의 개념과 문제점
• 4문단: 가용성 휴리스틱의 개념과 문제점

아무리 치밀한 사람이라도 매사에 백과사전을 뒤져 보고, 계산기를 두드리며 살아가는 것은 아니다. 계산을 해 보면 정확한 답이 나오는 것을 뻔히 알면서도 대충 어림짐작으로 끝내 버리는 경우가 많다. 모든 것을 철저하게 따져 보고 행동하는 데는 상당한 인지적 부담이 들기 때문이다. 또한 시간이나 정보가 불충분하여 합리적인 판단을 할 수 없는 상황도 존재할 수 있다. 휴리스틱이란 이렇게 현실의 상황을 판단하는 일이 매우 복잡하기 때문에 이를 단순화하기 위해 사용하는 주먹구구식 원칙을 의미한다.

휴리스틱이 널리 사용되고 있다는 것은 심리학계에서 인정되고 있는 사실이다. 그런데 휴리스틱을 보는 시각은 두 가지로 엇갈려 있다. 하나는 우리 삶에서 매우 긍정적인 역할을 하는 것으로 보는 시각이다. 휴리스틱이 지적 능력 혹은 정보의 부족함을 메워 주는 훌륭한 수단이 된다는 것이다. 휴리스틱에 의해 주변 상황을 판단하고 의사 결정을 하는 것은 의외로 좋은 성과를 가져다준다는 연구 결과가 많이 나와 있다. 이와 대조적으로 휴리스틱은 인식의 편향을 가져온다는 점에서 부정적으로 보는 시각도 있다. 즉 휴리스틱이 사물을 객관적으로 인식하지 못하게 만드는 걸림돌 역할을 한다고 보는 견해도 있다는 말이다. 행태 경제 이론에서는 휴리스틱에 의해 주변 여건을 판단하는 사람은 호모 에코노미쿠스[*]와 같은 합리성을 가질 수 없다는 입장을 취한다. 사람들이 대표적으로 사용하는 휴리스틱에는 대표성 휴리스틱과 가용성 휴리스틱이 있다.

[A]
먼저 대표성 휴리스틱이란 우리가 어떤 대상이나 사람이 특정 범주의 전형적인 특성을 얼마나 많이 나타내는지, 즉 대표성이 있는지에 근거하여 특정 범주에 속할 확률을 판단하는 인지적 책략을 일컫는다. 예를 들어 보자. 사람들은 특정한 직업을 가진 사람들의 전형적 특성에 대해 어떤 선입견을 갖고 있다. 은행원은 일반적으로 꼼꼼하고 계산적인 반면, 운동선수는 승부욕이 강하고 털털한 성격의 소유자가 많고, 군인은 언행에 절도가 있다는 등의 선입견이다. 대부분의 사람들이 쓰고 있는 휴리스틱은 어떤 사람에 대한 묘사가 이 선입견과 얼마나 비슷하게 맞아떨어지느냐에 따라 그 사람의 직업을 짐작하는 방법이다. 다시 말해 그 묘사가 특정한 직업의 전형적 특성에 대한 선입견과 비슷하게 맞아떨어질수록 그 직업의 소유자일 확률이 높은 것으로 짐작하는 방법을 쓴다는 뜻이다. 그러나 객관적인 확률의 법칙을 무시한 채 대표성 휴리스틱에 의존하면 심각한 오판에 빠질 위험성이 있다.

[B]
가용성 휴리스틱은 어떤 사건이 발생한 빈도를 판단할 때 그 사건에 대한 객관적인 정보를 활용하기보다 사건에 관해 떠올릴 수 있는 기억이나 사례에 의존하여 판단하는 방법이다. 즉 자신의 경험과 관련된 기억은 매우 구체적이고 생생하며 떠올리기 쉬우므로 이에 근거하여 빈도를 판단하는 것이다. 일상생활의 경험을 토대로 어떤 사실을 판단한다는 측면에서 현실적이고 유용한 판단일 수 있으나 이 가용성 휴리스틱 역시 현실에 대한 오판으로 이어질 수 있다는 것이 심리학자들의 지적이다. 똑같이 자주 일어난 두 사건이라 해도 기억에 떠오르는 정도가 다를 수 있는데, 일반적으로 낯익거나, 생생한 장면과 관련된 사건일수록 기억에 쉽게 떠올릴 수 있다. 따라서 실제로는 자주 일어난 사건인데도 기억에 쉽게 떠오르지 않을 수 있고, 그 반대의 경우도 있을 수 있다. 또한 가장 쉽게 머릿속에 떠오르는 것이 전체적으로는 전형적인 사례가 아닐 수 있다. 즉 개인의 경험이나 매스컴에서 많이 오르내린 정보의 영향으로 어떤 사건이 실제보다 빈번하게 발생되는 것으로 판단하게 되는 것이다. 가령 항공기 사고로 위험에 빠질 확률과 번개에 맞아 위험에 빠질 확률 중 어느 쪽이 더 큰가를 물어보면, 사람들은 대부분 항공기 사고로 인한 위험이 더 크다고 답변한다. 항공기 사고에 대한 기사나 뉴스는 종종 접하지만, 번개 사고에 대한 뉴스는 거의 접할 일이 없기 때문이다. 하지만 실제 통계에 따르면 항공기 사고보다 번개 사고의 확률이 5배 높다고 한다. 이는 자신이 자

주 접하는 정보에 의존하여 잘못된 판단을 하게 되는 가용성 휴리스틱의 대표적인 사례로 볼
└ 수 있다.

* **호모 에코노미쿠스** 합리적 소비를 추구하는 소비자.

다음 내용이 맞으면 ○표, 틀리면 ×표 하시오.

(1) 현실의 각종 상황에 직면하여 합리적인 판단을 하기 위해 휴리스틱을 활용한다. (　　)
(2) 휴리스틱은 지적 능력 혹은 정보의 부족함을 메워 주는 수단이다. (　　)
(3) 대상이 지닌 전형적 특성을 근거로 범주화하는 인지적 방법을 가용성 휴리스틱이라 일컫는다. (　　)

정답　(1) ×　(2) ○　(3) ×

유제 1 [A]를 참고하여 〈보기〉의 실험을 해석한 것으로 적절하지 <u>않은</u> 것은?　　　　◎ 8850-0032

┌ 보기 ┐
* 실험 개요 : 린다(Linda)라는 가상의 인물에 대한 프로필을 보여 준 후 그녀의 직업을 선택하게 하는 실험
　가. 린다의 프로필 : 31세의 여성, 철학 전공, 인종 차별 반대와 사회 정의에 대한 관심이 높음.
　나. 린다의 직업 : 1) 사회 운동가, 2) 은행원, 3) 사회 운동가이면서 은행원
　다. 실험 결과 : 1) > 3) > 2) 순으로 응답
　라. 객관적인 확률 순서 : 1) = 2) > 3)

① 린다의 전공과 관심 분야는 사람들에게 전형적인 특성으로 인식되겠군.
② 사람들은 사회 정의에 대해 관심이 많은 사람은 사회 운동가일 가능성이 크다고 판단하겠군.
③ 사람들은 3)이 2)보다 확률적으로 낮다는 것을 알지만 선입견에 의해 3)을 더 높은 것으로 선택하겠군.
④ 사람들은 린다와 같은 성격을 지닌 사람은 은행원보다 사회 운동가에 어울린다는 선입견을 갖고 있겠군.
⑤ 실험 결과가 객관적 확률 순서와 다르게 나타난 것은 사람들이 합리적인 판단을 내리지 못한 결과로 볼 수 있
　겠군.

유제 2 [B]를 참고하여 〈보기〉를 설명한 것으로 적절하지 <u>않은</u> 것은?　　　　◎ 8850-0033

┌ 보기 ┐
　트버스키와 카너먼(Tversky & Kahneman, 1973)은 50명의 피험자들에게 4권의 소설을 일주일 동안 읽
게 한 후 피험자 개개인을 대상으로 아래와 같은 질문을 제시했다.
　가. 소설에서 7개의 철자로 된 단어 중에 −ing로 끝나는 단어는 몇 개인가?
　나. 소설에서 7개의 철자로 된 단어 중에 여섯 번째 철자가 n인 단어는 몇 개인가?
　그리고 이 질문에 대한 답을 피험자들에게 예측해 보게 했다. 실험 결과 '가' 질문에 대한 답의 평균은
13.4개였고, '나' 질문에 대한 답의 평균은 4.7개였다.

① 피험자들의 기억 속에는 −ing로 끝나는 단어가 더 많이 저장되어 있겠군.
② 피험자들에게 여섯 번째 철자가 n으로 끝나는 단어는 상대적으로 기억에 떠오르지 않았겠군.
③ 피험자들에게 여섯 번째 철자가 n인 단어는 −ing로 끝나는 단어보다 인지하기가 어려웠겠군.
④ 피험자들에게 −ing로 끝나는 단어에 비해 여섯 번째 철자가 n인 단어는 낯설고 생소한 단어였겠군.
⑤ 피험자들이 읽은 책에는 여섯 번째 철자가 n인 단어의 수가 −ing로 끝나는 단어의 수와 같거나 더 많겠군.

공원 연못에 어린아이가 빠졌다. 다급한 상황에 사람들은 발을 동동 구르면서도 선뜻 나서지 못하고 있다. 이 때 한 남자가 물속에 뛰어든다. 그리고 아이를 구한다. 박수와 찬사 속에서 아이를 구하고 물속에서 나온 남자는 화를 내며 말한다. "누가 날 밀었어?" 우리는 이러한 남자의 행동에 대해 행위의 동기를 중요시할 것인가, 행위의 결과를 중요시할 것인가에 따라 두 관점으로 나누어 평가할 수 있다. 이를 인간 행동의 판별 기준인 목적과 결과의 관점과 더불어 서양 윤리학의 큰 흐름인 ㉠의무론적 윤리설과 ㉡목적론적 윤리설로 양분할 수 있다.

의무론적 윤리설을 대표하는 철학자로 18세기의 대표 사상가인 칸트를 들 수 있다. 그의 문제의식은 '무엇이 도덕적으로 옳은 행동인가?'라는 질문에서부터 시작한다. 그는 선과 악을 결정하는 것은 행위의 결과가 아니라 오직 그 행위를 만든 의지뿐이라고 주장하면서 과거에서부터 내려오는, 도덕적 인간에게 주어진 의무를 다해야 함을 강조했다. 위의 사례를 칸트의 관점에 따라 해석해 보면 남자가 연못에 빠진 아이를 구했다 하더라도 그의 행동에 자발성(의지)이 없었기에 그것은 결코 도덕적인 행동이 아니라고 말할 수 있는 것이다.

칸트는 절대적 도덕 법칙이 무너져 가는 현실 속에서 '정언 명법(定言命法)'을 제시하였다. 이것은 누구나 반드시 따라야 하는 도덕 법칙이 무엇인가를 알려 주는 방법으로서 실제 내용을 옮기면 다음과 같다. '네 의지의 준칙이 언제나 동시에 보편적 입법의 원리로 타당할 수 있도록 행위하라.' 좀 더 쉽게 풀어 보면 '네가 개인적으로 하려는 일이 동시에 모든 사람이 해도 괜찮은 일인지를 생각하고 행동하라.' 정도가 될 것이다. 정언 명법을 토대로 칸트는 절대적으로 지켜야 할 도덕 법칙과 의무를 찾아내는 방법을 제시했다. 그리고 이를 바탕으로 의무론적 윤리설의 토대를 단단히 했다. 정언 명법으로 절대적 도덕 법칙을 찾고, 그 도덕 법칙을 준수하며 살아가라는 게 칸트의 생각이었다.

한편 목적론적 윤리설의 성격을 잘 드러내는 공리주의는 19세기 무렵에 영국을 중심으로 전개된 윤리적 견해로, 벤담과 밀이 대표적 공리주의 학자이다. 공리주의는 단적으로 말해 윤리의 궁극적 목표로 개인과 사회의 이익에 초점을 맞춘 사상이다. 여기서의 이익은 쾌락이나 행복으로 바꾸어 말할 수 있다. 공리주의의 모토는 '최대 다수의 최대 행복'으로, 이 말은 공리주의의 핵심 논점을 명쾌하게 보여 준다. 한마디로 윤리적인 것이란 가장 많은 사람에게 가장 행복한 결과를 가져오는 것을 말한다. 공리주의의 장점은 단순하고 명쾌하다는 데 있다. 아무리 복잡한 현실의 문제라도 결과가 최대의 이익을 산출하면 그것으로 끝이다. 다시 위의 사례를 들여다보면, 남자의 동기가 자의였든 타의였든 간에, 물에 빠진 아이를 구한 것으로 모두에게 행복한 결과를 가져다주었다면 남자의 행위는 도덕적이라고 말할 수 있는 것이다.

단순하고 명쾌한 공리주의의 정신을 가장 정확하게 반영하고 있는 인물은 벤담이다. 그는 "모든 행위의 시비는 그것이 사람의 행복을 증진하는지의 여부에 의해서 평가되어야 한다."라고 주장했다. 이러한 벤담의 공리주의를 양적 공리주의라고 해서, 밀의 질적 공리주의와 구분하기도 한다. 벤담과 밀은 최대 다수의 최대 행복을 추구한다는 점에서는 동일하지만 궁극적인 목표로서의 행복에 대한 관점에서 차이를 갖는다. 벤담은 행복을 양적으로 측정할 수 있다고 생각했고, 밀은 행복의 질적인 측면도 고려해야 한다고 생각했다. 밀은 쾌락과 행복의 질적인 차이를 인정함으로써 개인의 자유나 평등 등 인간의 최소한의 권리들을 지켜 낼 수 있었다.

---

1 ㉠과 ㉡의 관점에서 〈보기〉를 해석한 것으로 적절하지 <u>않은</u> 것은? ◑ 8850-0034

> ┤ 보기 ├
>
> 　어느 날, K는 친구와 사냥을 나갔는데 그만 친구가 늪에 빠지고 말았다. 늪에 빠진 친구는 움직일수록 점점 깊숙이 빠져들고 있고, K가 총대를 내밀어도 닿지 않았다. 친구는 더 이상 빠져나오려는 노력을 기울이지 않고 포기하려 했다. K는 더 이상의 시도를 하지 않은 채, 가능성이 없다고 판단하고 그 자리를 뜨려 하였다. 그런 K의 모습을 본 친구는 오기가 생겼고, 필사적으로 허우적대는 과정에서 늪 가장자리까지 빠져나올 수 있었다.

① ㉠의 입장에서 늪에 빠진 친구에게 총대를 내민 행동은 윤리적이라 말할 수 있다.
② ㉠의 입장에서 늪에 빠진 친구를 구할 가능성이 없다고 판단한 것은 윤리적이라 말할 수 없다.
③ ㉠의 입장에서 늪에 빠진 친구를 구하기 위해 갖은 시도를 했으나 구하지 못했다면 윤리적이라 말할 수 없다.
④ ㉡의 입장에서 늪에 빠진 친구를 두고 돌아선 행동은 윤리적이라 말할 수 있다.
⑤ ㉡의 입장에서 늪에 빠진 친구에게 총대를 내미는 행동만 반복했다면 윤리적이라 말할 수 없다.

2 윗글의 칸트 의 입장에서 〈보기〉의 A의 행위를 도덕적이라고 평가할 때, 그 이유로 가장 적절한 것은? ○ 8850-0035

| 보기 |

　늦잠을 자는 바람에 지각을 하게 된 A는 학교에 헐레벌떡 뛰어가는 중이었다. 그러던 중 어떤 할아버지가 수레에 무거운 짐을 싣고 오르막길을 힘겹게 올라가는 모습을 보게 되었다. A는 학교에 빨리 가야 했지만 어려움에 처한 사람을 도와야 한다는 생각에 할아버지의 수레를 밀어 드렸다.

① 결과적으로 할아버지가 쉽게 오르막길을 오를 수 있었기 때문이다.
② 도움을 받은 할아버지가 느낄 행복감을 고려하여 행동했기 때문이다.
③ 더 많은 사회적 이익을 합리적으로 판단하여 실천한 행동이었기 때문이다.
④ 보편적으로 받아들일 수 있는 행동을 해야 한다는 의식에 따랐기 때문이다.
⑤ 도와야 한다는 의무감과 도움으로 얻게 될 쾌락을 함께 고려하였기 때문이다.

3점 문항 따라잡기

3 윗글을 바탕으로 〈보기〉를 이해한 내용으로 적절하지 않은 것은? ○ 8850-0036

| 보기 |

　여기 침몰하는 배에서 빠져나와 구명보트로 옮겨 탄 승객들이 있다. 10명이 정원인 이 보트에 현재 11명이 타고 있고, 배는 버티지 못해 가라앉고 있다. 한 명을 희생시켜 열 명을 지킬 것인가를 두고 치열한 논쟁이 오갔다. A는 한 명이라도 무고한 사람을 희생시키는 것은 명백한 살인 행위라고 주장하며 반대했고, B는 한 명의 목숨을 희생하더라도 다수의 목숨을 살리는 것이 바람직하다고 주장하며 찬성했다. 결국 제비뽑기를 통해 한 명의 승객을 희생시키는 쪽으로 합의를 보았는데 제비뽑기 결과, B가 희생자로 결정되었다.

① A는 개인적으로 하려는 일이 동시에 모든 사람이 해도 괜찮은 일인지 생각하고 행동하는 사람이겠군.
② A는 윤리적 판단을 할 때 현재 처해진 상황을 고려하지 않고 과거부터 주어진 의무에 따라 행동하는 사람이 겠군.
③ B는 윤리적 판단을 할 때 전체의 입장과 이익보다는 자신이 처한 상황을 고려하여 행동하는 사람이겠군.
④ 벤담에 따르면, 한 명을 희생시키는 지금의 상황이 결과적으로 전체의 행복을 높여 주므로 윤리적인 행위로 간주하겠군.
⑤ 밀에 따르면, 아무리 다수의 사람이 만족한다고 해도 희생당하는 B의 고통이 질적으로 매우 크다면 비윤리적인 행위로 간주하겠군.

수능에 **길**을 묻다

유형 확인

글에 드러난 내용이나 관점을 비판적으로 이해할 수 있는지를 평가하는 유형이다. 이를 위해서는 무엇보다 먼저 글에 드러난 주장이나 근거에 대해 정확하게 파악하고 있어야 한다.

출제 의도 확인

총체주의에 대해 정확하게 이해하고 있는지, 그리고 총체주의의 주장에 대해 비판적으로 판단할 수 있는지를 평가하고자 한다.

문제 해결 전략

❶ 2문단에 따르면 총체주의는 가설만으로는 예측을 논리적으로 도출할 수 없다. 또한 예측과 경험의 충돌로 인해 예측이 거짓으로 밝혀지더라도 가설이 반드시 틀린 것으로 볼 수 없다는 입장은 총체주의의 입장과 동일하다.

❷ 4문단에서 총체주의는 논리학 지식이나 수학적 지식이 중심부 지식의 한가운데에 있어 경험에 가장 멀리 떨어져 있지만 그렇다고 경험과 무관한 것은 아니라는 입장을 밝히고 있다.

❸ 4문단에서 총체주의는 중심부 지식과 주변부 지식이 모두 수정의 대상이 될 수 있다고 하였다.

❹ 4문단에 따르면, 주변부 지식을 수정하면 전체 지식의 변화가 크지 않지만 중심부 지식을 수정하면 관련된 다른 지식이 많기 때문에 전체 지식도 크게 변화한다.

❺ 5문단에서 총체주의는 논리학의 법칙처럼 아무도 의심하지 않는 지식은 분석 명제로 분류해야 하는 것이 아니냐는 비판에 답해야 하는 어려움이 있다고 하였다. 총체주의는 중심부 지식과 주변부 지식 간의 경계가 불분명하다고 하고 있지만,

논리실증주의자와 포퍼는 지식을 수학적 지식이나 논리학 지식처럼 경험과 무관한 것과 과학적 지식처럼 경험에 의존하는 것으로 구분한다. 그중 과학적 지식은 과학적 방법에 의해 누적된다고 주장한다. 가설은 과학적 지식의 후보가 되는 것인데, 그들은 가설로부터 논리적으로 도출된 예측을 관찰이나 실험 등의 경험을 통해 맞는지 틀리는지 판단함으로써 그 가설을 시험하는 과학적 방법을 제시한다. 논리실증주의자는 예측이 맞을 경우에, 포퍼는 예측이 틀리지 않는 한, 그 예측을 도출한 가설이 하나씩 새로운 지식으로 추가된다고 주장한다.

하지만 콰인은 가설만 가지고서 예측을 논리적으로 도출할 수 없다고 본다. 예를 들어 새로 발견된 금속 M은 열을 받으면 팽창한다는 가설만 가지고는 열을 받은 M이 팽창할 것이라는 예측을 이끌어 낼 수 없다. 먼저 지금까지 관찰한 모든 금속은 열을 받으면 팽창한다는 기존의 지식과 M에 열을 가했다는 조건 등이 필요하다. 이렇게 예측은 가설, 기존의 지식들, 여러 조건 등을 모두 합쳐야만 논리적으로 도출된다는 것이다. 그러므로 예측이 거짓으로 밝혀지면 정확히 무엇 때문에 예측에 실패한 것인지 알 수 없다는 것이다. 이로부터 콰인은 개별적인 가설뿐만 아니라 기존의 지식들과 여러 조건 등을 모두 포함하는 전체 지식이 경험을 통한 시험의 대상이 된다는 총체주의를 제안한다.

논리실증주의자와 포퍼는 수학적 지식이나 논리학 지식처럼 경험과 무관하게 참으로 판별되는 분석 명제와, 과학적 지식처럼 경험을 통해 참으로 판별되는 종합 명제를 서로 다른 종류라고 구분한다. 그러나 콰인은 총체주의를 정당화하기 위해 이 구분을 부정하는 논증을 다음과 같이 제시한다. 논리실증주의자와 포퍼의 구분에 따르면 "총각은 총각이다."와 같은 동어 반복 명제와, "총각은 미혼의 성인 남성이다."처럼 동어 반복 명제로 환원할 수 있는 것은 모두 분석 명제이다. 그런데 후자가 분석 명제인 까닭은 전자로 환원할 수 있기 때문이다. 이러한 환원이 가능한 것은 '총각'과 '미혼의 성인 남성'이 동의적 표현이기 때문인데 그게 왜 동의적 표현인지 물어보면, 이 둘을 서로 대체하더라도 명제의 참 또는 거짓이 바뀌지 않기 때문이라고 할 것이다. 하지만 이것만으로는 두 표현의 의미가 같다는 것을 보장하지 못해서, 동의적 표현은 언제나 반드시 대체 가능해야 한다는 필연성 개념에 다시 의존하게 된다. 이렇게 되면 동의적 표현이 동어 반복 명제로 환원 가능하게 하는 것이 되어, 필연성 개념은 다시 분석 명제 개념에 의존하게 되는 순환론에 빠진다. 따라서 콰인은 종합 명제와 구분되는 분석 명제가 존재한다는 주장은 근거가 없다는 결론에 도달한다.

콰인은 분석 명제와 종합 명제로 지식을 엄격히 구분하는 대신, 경험과 직접 충돌하지 않는 중심부 지식과, 경험과 직접 충돌할 수 있는 주변부 지식을 상정한다. 경험과 직접 충돌하여 참과 거짓이 쉽게 바뀌는 주변부 지식과 달리 주변부 지식의 토대가 되는 중심부 지식은 상대적으로 견고하다. 그러나 이 둘의 경계를 명확히 나눌 수 없기 때문에, 콰인은 중심부 지식과 주변부 지식을 다른 종류라고 하지 않는다. 수학적 지식이나 논리학 지식은 중심부 지식의 한가운데에 있어 경험에서 가장 멀리 떨어져 있지만 그렇다고 경험과 무관한 것은 아니라는 것이다. 그런데 주변부 지식이 경험과 충돌하여 거짓으로 밝혀지면 전체 지식의 어느 부분을 수정해야 할지 고민하게 된다. 주변부 지식을 수정하면 전체 지식의 변화가 크지 않지만 중심부

지식을 수정하면 관련된 다른 지식이 많기 때문에 전체 지식도 크게 변화하게 된다. 그래서 대부분의 경우에는 주변부 지식을 수정하는 쪽을 선택하겠지만 실용적 필요 때문에 중심부 지식을 수정하는 경우도 있다. 그리하여 콰인은 중심부 지식과 주변부 지식이 원칙적으로 모두 수정의 대상이 될 수 있고, 지식의 변화도 더 이상 개별적 지식이 단순히 누적되는 과정이 아니라고 주장한다.

총체주의는 특정 가설에 대해 제기되는 반박이 결정적인 것처럼 보이더라도 그 가설이 실용적으로 필요하다고 인정되면 언제든 그와 같은 반박을 피하는 방법을 강구하여 그 가설을 받아들일 수 있다. 그러나 총체주의는 "A이면서 동시에 A가 아닐 수는 없다."와 같은 논리학의 법칙처럼 아무도 의심하지 않는 지식은 분석 명제로 분류해야 하는 것이 아니냐는 비판에 답해야 하는 어려움이 있다.

중심부 지식 중에는 아무도 의심하지 않는 논리학 법칙과 같이, 경험과 충돌하여 참과 거짓이 쉽게 바뀌는 주변부 지식들과는 종류가 다른 지식이 존재한다는 비판에 직면할 수 있다.
© 유형 1

유형 1 윗글의 총체주의에 대한 비판으로 가장 적절한 것은?   ◑ 8850-0037

① 가설로부터 논리적으로 도출된 예측이 경험과 충돌하더라도 그 충돌 때문에 가설이 틀렸다고 할 수 없다.
② 논리학 지식이나 수학적 지식이 중심부 지식의 한가운데에 위치한다고 해서 경험과 무관한 것은 아니다.
③ 전체 지식은 어떤 결정적인 반박일지라도 피할 수 있기 때문에 수정 대상을 주변부 지식으로 한정하는 것은 잘못이다.
④ 중심부 지식을 수정하면 주변부 지식도 수정해야 하겠지만, 주변부 지식을 수정한다고 해서 중심부 지식을 수정해야 하는 것은 아니다.
⑤ 중심부 지식과 주변부 지식 간의 경계가 불분명하다 해도 중심부 지식 중에는 주변부 지식들과 종류가 다른 지식이 존재한다.

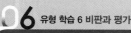 

유형 확인

글쓴이 또는 특정 입장의 관점과 의도를 판단하고 평가하는 유형이다. 이를 해결하기 위해서는 글쓴이 또는 특정 입장의 견해를 정확하게 파악하고 있어야 한다.

출제 의도 확인

한슬리크가 주장하는 바를 정확하게 파악하고 있는지, 한슬리크의 입장이 반영된 음악 작품의 사례를 선지에서 적절하게 골라 낼 수 있는지를 평가하고자 한다.

문제 해결 전략

❶ 기쁨이나 슬픔과 같은 특정한 감정이 나타나 있기 때문에 한슬리크의 입장과는 거리가 있다.
❷ 상쾌함이라는 특정한 정서가 나타나 있기 때문에 한슬리크의 입장과는 거리가 있다.
❸ 불안감이라는 특정한 감정이 나타나 있기 때문에 한슬리크의 입장과는 거리가 있다.
❹ 한슬리크는 음악의 독자적인 아름다움은 음들이 '울리면서 움직이는 형식'에서 비롯된다고 보았다. 그에 따르면 음악의 가치는 음악이 환기하는 기쁨이나 슬픔과 같은 특정한 감정이나 정서에 찾으려 해서는 안 된다. 완전5도가 되는 음들을 조직적으로 연결하는 방식으로 음들을 구성하는 것은 한슬리크의 입장을 잘 반영하고 있는 것이다.
❺ 놀라움이라는 특정한 감정이 나타나 있기 때문에 한슬리크의 입장과는 거리가 있다.
㉠ 정답⑤

음악은 소리로 이루어진 예술이다. 예술이 아름다움을 추구한다면 음악 또한 아름다움을 추구해야 할 것이다. 그렇다면 아름다운 음악 작품은 듣기 좋은 소리만으로 만들어질 수 있는 것일까? 음악적 아름다움은 어떻게 구현되는 것일까?

음악에서 사용하는 소리라고 해도 대부분의 사람들은 피아노 소리가 심벌즈 소리보다 듣기 좋다고 생각한다. 이 중 전자를 고른음, 후자를 시끄러운음이라고 한다. 고른음은 주기성을 갖지만 시끄러운음은 주기성을 갖지 못한다. 일반적으로 음악에서 '음'이라고 부르는 것은 고른음을 지칭한다. 고른음은 주기성을 갖기 때문에 동일한 파형이 주기적으로 반복된다. 이때 같은 파형이 1초에 몇 번 반복되는가를 진동수라고 한다. 진동수가 커지면 음높이 즉, 음고가 높아진다. 고른음 중에서 파형이 사인파인 음파를 단순음이라고 한다. 사인파의 진폭이 커질수록 단순음은 소리의 세기가 커진다. 대부분의 악기에서 나오는 음은 사인파보다 복잡한 파형을 갖는데 이런 파형은 진동수와 진폭이 다른 여러 개의 사인파가 중첩된 것으로 볼 수 있다. 이런 소리를 복합음이라고 하고 복합음을 구성하는 단순음을 부분음이라고 한다. 부분음 중에서 가장 진동수가 작은 것을 기본음이라 하는데 귀는 복합음 속의 부분음들 중에서 기본음의 진동수를 복합음의 진동수로 인식한다.

악기가 내는 소리의 식별 가능한 독특성인 음색은 부분음들로 구성된 복합음의 구조, 즉 부분음들의 진동수와 상대적 세기에 의해 결정된다. 현악기나 관악기에서 발생하는 고른음은 기본음 진동수의 정수배의 진동수를 갖는 부분음들로 이루어져 있지만, 타악기 소리는 부분음들의 진동수가 기본음 진동수의 정수배를 이루지 않는다. 이러한 소리의 특성을 시각적으로 보여 주는 소리 스펙트럼은 복합음을 구성하는 단순음 성분들의 세기를 진동수에 따라 그래프로 나타낸 것이다. 고른음의 소리 스펙트럼은 〈그림〉처럼 일정한 간격으로 늘어선 세로 막대들로 나타나는 반면에 시끄러운음의 소리 스펙트럼에서는 막대 사이 간격이 일정하지 않다.

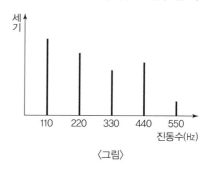
〈그림〉

두 음이 동시에 울리거나 연이어 울릴 때, 음의 어울림, 즉 협화도는 음정에 따라 달라진다. 여기에서 음정이란 두 음의 음고 간의 간격을 말하며 높은 음고의 진동수를 낮은 음고의 진동수로 나눈 값으로 표현된다. 가령, '도'와 '미' 사이처럼 장3도 음정은 5/4이고, '도'와 '솔' 사이처럼 완전5도 음정은 3/2이다. 그러므로 장3도는 완전5도보다 좁은 음정이다. 일반적으로 음정을 나타내는 분수를 약분했을 때 분자와 분모에 들어가는 수가 커질수록 협화도는 작아진다고 본다. 가령, 음정이 2/1인 옥타브, 3/2인 완전5도, 5/4인 장3도, 6/5인 단3도의 순서로 협화도가 작아진다. 서로 잘 어울리는 두 음의 음정을 협화 음정이라고 하고 그렇지 않은 음정을 불협화 음정이라고 하는데 16세기의 음악 이론가인 차를리노는 약분된 분수의 분자와 분모가 1, 2, 3, 4, 5, 6으로만 표현되는 음정은 협화 음정, 그 외의 음정은 불협화 음정으로 보았다.

아름다운 음악은 단순히 듣기 좋은 소리를 연이어 배열한다고 해서 만들어지지 않는다. 음악은 다양한 음이 조직적으로 연결되고 구성된 형태로, 음악의 매체인 소리가 시간의 진행 속에 구체화된 것이라 할 수 있다. 19세기 음악 평론가인 ⓐ한슬리크에 따르면, 음악의 독자적인 아름다움은 음들이 '울리면서 움직이는 형식'에서 비롯되는데, 음악을 구성하는 음악적 재료들이 움직이며 만들어 내는 형식 그 자체를 말한다. 따라서 음악의 가치는 음악이 환기하는 기쁨이나 슬픔과 같은 특정한 감정이나 정서에서 찾으려 해서는 안 된다는 것이다.

음악에는 다양한 음악적 요소들이 사용되는데, 여기에는 리듬, 가락, 화성, 셈여림, 음색 등이 있다. 리듬은 음고 없이 소리의 장단이나 강약 등이 반복될 때 나타나는 규칙적인 소리의 흐름이고, 가락은 서로 다른 음의 높낮이가 지속 시간을 가지는 음들의 흐름이다. 화성은 일정한 법칙에 따라 여러 개의 음이 동시에 울려서 생기는 화음과 또 다른 화음이 시간적으로 연결된 흐름이고, 셈여림은 음악에 나타나는 크고 작은 소리의 세기이며, 음색은 바이올린, 플루트 등 선택된 서로 다른 악기가 만들어 내는 식별 가능한 소리의 특색이다.

작곡가는 이러한 음악적 요소들을 활용해서 음악 작품을 만든다. 어떤 음악 작품에서 자주 반복되거나 변형되면서 등장하는 소재인 가락을 그 음악 작품의 주제라고 하는데, 작곡가는 자신의 음악적 아이디어를 주제로 구현하고 다양한 음악적 요소들을 사용해서 음악 작품을 완성한다. 예컨대 조성 음악*에서는 정해진 박자 내에서 질서를 가지고 반복적으로 움직이는 리듬이 음표나 쉼표의 진행으로 나타나고, 어떤 조성의 음계 음들을 소재로 한 가락이 나타나고, 주제는 긴장과 이완을 유발하는 다양한 화성 진행을 통해 반복되고 변화한다. 이렇듯 음악은 다양한 특성을 갖는 음들이 유기적으로 결합한 소리의 예술이라고 볼 수 있다.

*조성 음악 으뜸음 '도'가 다른 모든 음계 음들을 지배하는 음악으로 17세기 이후 대부분의 서양 음악이 이에 해당한다.

유형2 음악 작품을 만들기 위한 계획들 중, ⓐ의 입장을 가장 잘 반영한 것은? ◎ 8850-0038

① 장3도로 기쁨을, 단3도로 슬픔을 나타내는 정서적인 음악을 만든다.
② 플루트의 청아한 가락으로 상쾌한 아침의 정경을 연상시키는 음악을 만든다.
③ 낮은 음고의 음들을 여러 번 사용하여 내면의 불안감을 조성하는 음악을 만든다.
④ 첫째 음과 둘째 음의 간격이 완전5도가 되는 음들을 조직적으로 연결하여 주제가 명확한 음악을 만든다.
⑤ 오페라의 남자 주인공이 화들짝 놀라는 장면에 들어갈 매우 강한 시끄러운음이 울리는 음악을 만든다.

영국의 공리주의 철학자 제러미 벤담은 1791년에 ㉠'패놉티콘(Panopticon)'이라는 원형 감옥을 제안했다. 패놉티콘은 가운데가 비어 있는 동심원 모양을 하고 있으며, 바깥쪽의 둥그런 건물에는 죄수를 가두는 방이 들어서 있고 중앙에는 죄수를 감시하기 위한 공간이 있었다. 죄수의 일거수일투족이 간수에게 시시각각 포착될 수 있었던 반면, 중앙의 감시 공간의 내부는 항상 어둡게 유지되어 죄수는 간수가 자신을 감시하고 있다는 사실은커녕 간수의 존재 자체도 알 수 없었다. 벤담에 의하면 패놉티콘에 갇힌 죄수는 보이지 않는 곳에서 항상 자신을 감시하고 있을 간수의 감시의 시선을 의식해서 스스로를 감시하게 되는 것이었다.

벤담의 패놉티콘은 미셸 푸코의 베스트셀러 『감시와 처벌』에서 소개되었는데, 푸코에게 있어서 패놉티콘은 벤담이 상상했던 사설 감옥의 의미를 훨씬 뛰어넘는 것이었다. 그것은 새로운 근대적 감시의 원리를 체화*한 건축물이었고, 한 명의 권력자가 다수를 감시하는 '규율 사회'를 상징하는 것이었다. 패놉티콘은 '모세관 같은 권력'이 사회 구석구석에 스며들어 우리를 통제한다는 푸코 철학의 정수를 잘 보여 주는 더없이 좋은 실례였다. 감시는 은밀하고 알 수 없게 이루어진 반면에 처벌은 확실하고 효과적으로 수행되었고, 통제와 권력은 '비대칭적인 시선'을 가능케 한 건축 구조에 체화되었던 것이다.

푸코의 『감시와 처벌』은 인문학자의 범주를 넘어서 지식인 일반과 대중에게까지 큰 영향력을 미쳤다. 푸코의 영향력은 그가 패놉티콘을 근대 '규율 권력'의 미시 구조를 잘 드러내는 전형적인 사례로 독창적으로 해석했다는 데에 기인했지만, 그의 영향력이 큰 데에는 또 다른 이유도 있었다. 그것은 패놉티콘을 통한 감시가 정보 혁명 시대의 '전자 감시'와 흡사하다는 인식이었다. 1970년 중반 이후 다양한 감시와 통제의 방법이 컴퓨터 데이터베이스, 폐쇄 카메라, 신용 카드와 같은 전자 결재나 인터넷을 통한 소비자 정보의 수집이라는 형태로 널리 사용되었고, 사람들은 정부나 기업이 개인의 신상 정보를 수집하고 프라이버시를 침해하는 것에 대해 민감해졌다. 이러한 새로운 감시는 '전자 패놉티콘'이라고 명명되었다.

여기서 정보는 벤담의 패놉티콘에서의 시선을 대신해서 규율과 통제의 기제로 작동한다. 일단 이 둘은 불확실성에서 피상적인 공통점이 있다. 감시를 당하는 사람은 자신의 정보가 국가나 직장의 상관에게 열람될지 확신할 수 없기 때문에 자신의 행동이나 작업에 주의를 기울이곤 하기 때문이다. 하지만 이 둘에는 두드러진 차이점도 존재한다. 무엇보다 시선에는 한계가 있지만 컴퓨터를 통한 정보의 수집은 국가적이고 전지구적일 수 있다. 철학자 들뢰즈는 이러한 인식을 한 단계 추상적인 차원으로 일반화시켜 지금 우리가 살고 있는 사회가 푸코의 '규율 사회'를 벗어나 새로운 '통제 사회'라고 주장한다. 벤담의 패놉티콘이 '규율 사회'에 적합한 감시의 메커니즘이라면 전자 패놉티콘은 '통제 사회'에 적합한 감시의 메커니즘이다.

그렇지만 전자 패놉티콘을 가능케 하는 정보 기술은 동시에 역패놉티콘이나 시놉티콘으로 기능할 수 있다. 역패놉티콘은 패놉티콘을 이용해서 권력자를 견제하는 새로운 통제 메커니즘이다. 매티슨은 이를 일반적으로 확장해서, 소수가 다수를 감시하는 패놉티콘이 근대 사회의 감시의 원리로 자리 잡았던 19세기를 통해 다수가 소수의 권력자를 감시하는 언론과 통신 기술이 발달했다고 주장한다. 그는 다수가 소수의 권력자를 감시하는 언론의 발달을 시놉티콘으로 새롭게 정의했다. 역패놉티콘과 시놉티콘은 역감시의 기제인 것이다.

물론 시놉티콘이나 역패놉티콘이 자동적으로 이루어지는 것은 아니다. 대중 매체라는 시놉티콘을 통해 우리가 들여다보는 권력자는 몇몇 명사들의 일상에 국한되고 있어, 푸코의 '모세관 같은 권력'을 비판하는 데에는 한계가 있다. 역패놉티콘 또한 지금은 이를 초라하게 만드는 '범세계 패놉티콘'의 힘이 압도적이다. 이를 감시하고 견제하는 역패놉티콘은 우리의 지속적인 실천과 노력에 의해서만 가능하다.

*체화 물체로 변화함. 또는 물체로 변화하게 함.

다음 내용이 맞으면 ◯표, 틀리면 ×표 하시오.

(1) 벤담의 패놉티콘에서 죄수는 간수의 모습을 전혀 볼 수 없었다. (　　　)
(2) 푸코에게 있어서 패놉티콘은 여러 명의 권력자가 소수를 감시하는 규율 사회를 상징하는 건축물이었다.
(　　　)
(3) 패놉티콘에서의 '시선'과 전자 패놉티콘에서의 '정보'는 불확실하고 국가적이라는 점에서 공통점을 지니고 있다. (　　　)
(4) 글쓴이는 정보 혁명 시대의 정보 기술이 양면적인 기능을 가지고 있다고 주장한다. (　　　)

정답 (1) ◯ (2) × (3) × (4) ◯

유제 1 ⊙에 대한 푸코의 비판적 평가로 적절하지 <u>않은</u> 것은?　　　　　　　　　◉ 8850-0039

① 대상에 대한 감시가 겉으로 드러나지 않게 이루어진다.
② 대상에 대한 처벌을 효과적으로 수행할 수 있는 건축물이다.
③ 한 명의 권력자가 여러 명을 감시하고 통제하는 사회를 상징한다.
④ 국가적이고 전 지구적으로 대상을 감시하는 통제 사회를 의미한다.
⑤ 우리 사회의 곳곳에서 권력에 의한 통제가 이루어지고 있음을 보여 준다.

유제 2 〈보기〉는 글쓴이의 주장을 뒷받침하는 자료이다. 〈보기〉에 대한 반응으로 가장 적절한 것은?　　　　◉ 8850-0040

┌─ 보기 ─
　세다 블러프(Cedar Bluff) 회사는 오버뷰 시스템(Overview System)이라는 작업 데이터베이스를 가지고 있었다. 이 데이터베이스가 노동자와 관리자 모두에게 공개됐는데, 이를 통해 관리자가 노동자의 작업 진행을 일일이 체크하는 수직적인 감시 이외에 작업 단위 사이의 수평적인 감시가 이루어지고, 이 데이터베이스에 근거해서 노동자들이 관리자의 사적이고 주관적인 평가를 감시하게 되었다.
└─

① 컴퓨터를 통해 수집한 정보들은 불확실성을 지니고 있군.
② 오버뷰 시스템은 감시의 역할과 더불어 역감시의 역할도 하는군.
③ 감시의 대상이 몇몇 권력자에 국한된다는 점에서 한계를 지니고 있군.
④ 컴퓨터 데이터베이스와 같은 정보 기술은 비대칭적 시선을 가능하게 했군.
⑤ 사람들은 회사가 개인 정보를 수집하고 프라이버시를 침해하는 것에 예민하군.

　도덕적 지위는 동물을 둘러싼 윤리적 문제를 논의할 때 가장 중요한 개념이며 출발점이다. 동물에게 도덕적 지위가 있다면 동물에게 행해지는 관행들은 윤리적으로 정당화될 수 없기 때문이다. 어떤 존재가 도덕적 지위를 갖는다는 것은 그 존재를 도덕적으로 의미 있게 고려한다는 뜻이다. 한 존재가 도덕적 지위를 갖게 되면 우리는 그 존재를 함부로 대해서는 안 되고, 그에 대해 특정한 도덕적 의무를 지니게 된다. ㉠어떤 존재는 그 존재 자체가 도덕적 지위를 독립적으로 소유할 수도 있고, 도덕적 지위를 갖는 다른 존재와의 관계 때문에 도덕적 지위를 간접적으로 소유할 수도 있다. 전자를 직접적인 도덕적 지위, 후자를 간접적인 도덕적 지위라고 한다.

　데카르트는 동물에게 직접적인 도덕적 지위가 전혀 없다고 주장한 철학자로 알려져 있다. '이성 영혼'뿐 아니라 '생장 또는 감각 영혼'까지 없다고 알려진 동물은 데카르트에게 '자동 인형' 또는 '움직이는 기계'에 불과하다. 데카르트와 같은 주장에서는 동물의 지위는 무생물의 지위와 다를 바가 없기 때문에 도덕적 지위도 소유자의 권리를 통해서 간접적으로 보호받을 수밖에 없다. 아퀴나스는 동물 스스로 도덕적 지위를 갖지 못한다고 생각한다는 점에서 데카르트와 비슷한 입장이지만, 그가 동물을 학대해서는 안 된다고 주장하는 근거는 다르다. 아퀴나스는 직접적인 도덕적 지위를 갖는 유일한 존재인 인간의 품성에 끼치는 영향을 근거로 동물을 학대해서는 안 된다고 주장한다. 아퀴나스가 동물 학대에 반대하는 이유는 그것이 그 자체로 나쁘기 때문이 아니라 그런 행동을 하는 사람의 마음이 바르지 않을 것이기 때문이다.

　칸트는 아퀴나스와 같은 주장을 하지만 조금 더 철학적으로 정교한 이론을 제시한다. 칸트의 도덕 철학에서 어떤 행동이 옳다고 말하기 위해서는 선한 의지에 의해 행위되어야 하고, 인간의 도덕성은 서로를 합리적이고 자율적인 존재로 볼 것을 요구한다. 우리는 그러한 인간을 목적 그 자체로 대우해야지 수단으로서만 대우해서는 안 된다. 동물은 선한 의지에 의해 행동하는 것도 아니고 합리적이거나 자율적이지도 않으므로, 인간을 위한 수단으로 다루어져도 된다는 것이 칸트의 생각이다. 그러면서 칸트는 『윤리학 강의록』에서 '동물에 대한 친절함을 실천해야 한다. 동물에게 잔인한 사람은 사람을 대할 때도 가혹하기 때문이다.'라고 말한다.

　동물에게 도덕적 지위를 직접적으로 부여하려는 이론으로는 동물 권리를 주장하는 이론과 동물 해방을 주장하는 이론이 있다. 모든 인간이 삶에 대해 동등한 권리를 갖는 이유는 모든 인간의 동등한 '내재적 가치' 때문이다. 동물 권리론의 대표적 학자인 리건은 인간에게만 적용되었던 개념을 동물에게까지 확장하기 위해 '본래적 가치'라는 개념으로 바꾼다. 본래적 가치라는 것은 다른 누군가의 평가에 의해 가치를 부여받은 것도 아니고 계약 또는 합의에 의해서 가치가 생기는 것도 아니고, 본래부터 객관적으로 존재하는 가치를 말한다. 본래적 가치는 자신이 삶의 주체임을 경험할 수 있는 존재들이 가지는 특별한 권리이고, '삶의 주체'라는 성질 때문에 도덕적 권리를 갖는다.

　공리주의자들 특히 피터 싱어에 의해 체계화된 동물 해방론은 인종 차별주의와 성차별주의를 비판하는 원리를 일관되게 적용하면 종 차별주의도 비판할 수밖에 없다고 주장한다. 평등의 원리에 따르면 도덕적으로 고려할 만한 성질에서 아무런 차이가 없다면 똑같이 대우해야 한다. 종 차별주의가 문제시되는 사례들은 모두 동물에게 이유 없이 고통을 주는 경우이다. 어떤 동물이 무슨 종에 속하느냐가 그 동물에게 고통을 줘도 되는 이유가 되느냐는 것이다. 인간과 동물이 모두 고통을 느낀다는 점을 고려하면 무슨 종에 속하느냐는 도덕적으로 고려할 만한 성질이 아니기 때문이다. 그러므로 동물 해방론에서는 동물에게 이유 없이 고통을 주는 관행들은 도덕적으로 옳지 못하며 종 차별주의는 용납되지 못한다.

1 윗글의 '데카르트'의 견해에 대한 비판으로 가장 적절한 것은? ◐ 8850-0041

① 동물의 자유 의지와 인간의 자유 의지 사이에는 질적으로 차이가 있지 않은가?
② 기계와 같은 동물이 인간보다 더 빠르고 정확한 판단과 행동을 할 수도 있지 않은가?
③ 주인 없는 동물을 재미 삼아 발로 차는 것은 도덕적으로 문제가 되지 않는다는 것인가?
④ 동물과 무생물의 지위를 다르게 본 것 자체가 동물의 도덕적 지위를 인정한 것이 아닌가?
⑤ 소유자가 있는 동물은 감각이 있고 그렇지 않은 동물은 감각이 없다는 것은 인간 중심적 발상이 아닌가?

2 ㉠의 관점에서 내놓을 수 있는 견해로 적절하지 않은 것은? ◐ 8850-0042

① 말 못하는 동물에 대한 자비로운 감정은 인간에 대한 자비로운 감정을 계발한다.
② 사람이든 동물이든 지능 지수 등과 상관없이 발길로 차이면 고통스러운 것은 동일하다.
③ 본래적 가치를 갖는 동물을 그 동물의 본래적 가치를 존중하는 방식으로 대우해야 한다.
④ 동물은 자신의 욕구와 목적을 달성하기 위해 행동을 시작할 능력이 있으므로 삶의 주체이다.
⑤ 동물들도 고통을 느끼고 이를 피하려고 한다는 점에서 인간과 동일하게 평등의 원리를 적용해야 한다.

> **3점 문항 따라잡기**

3 '동물 해방론'의 입장에서 '칸트'의 주장을 비판한 내용으로 가장 적절한 것은? ◐ 8850-0043

① 동물이 선한 의지에 의해 행동하는 것이 아니라는 견해는 평등의 원리에 어긋나는 주장이다.
② 인간만이 합리적이고 자율적인 존재이고 동물은 그렇지 않다는 주장은 종 차별주의에 해당한다.
③ 동물에게 잔인한 사람은 사람을 대할 때도 가혹하다는 것은 경험적으로 증명할 수 없는 사실이다.
④ 동물의 도덕적 지위에 대한 판단을 내릴 때, 합리성이나 자율성보다는 고통을 느낀다는 것을 고려해야 한다.
⑤ 인간과 동물은 삶에 대해 동등한 권리를 갖기 때문에, 동물은 인간을 위한 수단이 아닌 목적 그 자체로 대우받아야 한다.

수능에 길을 묻다

유형 확인

동음이의어와 다의어의 개념과 사례, 그것들을 구별하는 방법, 나아가 어휘의 문맥적 의미에 관한 유형이다.

출제 의도 확인

학생들이 동음이의와 다의어의 개념을 알고 그것을 구별할 수 있는지를 알아보기 위한 문제이다. 또한 학생들이 문맥 속에서 어휘의 의미를 추론할 수 있어야만 정답을 찾을 수 있도록 문제가 설계되었다.

문제 해결 전략

❶ ⓐ는 '글이나 사진 따위를 전류나 전파를 이용하여 먼 곳에 보냄.'의 의미이다. ①의 '전송'은 '예를 갖추어 떠나보냄.'을 의미하므로 ⓐ의 동음이의어라고 할 수 있다.

❷ ⓑ는 '어떠한 뜻을 나타내기 위하여 쓰이는 부호, 문자, 표지 따위를 통틀어 이르는 말'을 의미한다. ②의 '기호'는 '즐기고 좋아함.'을 의미하므로 ⓑ의 동음이의어라고 할 수 있다.

❸ ⓒ는 '일정한 뜻을 나타내기 위하여 따로 정하여 쓰는 기호'를 의미한다. ③의 '부호'는 '재산이 넉넉하고 세력이 있는 사람'을 의미하므로 ⓒ의 동음이의어라고 할 수 있다.

❹ 동음이의어란, 소리는 같으나 뜻이 다른 단어를 말한다. ⓓ와 ④의 '복원'의 의미는 모두 '원래대로 회복함.'이므로, 동음이의어가 아니라 다의어로 이해해야 한다.

❺ ⓔ는 '행동이나 태도를 분명하게 정함.'의 의미이다. ⑤의 '결정'은 '애써 노력하여 보람 있는 결과를 이루는 것을 비유적으로 이르는 말'이므로 ⓔ의 동음이의어라고 할 수 있다.

⑦ 정답④

디지털 통신 시스템은 송신기, 채널, 수신기로 구성되며, ⓐ전송할 데이터를 빠르고 정확하게 전달하기 위해 부호화 과정을 거쳐 전송한다. 영상, 문자 등인 데이터는 ⓑ기호 집합에 있는 기호들의 조합이다. 예를 들어 기호 집합 {a, b, c, d, e, f}에서 기호들을 조합한 add, cab, beef 등이 데이터이다. 정보량은 어떤 기호가 발생했다는 것을 알았을 때 얻는 정보의 크기이다. 〈중략〉

송신기에서는 소스 부호화, 채널 부호화, 선 부호화를 거쳐 기호를 ⓒ부호로 변환한다. 소스 부호화는 데이터를 압축하기 위해 기호를 0과 1로 이루어진 부호로 변환하는 과정이다. 어떤 기호가 110과 같은 부호로 변환되었을 때 0 또는 1을 비트라고 하며 이 부호의 비트 수는 3이다. 이때 기호 집합의 엔트로피는 기호 집합에 있는 기호를 부호로 표현하는 데 필요한 평균 비트 수의 최솟값이다. 전송된 부호를 수신기에서 원래의 기호로 ⓓ복원하려면 부호들의 평균 비트 수가 기호 집합의 엔트로피보다 크거나 같아야 한다. 기호 집합을 엔트로피에 최대한 가까운 평균 비트 수를 갖는 부호들로 변환하는 것을 엔트로피 부호화라 한다. 그중 하나인 '허프만 부호화'에서는 발생 확률이 높은 기호에는 비트 수가 적은 부호를, 발생 확률이 낮은 기호에는 비트 수가 많은 부호를 할당한다.

채널 부호화는 오류를 검출하고 정정하기 위하여 부호에 잉여 정보를 추가하는 과정이다. 송신기에서 부호를 전송하면 채널의 잡음으로 인해 오류가 발생하는데 이 문제를 해결하기 위해 잉여 정보를 덧붙여 전송한다. 채널 부호화 중 하나인 '삼중 반복 부호화'는 0과 1을 각각 000과 111로 부호화한다. 이때 수신기에서는 수신한 부호에 0이 과반수인 경우에는 0으로 판단하고, 1이 과반수인 경우에는 1로 판단한다. 즉 수신기에서 수신된 부호가 000, 001, 010, 100 중 하나라면 0으로 판단하고, 그 이외에는 1로 판단한다. 이렇게 하면 000을 전송했을 때 하나의 비트에서 오류가 생겨 001을 수신해도 0으로 판단하므로 오류는 정정된다. 채널 부호화를 하기 전 부호의 비트 수를, 채널 부호화를 한 후 부호의 비트 수로 나눈 것을 부호율이라 한다. 삼중 반복 부호화의 부호율은 약 0.33이다.

채널 부호화를 거친 부호들을 채널을 통해 전송하려면 부호들을 전기 신호로 변환해야 한다. 0 또는 1에 해당하는 전기 신호의 전압을 결정하는 과정이 선 부호화이다. 전압의 ⓔ결정 방법은 선 부호화 방식에 따라 다르다. 선 부호화 중 하나인 '차동 부호화'는 부호의 비트가 0이면 전압을 유지하고 1이면 전압을 변화시킨다.

유형1 문맥을 고려할 때, 밑줄 친 말이 ⓐ~ⓔ의 **동음이의어가 아닌** 것은?   ◐ 8850-0044

① ⓐ: 공항에서 해외로 떠나는 친구를 전송(餞送)할 계획이다.

② ⓑ: 대중의 기호(嗜好)에 맞추어 상품을 개발한다.

③ ⓒ: 나는 가난하지만 귀족이나 부호(富豪)가 부럽지 않다.

④ ⓓ: 한번 금이 간 인간관계를 복원(復原)하기는 어렵다.

⑤ ⓔ: 이 작품은 그 화가의 오랜 노력의 결정(結晶)이다.

사무실의 방충망이 낡아서 파손되었다면 세입자와 사무실을 빌려준 건물주 중 누가 고쳐야 할까? 이 경우, 민법전의 법조문에 의하면 임대인인 건물주가 수선할 의무를 ⓐ진다. 그러나 사무실을 빌릴 때, 간단한 파손은 세입자가 스스로 해결한다는 내용을 계약서에 포함하는 경우도 있다. 이처럼 법률의 규정과 계약의 내용이 어긋날 때 어떤 것이 우선 적용되어야 하는가, 법적 불이익은 없는가 등의 문제가 발생한다.

사법(私法)은 개인과 개인 사이의 재산, 가족 관계 등에 적용되는 법으로서 이 법의 영역에서는 '계약 자유의 원칙'이 적용된다. 계약의 구체적인 내용 결정 등은 당사자들 스스로 정할 수 있다는 것이다. 따라서 당사자들이 사법에 속하는 법률의 규정과 어긋난 내용으로 계약을 체결한 경우에 계약 내용이 우선 적용된다. 이처럼 법률상으로 규정되어 있더라도 당사자가 자유롭게 계약 내용을 정할 수 있는 법률 규정을 '임의 법규'라고 한다. 사법은 원칙적으로 임의 법규이므로, 사법으로 규정한 내용에 대해 당사자들이 계약으로 달리 정하지 않았다면 원칙적으로 법률의 규정이 적용된다. 위에서 본 임대인의 수선 의무 조항이 이에 해당한다.

그러나 법률로 정해진 내용과 어긋나게 계약을 하면 당사자들에게 벌금이나 과태료 같은 법적 불이익이 있거나 계약의 효력이 부정되는 예외적인 경우도 있다. 우선, 체결된 계약 내용이 법률에 정해진 내용과 어긋날 때 법적 불이익이 있지만 계약의 효력 자체는 그대로 두는 경우가 있다. 이에 해당하는 법조문을 '단속 법규'라고 한다. 공인 중개사가 자신이 소유한 부동산을 고객에게 직접 파는 것을 금지하는 규정은 단속 법규에 해당한다. 따라서 이 규정을 위반하여 공인 중개사와 고객이 체결한 매매 계약의 경우 공인 중개사에게 벌금은 부과되지만 계약 자체는 유효이다. 이 경우 계약 내용에 따른 행동인 급부(給付)를 할 의무가 인정되어, 공인 중개사는 매물의 소유권을 넘겨주고 고객은 대금을 지급해야 하는 것이다.

유형2 문맥상 의미가 ⓐ와 가장 가까운 것은?

○ 8850-0045

① 커피를 쏟아서 옷에 얼룩이 졌다.
② 네게 계속 신세만 지기가 미안하다.
③ 우리는 그 문제로 원수를 지게 되었다.
④ 아이들은 배낭을 진 채 여행을 떠났다.
⑤ 나는 조장으로서 큰 부담을 지고 있다.

유형 확인

어휘 및 어법 이해 적용 유형이다. 다의어에 해당하는 단어의 여러 의미를 정확하게 알고 있는지를 묻는 유형이다.

출제 의도 확인

'지다'는 다양한 의미로 사용되고 있는 다의어이면서, 음은 같지만 다른 의미를 지니고 있는 동음이의어이기도 하다. 이 글에서 어떤 의미로 사용되었는지, 또한 각각의 선지에서 사용되고 있는 의미가 무엇인지를 정확하게 알고 있는가를 확인하고자 하는 것이다.

문제 해결 전략

ⓐ는 '책임이나 의무를 맡다.'의 의미이다.
❶ '어떤 현상이나 상태가 이루어지다.'의 의미이다.
❷ '신세나 은혜를 입다.'의 의미이다.
❸ '어떤 좋지 아니한 관계가 되다.'의 의미이다.
❹ '물건을 짊어서 등에 얹다.'의 의미이다.
❺ ⓐ와 마찬가지로 '책임이나 의무를 맡다.'의 의미로 사용되고 있다.

⑤ 정답

지문 연구
「**마음과 철학**」
해제 | 이 글은 마음-표정-행위의 절대적인 연속성을 주장하는 공자의 이론을 소개하고 있다. 이는 고전적 행태주의의 심리학과 비슷하다는 비판을 받을 수 있다. 이런 비판을 벗어날 실마리는 미국의 사회학자 하버트 미드의 상호 작용론에서 찾을 수 있는데, 이는 자아와 타자와의 상호 작용을 통해 교환되는 상징과 의미를 중요시한 이론이다. 우리는 살면서 주변 환경으로부터 많은 영향을 받는다. 공자역시 주위 사람들에게 영향을 받는 측면이 있다는 것을 강조하고 있다.
주제 | 마음-표정-행위의 절대적 연속성에 대한 이해
구성 |
• 1문단: 마음-표정-행위의 연속성에 대한 오해
• 2문단: 하버트 미드의 상징적 상호 작용론
• 3문단: 미드의 상징적 상호 작용론으로 본 공자의 이론

공자는 마음과 표정 그리고 행위 사이에 다른 것의 틈입을 허용하지 않으며, 세 국면이 '절대적 연속성'을 지니고 있다고 ⓐ주장하였다. 그리고 이 세 국면의 절대적 연속성을 사람의 자아가 분열되지 않고 통합성을 지니는 것이라고 보았다. 이를 잘못 이해하여 마음이 표정과 행위에 비해 고유한 특성을 가지지 못한다고 판단하여 마음이 표정 또는 행위로 표현되는 것으로 본다면, 공자의 마음은 독립성이 없어지고, 출발점은 다르다고 하더라도 사고·정서 및 내적인 정신 경험을 제외하고 ⓑ전적으로 관찰과 측정이 가능한 행위를 연구 대상으로 삼았던 고전적 행태주의의 심리학과 비슷해진다.

우리는 이런 비판을 벗어날 수 있는 실마리를 미국의 사회학자 하버트 미드의 상징적 상호 작용론에서 찾을 수 있다. 그는 자아와 타자와의 상호 작용을 통하여 교환되는 상징과 그 의미의 중요성을 강조하였으며, 자아를 영어의 주격 'I'와 목적격 'Me'로 구분하였다. 'Me'는 다른 사람의 눈에 비쳐진 나이다. 즉 'Me'는 무시해도 좋을 만큼 아무런 가치가 없는 것이 아니라, 타자와 교제하면서 나를 객관적으로 돌아보게 하고 나를 새롭게 만들어 나가는 소중한 자료가 된다. 이때 'I'는 'Me'에서 드러난 자료를 바탕으로 해서 나를 끊임없이 재구성하게 된다. 이를 통해 미드는 자아가 타자와 환경으로부터 고립되지 않는 유기적인 관계를 회복하며 또 환경에 수동적으로 조종되지 않고 개성을 빚어내는 주체적 ⓒ대응의 가능성을 확보하게 된다.

근현대인은 사람의 행위를 고독한 ⓓ결단으로 보는 데에 익숙하다. 하지만 우리는 성장 과정에서 부모, 친구, 또래 집단, 주위 환경 등에 많은 영향을 받는다. 공자도 존재의 고독한 선택보다는 주위 사람들에게서 끊임없이 영향을 받는 측면이 있음을 강조하고 있다. 예컨대 우리는 뛰어난 인물을 본받아서 그 사람과 같아지기를 바라고, 모자라는 사람을 만나면 그를 교훈 삼아서 자신을 단속한다. 물론 이러한 모방과 배제의 수양은 쉽지 않다. 공자 역시 이러한 사실을 인정하였다. 공자에 따르면 사람은 누구에게나 무엇에 ㉠호소하지 않고, 내면적 고뇌를 겪을지언정 전적으로 자신의 지성에 의지해서 최종적인 입장을 선택하지는 않는다. 사람은 자신을 주위의 긍정적 인물이나 부정적 인물과 병치시켜서 객관적으로 관찰하고 있다. 이 과정이 바로 미드가 말하는 'Me'이다. 그 과정은 대조로만 끝나는 것이 아니라 결과가 곧바로 'I'에게로 전달된다. 'I'는 그 데이터를 기초로 고칠 것은 고치고 받아들일 것은 받아들이고 키워야 할 것은 키우는 작업을 시작하게 된다. 이 결과는 다시 'Me'에게로 ⓔ전송이 된다. 이렇게 공자의 '스스로 단속함'과 '스스로 따져 봄'은 미드의 'I'와 'Me' 사이의 직속적 선순환 과정을 그대로 재연하고 있다. 미드의 상징적 상호 작용론에 따르면 공자의 마음·표정·행위는 서로 연속되어 있을 뿐만 아니라 쌍방향성을 가지므로 창조적 행위를 가능하게 한다. 반면 고전적 행태주의는 오로지 자극과 반응의 도식에 따라 원하는 행위의 유형을 산출할 수 있으므로 마음·표정·행위 사이의 쌍방향성을 설명할 수 없다.

다음 내용이 맞으면 ○표, 틀리면 ×표 하시오.

(1) 하버트 미드의 상징적 상호 작용론에 따르면 'Me'는 다른 사람에 비쳐진 나의 모습을 말한다. (　　)
(2) 'I'는 'Me'에서 드러난 자료를 바탕으로 해서 나를 끊임없이 재구성하게 된다. (　　)
(3) 근현대인은 사람의 행위를 고독한 결단으로 보는 데에 익숙하지 않다. (　　)
(4) 미드의 상징적 상호 작용론에 따르면 공자의 마음·표정·행위는 서로 연속되어 있다. (　　)

정답 (1) ○ (2) ○ (3) × (4) ○

유제 1 문맥상 의미가 ㉠과 가장 가까운 것은?

◎ 8850-0046

① 사방에서 살려 달라는 흐느낌 섞인 호소가 들려왔다.

② 그의 절실한 호소에 귀를 기울이는 사람은 아무도 없었다.

③ 환자는 간호사에게 통증을 호소하면서 진통제를 달라고 애원했다

④ 어렵게 살고 있는 사람들에게 국민들의 애정 어린 관심을 호소하였다.

⑤ 탈출하다 잡힌 포로는 경비병들에게 살려 달라고 호소했지만 소용없는 일이었다.

유제 2 문맥을 고려할 때, 밑줄 친 말이 ⓐ~ⓔ의 동음이의어가 아닌 것은?

◎ 8850-0047

① ⓐ: 그는 다년간 국가 대표 팀의 주장(主將)으로 활약해 왔다.

② ⓑ: 그녀는 이 분야에서 전적(前績)이 매우 화려하다.

③ ⓒ: 급변하는 사태에 대한 신속한 대응(對應)이 필요하다.

④ ⓓ: 프로 야구단이 결단(結團)되어 취재진이 몰려들었다.

⑤ ⓔ: 미국에서 한국으로 급하게 전송(電送)된 뉴스를 들었다.

　서구의 예술 사상사에서 아름다움에 대한 형이상학적 개념 구상들은 고대 그리스 철학자 플라톤이 남긴 ⓐ관념에서 그 기원을 찾을 수 있다. 플라톤은『국가』에서 예술이 공화국의 선에 기여하려면, 예술은 반드시 철학자가 추구하는 영원한 진리, 정치가와 입법자가 추구하는 영원한 정의와 나란히, 사람들의 마음을 우주의 영원한 아름다움으로 ⓑ고양시키는 일을 해야 한다고 주장했다. 플라톤은 '예술'에 해당하는 고대 그리스어가 본디 '공예'나 '기술'을 의미한다는 ⓒ맥락에서 출발하였다. 오늘날 예술이라는 말에 부가되어 있는 '예술 자체를 위한' 창조적 표현이라는 함의가 전혀 담겨 있지 않았던 것이다. 결과적으로 고대 그리스의 화가와 조각가는 사회적 지위가 낮았다. 이들은 목수나 제화공과 같은 수준의 장인으로 ⓓ간주되었다. 따라서 플라톤은 사회에서 미술가의 역할을 낮게 평가했다. 플라톤은 미술가들이 근본적으로 세계의 참된 본성이 아니라 사물의 한낱 현상만을 다룬다고 보았던 것이다. 미술가와 그의 작품이 사회에서 정당한 지위를 차지하려면, 사람들이 유한한 세속적 상태를 초월하도록, 그리하여 불변의 우주 질서를 알고자 열망하도록 북돋워야 한다고 플라톤은 주장했다.

　15세기와 16세기의 이탈리아 르네상스에서 플라톤의 미 관념은 회화와 조각의 알맞은 척도와 균형, 원근법 등 고전 그리스 원리들과 ⓔ결부되었다. 16세기와 17세기 바로크 시기에는 회화 형식의 위계질서를 가르친 왕립 미술 아카데미가 ⓕ설립됨으로써 그리스의 드로잉 원리와 구성 원리가 제도화되었다. 역사·신화·성서의 장면은 가장 고귀한 이미지로 여겨진 반면, 초상화와 풍경화는 위계질서에서 좀 낮은 지위를 차지했고, 보통 사람들의 일상생활을 담은 사실적인 장면은 ⓖ재현할 가치가 없는 것으로 여겨졌다. 르네상스와 바로크 아카데미에서 공표한 미 개념은 이와 같이 성격상 매우 이상화되고 규범적인 것이었다. 이는 아름다움을 영원하고 절대적이고 초월적인 것으로 보며, 본래부터 우주론적 내용이 ㉠깃들어 있는 것으로 이해하는 일종의 플라톤적 미론(美論)에 ⓗ의거한 것이었다. 이런 이해 방식은 아름다움에 대한 좀 더 모던한 이해와 ⓘ상충되는 것이다. 좀 더 모던한 이해 방식은 아름다움을 절대적인 것이 아니라 지각의 역사적 맥락 변화에 따라 상대적인 것으로 파악하며, '그 자체로' 존재하는 것이 아니라 어떤 중요한 일반적인 의미에서 단지 '관객의 눈에' 존재하는 것으로 ⓙ파악하기 때문이다.

1 ⓐ~ⓔ의 사전적 의미로 적절하지 <u>않은</u> 것은?   ▶ 8850-0048

① ⓐ: 어떤 대상에 관한 인식이나 의식 내용.
② ⓑ: 정신이나 기분 따위를 북돋워서 높임.
③ ⓒ: 사물 따위가 서로 이어져 있는 관계나 연관.
④ ⓓ: 상태, 모양, 성질 따위가 그와 같다고 봄.
⑤ ⓔ: 한 덩어리가 되게 묶음.

2 문맥상 ㉠과 바꾸어 쓸 수 있는 말로 가장 적절한 것은?   ▶ 8850-0049

① 구축(構築)되어
② 내포(內包)되어
③ 설계(設計)되어
④ 완비(完備)되어
⑤ 연계(連繫)되어

3점 문항 따라잡기

3 ⓕ~ⓙ를 사용하여 만든 문장으로 적절하지 <u>않은</u> 것은?   ▶ 8850-0050

① ⓕ: 운동장에 조명 탑을 <u>설립</u>하는 공사가 한창이다.
② ⓖ: 백여 년 전의 농촌을 <u>재현</u>한 마을에 관광객이 줄을 이었다.
③ ⓗ: 경험 철학에서는 귀납법에 <u>의거</u>하여 진리를 찾아 간다.
④ ⓘ: 우리의 이익에 <u>상충</u>되는 제안은 받아들일 수 없다.
⑤ ⓙ: 그는 눈치가 없어 분위기 <u>파악</u>을 못했다.

[1~3] 다음 글을 읽고 물음에 답하시오.

　근대 이전의 중국어에는 서양의 '합리성'이나 '이성'에 해당할 만한 단어가 존재하지 않았다. '합리성' 혹은 '이성'이라는 단어의 부재가 중국의 지적 전통이 비이성적이거나 비합리적이었음을 의미하는가? 중국 철학 역사에 합리성이라는 단어가 부재했음에도 불구하고, 많은 철학사가들은 ⊙주자학을 해석할 때 '유학의 합리적 전개'라든지 '윤리적 합리주의'라는 용어를 사용했다.

　서양에서 '합리적'이라는 단어는 '이성에 근거를 둔'이라는 말로 설명된다. 보통 이성이란 주관적인 의미로 쓰일 때는 추론·분석·계량 등을 가능케 하는 인간의 지적 능력을 가리키며, 객관적인 의미로 쓰일 때는 객관 세계에 내재한 보편적 질서나 이치를 뜻한다. 그러나 ⓛ계몽주의 철학에 와서는 주관적 의미의 이성에 대한 확신을 가지고, 인간은 더 이상 자연을 이치의 담지자*로 간주하지 않고 정복 또는 지배의 대상으로 여기게 되었다.

　주자는 세계를 이(理)와 기(氣)라는 두 가지 측면에서 파악하려고 했다. 기는 현상 세계의 질료*적 측면을 구성하고, 이는 기의 세계에 내재하여 기를 지도한다. 주자학에 있어서 이(理)는 크게 두 가지 의미를 내포하고 있는데, 하나는 현상 세계의 궁극 원리 혹은 존재 법칙으로서의 이이며, 다른 하나는 인간을 포함한 모든 존재물들이 마땅히 따라야 하는 당위 원칙으로서의 이이다. 현상 세계의 사물들에 내재된 이는 곧 개별 사물들의 본성을 이룬다.

　인간이 자기의 본성을 실현하기 위해서는 이치(理)의 체득(體得)을 전제 조건으로 한다. 이를 체득하기 위해서는 '격물궁리(格物窮理)'와 '거경함양(居敬涵養)'의 두 공부가 필요하다. 먼저 '격물궁리'는 자연 세계의 이치와 더불어 ㉮행위 세계의 이치까지도 철두철미하게 탐구하는 일을 의미한다. '거경함양'이란 마음을 집중함으로써 인간의 마음 안에 내재된 도덕적 본성을 체득하고, 구체적인 윤리 상황에서도 이러한 도덕적 본성이 발현될 수 있도록 마음가짐을 항상 단정하게 성찰하는 일이다. 주자는 인간 본성의 구체적인 내용으로 측은지심(惻隱之心)과 같은 도덕 감정을 들고 있다. 이처럼 주자에 있어 감정은 인간 본성의 발로이며, 따라서 이치의 현상적 표현이다.

　한편, 인간이 자신에게 품수*된 '이'를 체득하고 실현하기 위해서는, '이'를 체득할 수 있는 지적 능력이 인간에게 구비되어 있다는 전제 조건이 요구된다. 주자에 따르면 인간의 마음은 그 본질상 명석하고 영묘하기 때문에, 그 기능에 있어서는 이치를 간직하고 깨달을 수 있으며, 또 기억과 예측이 가능하다. 인간의 마음이 지닌 이러한 지적 능력은 '자연과의 합일'을 가능케 하는 능력이다. 주자는 인간의 마음에 자연 세계의 지배자로서의 지위를 부여하지 않는다. 인간의 마음이 가진 인지적 기능들은 존재 세계의 궁극 원리인 '이'를 체득하고 그 안에 합치하게 해 주는 겸허한 도구에 지나지 않으며, 이러한 주관적 인지 능력 그 자체가 합리성의 원천은 아니다.

　주자에 있어서 합리성의 원천은 마음의 인지적 능력에 있는 것이 아니라 오히려 인간의 마음 안에 품수되어 있는 '이'에 있다. 인간이 성취해야 할 최고의 목표가 있다면 그것은 바로 인간 자신의 본성을 최고도로 실현하는 일이요, 자신의 본성을 실현한다 함은 곧 인간에게 품수되어 있는 이치를 체현*하는 일과 같다. 주자에게 있어 바람직한 인생이란 이치에 맞게 사는 일이며, 바람직한 행위의 기준은 이치에 따르는 일이라고 할 수 있다. 즉 합리성의 주자학적 의미는 바로 인간의 사고나 행위가 이치에 맞음을 뜻한다.

*담지자 생명이나 이념 따위를 맡아 지키는 사람이나 사물.
*질료 형식을 갖춤으로써 비로소 일정한 것으로 되는 재료. 어떤 사물의 바탕이 되는 재료.
*품수 선천적으로 재능이나 성품을 타고남.
*체현 사상이나 관념 따위의 정신적인 것을 구체적인 형태나 행동으로 표현하거나 실현함.

1 ⑦과 ⓒ에 대한 설명으로 적절하지 <u>않은</u> 것은?

○ 8850-0051

① ⑦은 이치에 맞게 사는 일을 합리적인 삶이라고 생각한다.
② ⓒ은 합리성의 원천을 인간이 지닌 지적 능력 자체에 둔다.
③ ⓒ은 인간이 지닌 지적 능력으로 자연을 지배할 수 있다고 여긴다.
④ ⑦과 ⓒ은 모두 인간에게 지적 능력이 구비되어 있다고 생각한다.
⑤ ⑦과 ⓒ은 모두 자연에 보편적 질서나 이치가 담겨 있다고 생각한다.

2 〈보기〉는 주자가 황제에게 올리는 글 중 일부이다. 이를 참고하여 ㉑를 이해한 내용으로 가장 적절한 것은?

○ 8850-0052

┤ 보기 ├

　천하의 일에는 모두 도리가 있습니다. 〈중략〉 임금·신하 된 자에게는 임금·신하로서의 도리가 있고, 아버지·아들 된 자에게는 아버지·아들로서의 도리가 있으며, 〈중략〉 크게는 임금·신하의 도리로부터 시작하여 작게는 작은 일들에 이르기까지 그 존재의 이치와 당위의 이치를 깨달아 사소한 의심이라도 모두 없애며, 선을 따르고 악을 근절한다면 털끝만큼의 거리낌도 없게 될 것입니다. 이것이 바로 이치의 탐구보다 더 시급한 공부는 없는 이유입니다.

① 인간과 자연과의 합일을 가능하게 해 주는 수단이다.
② 악을 따라가는 인간의 본성을 바로잡기 위해 필요한 규범이다.
③ 인간을 포함한 모든 존재물들이 지켜야만 하는 당위적 원칙이다.
④ 신분 질서를 성찰하고 개혁하기 위해 철저하게 탐구해야 할 이치이다.
⑤ 사회적·인간적 관계 속에서 인간이 마땅히 따르고 지켜야 할 도리이다.

3 주자의 입장에서 〈보기〉의 견해를 비판한 내용으로 가장 적절한 것은?

○ 8850-0053

┤ 보기 ├

　한 행위가 아무리 올바르게 행해졌더라도, 그 행위가 이성적 의무에서 나온 것이 아니고 만약 동정심과 같은 감정에 나온 것이라면 이 행위는 도덕적 가치가 없다.

① 도덕적 판단을 할 때 오직 이성에 의한 판단만을 합리적인 것으로 간주할 필요가 있다.
② 도덕 감정은 이치가 드러난 것이므로 동정심과 같은 감정을 부정적으로 치부하는 것은 옳지 않다.
③ 이성과 감정은 상호 보완적이기 때문에 이성과 감정을 이분법적으로 분리시켜 이해해서는 안 된다.
④ 감정은 이성보다 먼저 발현되는 인간의 본성이기 때문에 동정심에서 비롯된 행위는 도덕적인 가치가 있다.
⑤ 올바른 행위 자체가 도덕적 가치를 지니고 있는 것이지, 이성 또는 감정이 그 행위의 도덕적 가치를 결정하는 것은 아니다.

[4~6] 다음 글을 읽고 물음에 답하시오.

민담은 예로부터 민간에 전하여 내려오는 이야기로, 원래는 성인들을 위한 성인들의 이야기이다. 민담 속에는 사회적으로 가난하거나 부당하게 불이익을 당하는 등장인물들이 성공과 부를 추구하면서 보다 자유롭고 행복한 삶을 꿈꾸는 관점들이 반영된다. 이러한 민담은 민담의 출처나 역사적 배경, 지역적 원전에 따라 다양한 해석이 가능한데, 민담을 해석할 수 있는 대표적 방법론에는 구조주의적 방법, 역사 유물론적 방법, 심층 심리학적 방법이 있다.

러시아 민담 연구가 프로프는 민담에 대한 유형학적 분류를 체계화하면서 민담이 이야기라는 것, 또 그 이야기는 여러 기능들과 요소들로 짜여 있다는 것, 공통적으로 어떤 '결여적 요소'에서 출발해서 갈등 해소적 기능으로 끝나는 구조를 띤다는 것을 이야기했다. 이러한 프로프의 연구는 민담의 이론적 토대를 마련해 냈다고 평가할 수 있고, 이러한 연구 방법론을 구조주의적 혹은 형식주의적 방법론이라고 말한다. 이 이론의 목적은 어느 텍스트와 그 영향의 기능적 연관성을 연구하는 것인데, 프로프에 의하면 민담은 부분으로 이루어졌고 이 부분들이 서로 연관되어서 전체를 이룬다는 것이다. 그리고 프로프는 모든 민담은 그 구조가 동일하다고 하였다. 인물의 이름만 바뀌며, 과제를 내 주고 해결을 도와주는 자는 언제나 동일하기에 누가, 왜, 어떻게 행동하는 것이 중요한 것이 아니라, 무슨 일이 일어나는가가 관건이라는 것이다.

뤼티에 따르면, 민담에 등장하는 인물들은 어떤 개별인이 아니라 일반적인 인간을 대변한다. 그들은 주도적 인물로, 어떤 약속 또는 위험을 담고 있다. 마법 동화에서는 상이한 사건 속의 여러 인물들이 나타나며, 그러한 인물들의 행위나 특징들도 매우 다양하다. 하지만 행위 보유자의 이름, 행위, 전형적 특징은 달라져도 그 중심 기능은 동일하며, 문제는 제기된 과제의 해결에 있다. 그러기 위해 집을 떠났다가 이야기가 끝날 무렵에 그들 나름대로의 행복 주머니를 차고 집으로 돌아와야 한다는 등의 사회적 그물망이 짜지는 것이다. 뤼티는 민담은 외적 구조에 따라 부분들로 엮이며, 이 부분들이 서로 관계를 맺으면서 전체를 향하는 것으로 보았다.

민담에 대한 역사 유물론적 해석 방법을 주장했던 헤트만에 따르면 민담은 특정한 역사적·사회적 상황에서 탄생된 것이며, 민담의 이야기꾼은 소작농, 하인, 농부, 수공업자, 어부, 선원, 하층민이다. 또한, 민담의 소재는 사람들의 입을 통해 구전된 것이거나 시대적 상황에 따라 변화된 것이며, 민담 속에는 시골 하층민의 사회적 상황이 반영되며, 신분의 차별을 보여 주는 봉건적 제도도 드러난다. 그리고 민담의 결말 상황은 언제나 현실적이며, 독자나 청자에게 잘 알려져 있고, 삶을 짧게 기술함으로써 현장감이 높다. 그리고 현실 세계에서 일어나는 어려움, 허기, 억압 등은 이와 정반대적 현상인 민담 속 마법적인 도우미(동물, 요정, 마녀 등)의 사건 개입을 통해 전망 없는 주인공의 상황이 행복한 결말로 도출된다. 역사 유물론적 방법에서는 민담 속에 나타나는 동경, 공포, 소망, 욕구는 보다 행복한 삶의 세계를 재구성하기 위한 것이며, 이와 같은 민담 속 행복은 현재적이고 실재적인 장애 속에서 보다 나은 미래에 대한 인식을 지향하기 위한 소망으로 작용하는 것이다.

[A] 심층 심리학은 프로이트가 자신의 심리학, 즉 정신 분석학의 특징을 설명하기 위하여 사용하기 시작한 1913년 이후에 등장한 용어라고 볼 수 있다. 심층 심리학에서는 정신의 무의식적 과정이 인간의 행동과 체험에 영향을 미친다고 본다. 그래서 심층 심리학에서는 의식의 표층 아래의 심층부에서 찾아낸 무의식적 흐름이 의식적 삶에 어떤 영향을 미치는지에 관심을 두었다. 심층 심리학 학자들은 의식적으로 어떤 행동을 하는 것은 마음속에서 갈등하는 과정을 거친 후에 드러난 것으로 보았는데, 그 과정은 무의식의 심층부에서 흘러나오는 것으로 파악했던 것이다. 특히, 프로이트는 민담을 인간의 꿈과 동일시하는데 여기서 꿈은 무의식을 의미한다. 그에 의하면 꿈이란 현실적 소망이나 욕망의 보완이나 충족이며, 또는 망각의 의미를 띠기도 한다. 이처럼 심층 심리학 관점에서 바라본 민담은 단순한 이야기가 아니라, 현실과도 밀접한 관련이 있음을 알 수 있다.

4 윗글의 설명 방식으로 가장 적절한 것은? ○ 8850-0057

① 민담 해석의 개념을 정의하고 그 유형을 제시하고 있다.
② 민담 해석 방법의 변화 양상을 시간적 순서에 따라 설명하고 있다.
③ 민담 해석에 대한 상반된 주장을 제시하고 절충안을 모색하고 있다.
④ 민담 해석의 다양한 방법에 대한 연구가들의 견해를 소개하고 있다.
⑤ 민담 해석의 역사적 기원에 대한 다양한 가설들의 한계를 평가하고 있다.

5 윗글에 대해 이해한 내용으로 적절하지 <u>않은</u> 것은? ○ 8850-0058

① 뤼티는 민담 속 인물들의 전형적 특징은 달라도 그 중심 기능은 동일하다고 보았다.
② 헤트만은 민담 속의 공포가 행복한 삶의 세계를 재구성하기 위해 쓰인다고 생각했다.
③ 민담에는 부당하게 손해를 본 사람들이 보다 행복한 삶을 꿈꾸는 모습이 반영되어 있다.
④ 프로프는 민담 속 부분들의 조합에 따라 다양한 유형의 구조가 생성될 수 있다고 보았다.
⑤ 헤트만은 민담의 행복한 결말을 위해 비현실적 도우미들의 사건 개입이 존재한다고 보았다.

6 [A]를 바탕으로 〈보기〉를 이해한 내용으로 가장 적절한 것은? ○ 8850-0059

> ┤ 보기 ├
>
>   프로이트는 논문 「꿈속의 민담 소재들」에서 그의 환자들의 이야기들을 분석했는데, 유년기의 회상 대신에 애호하는 민담에 대한 회상을 다루어 나가면서 민담을 '생각하고 싶지 않은 주요 회상을 억제하는 부차적* 회상'으로 분석했다. 그것은 실제로 고통에 대한 보상을 의미하는데, 그러한 고통은 선호하는 민담 속에서 동물 공포증으로 나타나는 경우가 있다는 것이다. 예를 들면 민담에서 위협적으로, '너를 먹어 치우겠다.' 등의 표현이 묘사된 경우, 프로이트에 따르면 어린이가 아빠와 함께 나누는 대화 과정에서 겪을 수 있는 부드러운 꾸지람에서 촉발된 경우로도 볼 수 있다는 것이다.
>
> *부차적(副次的) 주된 것이 아니라 그것에 곁딸린.

① 프로이트는 민담 속 텍스트와 그 영향의 기능적 연관성을 연구하는 것에 의미를 두고 있군.
② 프로이트는 인간의 꿈과 동일시된 민담이 주요 회상의 억제에는 도움이 되지 않는다고 보고 있군.
③ 프로이트는 민담의 구조가 결여적 요소에서 시작하여 갈등이 해소되는 방향성을 띤다고 생각하고 있군.
④ 프로이트는 민담이 외적 구조에 따라 부분들로 엮어지고, 그러한 부분들이 서로 관계를 맺는다고 보았군.
⑤ 프로이트는 민담 속에 등장하는 동물 공포증을 민담을 해석하는 환자의 고통과 무관하지 않다고 보고 있군.

[7~10] 다음 글을 읽고 물음에 답하시오.

19세기에 역사학은 랑케에 의해 학문으로서 지위를 얻게 되었다. 엄정한 사료의 수집과 원 사료에 대한 비판 및 사실의 검증을 강조한 랑케의 사학은 19세기 후반에 막강한 파급 효과를 지니고 유럽의 여러 나라와 미국으로 ⓐ전파되었는데, 그것과 함께 각 국가의 정치와 외교의 역사가 가장 중요한 연구의 대상으로 떠올랐다. 정치사에서 관심을 갖는 근본적 쟁점은 정치권력의 소유, 역학 관계, 정치 제도의 변천부터 더 나아가 외교나 전쟁의 문제 등이다. 하지만 정치사는 역사 서술의 방향이 일부의 지배층에 의해 결정되는 경향이 짙고, 절대 다수의 대중을 위한 공간이 마련되어 있지 않다는 문제를 노출하였다.

사회사는 영웅 중심적이고 지배자 중심적인 정치사의 이러한 성격에 대한 비판에서 비롯되었는데, 1930년대에 마르크 블로크와 뤼시앵 페브르가 출범시킨 아날학파 가 대표적이다. 이들은 기존의 역사학이 관심을 가졌던 정치 지도자나 정치 제도에서 눈길을 돌려 노동자, 하인, 여성, 소수 인종 집단 등 소위 역사에서 그동안 외면되었던 계층이 갖는 사회적 성격을 규명하고, 평범한 대중의 일상생활을 연구의 대상으로 삼았다. 아날학파는 장기간에 걸쳐 생각할 때 인간의 생활에 더 큰 영향을 미치는 것은 정치가 아니라 지리나 풍토와 같은 변하지 않는 구조란 사실을 주장하며 기존의 역사학이 고수하던 통념을 깬 '아래로부터의' 역사를 제시하였다.

이들은 장기 지속으로서의 지리, 중기 지속으로서의 사회, 그리고 명멸하는 '사건들'을 차례로 다루면서 중요한 역사 연구의 대상은 지리나 기후처럼 장기적으로 지속되는 변하지 않는 구조라고 주장했다. 즉 외교나 전쟁은 이러한 구조 속에서 명멸하는 '사건들'에 불과하다고 보았다. 더 오래 지속되고 변화하지 않는 것은 지리나 풍토를 비롯하여 대다수 사람들의 일상생활이다. 아날학파는 바로 이 점에 ⓑ착안하여 대중의 생활상을 더욱 중요하게 인식하고, 서술해야 할 역사의 대상으로 삼았다.

아날학파의 역사가들이 공헌한 것은 그들로 인해 이전까지 ⓒ간과되었던 인간 생활의 여러 영역이 역사학으로 편입되었다는 사실이다. 왕이나 고관대작이나 장군들이 어떻게 정치를 하고 외교를 하고 전쟁을 수행했는가 하는 것보다는 대다수의 사람들이 무엇을 먹고 어디에 살고 어떻게 생활을 영위했는가 하는 사실이 역사가들의 연구 영역으로 바뀌게 되었다는 것이다.

이러한 업적에도 불구하고 초기 아날학파의 이론은 몇 가지 문제점을 노출하고 있었다. 계량과 통계적 방법을 적극적으로 사용했던 아날학파는 대중의 의식주와 관련된 일상사에 관하여 많은 것을 밝혀 놓았지만, 정작 그 대중을 이루는 개인들의 사고방식을 파악하는 데에는 큰 도움이 되지 못했다. 인간을 다루는 학문인 역사학의 정체성은 어디에서 확보할 수 있는가의 문제점이 제기된 것이다. 또한 장기적으로 변하지 않는 구조를 연구하기 위해서는 장기간에 걸친 자료가 남아 있는 것만이 연구의 대상이 될 수 있었는데, 이로 인해 아날학파 초기의 연구는 고대와 중세의 연구에만 집중되는 ⓓ경향이 있었다.

[A]
'망탈리테(mentalité)'의 역사는 아날학파 초기의 단점을 보완하기 위해 자체 내에서 생성된 연구 경향이다. 이 개념을 이해하기 위해서는 '이데올로기'라는 개념에 ⓔ대비시켜 보는 것이 유용한데, 이데올로기란 의식적으로 만든 삶의 목표로 '대의명분', '이념', '가치관' 등을 말한다. 반면 '망탈리테'는 의식적이라고 말할 수는 없는 태도, 개념, 규범, 자연에 관한 특정 사회 집단의 가치관 등을 말한다. 바꾸어 말하면 '망탈리테'란 지리나 기후와 같은 장기 지속적인 조건에 의하여 오랜 기간에 걸쳐 형성된 집단적인 사고방식, 생활 습관 등을 의미한다고 볼 수 있다.

'망탈리테'의 역사는 지리나 기후나 풍토의 중요성을 지나치게 강조했던 아날학파 초기 선구자들의 지리적 결정론을 넘어서 장기 지속의 역사를 인간과 문화의 세계까지 연장시키려던 시도였다. 이로써 후기의 아날학파 역사가들은 인간 의식의 잠재적인 측면을 연구의 대상으로 삼아 계량적 역사를 넘어 질적인 역사로의 진입로를 열었으며, 고대사와 중세사에 연구가 집중되어 있던 경향을 탈피할 수 있게 된 것이다.

7 윗글의 내용과 일치하지 <u>않는</u> 것은?　　　　　　　　　　　　　　　　　　8850-0060

① 엄격한 사료 비판과 사실의 검증은 역사학의 위상을 높이는 데 공헌하였다.
② 초기의 아날학파는 계량과 통계적 방법을 적극 활용하여 대중의 생활상을 연구하였다.
③ 아날학파 이전의 역사학은 정치권력이나 정치 제도와 같은 지배층의 역사를 중시하였다.
④ '망탈리테'로 인해 아날학파가 가지고 있던 역사 연구의 시대적 편향성을 극복할 수 있었다.
⑤ 아날학파는 초기의 문제점을 극복하기 위해 정치사로부터 '망탈리테'라는 개념을 도입하였다.

8 윗글의 아날학파 의 입장을 대변한 것으로 적절하지 <u>않은</u> 것은?　　　　　　　　8850-0061

① 정치사에서 관심을 갖는 쟁점들은 '위로부터의 역사'에 해당한다고 볼 수 있다.
② 장기간에 걸쳐 남아 있는 자료 연구를 통해 변하지 않는 구조를 파악하는 것이 중요하다.
③ 지리나 풍토, 기후는 인간 생활의 깊숙한 곳을 지배하고 있는 장기 지속적 역사에 해당한다.
④ 정치나 외교, 전쟁 등은 대중의 생활상과 더불어 불변의 구조 속에서 명멸하는 사건에 해당한다.
⑤ 노동자, 하인, 여성, 소수 인종 집단 등 소위 역사적 소외 계층의 삶에 대한 관심을 기울여야 한다.

9 [A]를 바탕으로 〈보기〉를 해석한 것으로 가장 적절한 것은?　　　　　　　　　　8850-0062

┌─ 보기 ├─
　　선거철이 되면 으레 후보자들은 유권자의 공감을 얻을 수 있는 공약과 정책의 발표에 신경을 기울인다. 선거 초기에는 유권자들이 후보자의 공약과 정책의 매력에 귀를 기울인다. 하지만 그보다 더 중요하게 생각하는 것은 자신이 소속된 당을 지지하는 지역의 민심이다. 실제로 유권자들은 자신들의 정치적인 신념을 바탕으로 후보자들의 공약을 분석하고 또 후보자로서의 자격을 검증하지만, 선거의 뚜껑을 열어 보면 공약이나 정책의 합리성보다 지역적인 정서에 의해 좌우되는 경우가 많다.

① 유권자들이 가지고 있는 정치적인 신념은 오랜 시간에 걸쳐 형성된 집단적인 사고방식이겠군.
② 태도, 개념, 특정 사회 집단의 가치관 등은 유권자들의 정책에 대한 판단을 흐려 놓을 수 있겠군.
③ 지역적인 정서에 따라 표심이 움직이는 것은 사람들이 의식적으로 만든 삶의 목표를 추구하기 때문이겠군.
④ 후보자들이 공약, 정책보다 지역의 민심을 얻기 위해 노력하는 행위는 이데올로기를 근거로 설명할 수 있겠군.
⑤ 후보자가 선거에서 공약과 정책의 완성도에 주의를 기울인다면 이는 망탈리테에 바탕을 둔 것으로 볼 수 있겠군.

10 ⓐ~ⓔ를 사용하여 만든 문장으로 적절하지 <u>않은</u> 것은?　　　　　　　　　　8850-0063

① ⓐ: 첨단 통신 기술을 세계 각국에 전파하였다.
② ⓑ: 그는 눈의 구조에 착안하여 사진기를 발명하였다.
③ ⓒ: 좋은 약이라 해도 남용에 따른 부작용을 간과할 수는 없다.
④ ⓓ: 그의 작품에서는 현실 도피적 경향이 드러난다.
⑤ ⓔ: 우리는 병균의 침입에 대비해 평소 손발을 깨끗이 씻어야 한다.

[1~3] 다음 글을 읽고 물음에 답하시오.

[A]
　　역사적으로 살펴보면 언론이라는 용어의 뜻은 시대에 따라 변천되어 왔음을 알 수 있다. 19세기 후반에 발행된 〈한성순보〉, 〈독립신문〉 등의 고신문에서 '언론(言論)'이란 한자어의 뜻 그대로 '말로 논하였다' 내지 '하였다'의 뜻으로 사용되었다. 그러나 20세기 초반에 들어서는 '언론'이라는 용어가 '표현'의 의미로 사용되기도 하였고, '신문'을 뜻하는 용어로 사용되기도 하였다. 대한민국 법령에 '언론'이란 단어는 해방 직후인 1945년 '군정 법령 제19호'에서 처음으로 등장하였다. 군정 법령 제19호 제5조는 언론의 자유와 출판의 자유를 보호하기 위해 북위 38도 이남에서 신문, 서적, 기타 출판물의 인쇄에 종사하는 자는 등기할 것을 명하였다. 이후 1948년 7월 17일 제정된 제헌 헌법 제13조는 "모든 국민은 법률에 의하지 아니하고는 언론, 출판, 집회, 결사의 자유를 제한받지 아니한다."라고 규정하였으며 이 조항은 현행 헌법 제21조에서도 유지되고 있다. 그러나 헌법에서 사용된 '언론'은 언론 기관이나 미디어로서의 언론이 아니라 넓은 의미에서 '표현'의 자유를 보호하기 위한 조항으로 이해된다.

　　언론 개념의 모호함은 뉴미디어 시대에 더욱 가중되고 있다. 테크놀로지의 빠른 변화와 함께 새로운 매체의 탄생은 그 속도와 모습을 예측하기도 어려워서 과연 어떠한 매체를 언론으로 봐야 하는지, 기자는 누구인지에 대한 의문이 끊임없이 제기되고 있다. 특히 '기자는 누구인가'라는 질문은 기자의 취재원 보호를 위한 면책 특권을 인정하는 미국에서 매우 중요한 이슈로 떠오르고 있다. 현재 미국에서는 기자의 취재원 보호권을 인정하는 '방패법(Shield Law)'이 제정되어 40여 개 주에서 시행 중이다. 그런데 뉴미디어를 통해 보도를 하는 자들을 방패법의 적용 대상인 기자로 볼 수 있는지가 논란이 되어 왔다. 인터넷 뉴스 서비스의 언론성 여부는 이론적으로는 논란이 있으나, 법원은 이를 언론으로 판단하고 있다. 이에 국내의 포털 사업자들은 자율 규제를 통해 뉴스 서비스와 관련된 책임을 부담하기 위해 2012년 '인터넷 뉴스 서비스 사업자의 기사 배열에 관한 자율 규약'을 마련하여 국민의 알 권리를 위해 보도의 자유로운 유통을 보장하고, 언론 보도의 다양성, 공정, 이해 상충 배제, 청소년 보호와 선정성 지양 등을 뉴스 서비스의 기본 원칙으로 정한 바 있다. 포털 사업자들은 끊임없이 새로운 형태의 미디어 콘텐츠를 제공하고 있으나, 그러한 콘텐츠를 규제할 법규는 무엇인지 여전히 명확하지 않다. 또한 시사적인 이슈의 해설에 치중한 1인 미디어의 경우 언론 내지 기자의 범주에 포함되어야 하는지에 대한 의문도 있다. 최근 젊은 연령층을 상대로 하는 인기 있는 1인 미디어의 경우 뉴스를 전달하는 기자보다는 다양한 오락적인 정보를 제공하는 엔터테이너에 가까운 것으로 보인다.

　　더욱이 알고리즘을 통해 자동으로 기사를 작성하는 이른바 로봇 저널리즘도 빠르게 발전하고 있다. 로봇 저널리즘으로 작성된 기사의 수는 장차 크게 증가할 것으로 예측되지만, 이러한 기사에 대한 법적 책임을 누구에게 물을 것인가는 아직 고려되지 않은 문제이다. 가령 알고리즘에 의해 자동 작성된 기사가 명예 훼손이나 사생활 침해, 저작권 침해 등 법적 문제를 야기했을 때 이에 대한 책임은 해당 기사를 내보낸 언론사에게 있는지, 아니면 알고리즘을 구성한 개발자에게 있다고 볼 것인지는 결정하기 어렵다.

　　이처럼 뉴미디어의 발전은 지금껏 생각하지 못한 방식으로 뉴스를 구독하고 소비하게끔 하고 있다. 앞으로 미디어 이용자들은 더욱 기발하거나 획기적인 방법으로 뉴스를 접하게 될 가능성이 크며, 과연 그러한 뉴미디어의 발전을 따라 관련 미디어법이 빠르게 적응하면서 보호와 규제를 할 수 있을지도 우려되는 상황이다. 따라서 미디어와 관련된 법은 매체의 형태에 초점을 맞춘 규제에서 벗어날 필요가 있다. 굳이 새로운 미디어가 방송이냐 신문이냐를 따져서 기존의 방송법이나 신문법을 적용하기보다는 그 미디어가 인격권을 침해하거나 기타 불법 행위에 대하여 책임이 있는지에 초점을 맞추어야 할 것이다. 뉴미디어의 법적 책임 범위에 대해 보다 정교하고 합리적인 판단이 요구되는 시점이다.

1 윗글에서 언급한 내용이 <u>아닌</u> 것은?　　　　　　　　　　　　　　　　　　　　　　◐ 8850-0064

① 방패법 시행 국가
② 1인 미디어의 성격
③ 로봇 저널리즘의 문제점
④ 미디어 콘텐츠의 규제 법규 내용
⑤ 인터넷 뉴스 서비스의 기본 원칙

2 [A]의 내용 전개 방식에 대한 설명으로 가장 적절한 것은?　　　　　　　　　　　　　　◐ 8850-0065

① 언론의 폐해를 통시적으로 고찰하고 있다.
② 언론의 의미 변화 과정을 구체적 사례를 통해 제시하고 있다.
③ 언론이 언급된 역사 자료를 통해 대상의 가치를 설명하고 있다.
④ 언론의 의미에 담긴 문제점을 밝히고 발생할 수 있는 현상을 기술하고 있다.
⑤ 언론의 의미 변화 과정을 살펴봄으로써 대상에 대한 인식 변화가 필요함을 역설하고 있다.

3 윗글을 바탕으로 〈보기〉를 이해한 내용으로 적절하지 <u>않은</u> 것은?　　　　　　　　　◐ 8850-0066

> ┤ 보기 ├
>
> 　　이번 평창 동계 올림픽은 그 어느 해보다 시청자 수가 대폭 늘어났으며, 비디오 스트리밍 횟수가 13억 건으로 지난 올림픽 때보다 약 9억 건 가까이 증가하였다.
> 　　○○ 인터넷 뉴스는 VR 뉴스룸이라는 섹션을 통해 동계 올림픽의 다양한 현장을 증강 현실인 VR 콘텐츠로 제공하여, TV 카메라가 비치는 장면 외에도 VR 사용자가 원하는 화면을 직접 돌아보면서 더욱 현장감 넘치는 올림픽을 즐기도록 하였다. 또한 AI 기술을 활용하여, 올림픽 경기 관련 뉴스를 사람이 아닌 로봇이 작성하는 '올림픽봇'을 선보였다. 이를 통해 메달 획득 소식 등의 속보성 기사뿐만 아니라 일별 주요 경기 종합과 나라별 경기 결과 등을 일목요연하게 정리하여 정보를 제공하였다.
> 　　△△ 인터넷 뉴스는 AI 포토 서비스를 통해, 선수들과 관중들의 다양한 표정을 분석하여 기쁨과 아쉬움의 감정을 실감 나게 전달하였으며, 실시간 중계 영상을 3분 정도만 보여 주고 중계가 끝난 뒤에는 영상을 삭제하였다. 이는 모바일 사용자의 특성을 고려하고 민감한 올림픽 영상 저작권 문제에서 벗어나고자 하는 전략이었다.

① 올림픽의 시청 환경 변화를 통해 미디어 환경이 빠르게 변화하고 있음을 알 수 있군.
② 올림픽봇이 작성한 기사가 오보일 경우 그에 대한 법적 책임을 질 대상은 명확하지 않겠군.
③ VR 뉴스룸을 통해 포털 사업자들은 새로운 형태의 미디어 콘텐츠를 개발하고 있음을 알 수 있군.
④ AI 포토 서비스로 인해 자신도 모르게 모습이 찍힌 관중은 사생활 침해 문제를 거론할 수 있겠군.
⑤ 모바일 사용자들은 중계 영상의 저작권 문제에 매우 민감한 반응을 보여 주고 있다는 것을 알 수 있군.

[4~6] 다음 글을 읽고 물음에 답하시오.

⑦ 선거 운동은 선거 과정이라는 측면에서 보면 선거권자가 후보자에 대한 정보를 획득하는 과정이며, 후보자나 정당 및 그 지지자들이 선거권자의 지지나 추천을 얻어 내는 과정이다. 선거 운동 과정에서의 성패에 따라 후보자 또는 정당은 당선 또는 낙선, 정권의 획득이나 정권 획득의 실패라는 결과를 가져가게 된다. 이러한 특성으로 인하여 선거 운동 영역에서는 가장 치열한 정치적 경쟁이 일어나게 된다. 따라서 선거 운동이라는 경쟁의 영역에서 참여자는 자신의 능력을 최대한 활용하려고 할 것이고, 그 과정에서 우월적 지위를 갖는 자와 그렇지 못한 자 간에 차별이 발생하게 된다. 또한, 유권자인 국민들도 정치적 의사의 발현과 정보의 교환이 안 되는 경우에는 합리적 선택이 불가능하게 된다. 결과적으로 선거 운동의 영역에서는 자유로운 선거 운동과 함께 평등 선거의 실현이 요구된다.

⑭ '선거 운동의 자유'는 정치적 자유로 민주 정치에서 가장 중요한 자유 중 하나인 표현의 자유에 속한다. 선거 운동의 자유는 선거 과정에서 국민의 정치적 의사 형성에 없어서는 안 될 중요한 의미를 가진다. 선거 운동의 자유는 헌법상 언론의 자유, 즉 표현의 자유로 국민 주권주의, 자유선거 원칙, 참정권과 깊이 관련된다. 이러한 선거 운동의 자유는 넓게 보면 '정치적 의견과 정치 사상을 외부에 표현할 수 있는 자유'를 말한다. 그리고 좁게 보면 정당의 정책, 후보자의 정견 등을 외부에 표현할 수 있는 자유를 의미하는데, 통상적으로 선거 운동의 자유를 말할 때는 협의의 선거 운동의 자유를 의미한다.

⑮ 선거 운동의 자유는 민주 정치에서 국민 주권주의를 실현하는 수단 또는 국민 주권주의를 구현하는 제도 보장적 성격도 아울러 가지고 있다. 그리고 선거 운동의 자유를 의미하는 정치적 언론·출판·집회·결사의 자유는 개인의 자유권으로서 중요시될 뿐만 아니라, 민주 정치를 가능하게 하는 제도 보장의 성격을 가지고 있다고 본다. 또한, 선거 운동에 있어 표현의 자유는 참정권적인 의미를 가지므로 최대한 보장할 필요가 있다고 보고 있다. 대의제 민주주의[*] 하에서 선거는 주권자인 국민이 그 정치적 의사를 조직적으로 표명하는 가장 중요한 기회이기 때문에 유권자의 판단에 호소하는 선거 운동의 자유는 최대 보장되어야 한다는 것이다. 후보자와 그 지지자 등은 국민을 대상으로 자유로이 자신의 정견 등을 표현할 수 있어야 할 뿐만 아니라 국민과 직접 접촉할 수 있는 자유가 보장되지 않으면 안 된다. 이러한 선거 운동의 자유는 정치적 영역에서의 표현의 자유일 뿐만 아니라 사회·경제·문화 등 다른 영역에서의 자유를 보장하기 위한 전제가 되는 자유라고 할 수 있다.

⑯ 선거 운동에서 평등 선거의 실현, 즉 기회균등을 위해서는 선거 운동이 공정하게 이루어져야 한다. 이를 위하여 선거 운동의 방법 등을 개별적으로 규제하는 것보다 선거 비용의 최고 지출 한도를 정하여 그 범위 내에서만 선거 운동을 할 수 있게 하는 것이 바람직하다. 즉 개개의 선거 운동 행위 및 수단·방법에 대한 규제보다는 비용 측면에서 규제하는 것이 규제의 실효성이 크다. 이렇게 함으로써 각 후보자가 선호하는 선거 운동 방법을 채택·운용하게 하여 창의적인 선거 운동을 할 수 있게 하고, 동시에 규제가 적음에 따라서 규제 인력이나 기구도 줄일 수 있다는 장점이 있다.

⑰ 선거 운동의 공정 보장을 목적으로 제도를 마련하는 경우 그 제도가 바람직한지의 여부를 떠나 제도의 효과에 따라서는 선거 운동의 자유를 규제할 수도 있다. 즉 공정 보장을 위해 선거 운동 방법을 제한하거나 또는 선거 비용을 제한하게 되면, 선거 운동의 자유가 제한받게 되는 것이다. 이를 정리하면 선거 운동의 자유와 공정의 관계는 역의 관계가 성립된다고 볼 수 있다. 선거 운동의 자유를 보장하면 할수록 선거 운동의 공정이 보장되지 못하고, 반대로 선거 운동의 공정을 보장하면 할수록 선거 운동의 자유가 침해되는 것이다. 그러므로 이러한 관계를 잘 조절하는 것은 선거 운동에서 자유와 공정성이 앞으로 풀어 나가야 할 과제임을 기억해야 한다.

*대의제 민주주의(代議制民主主義) 간접 민주주의의 한 형태. 국민이 자기 의사를 반영할 대표자를 선출하여 그 대표자에게 정치의 운영을 맡기는 민주 정치 제도.

4 (가)~(마)에 대한 설명으로 적절하지 <u>않은</u> 것은? ● 8850-0067

① (가): 선거 운동의 정의를 설명하고 선거 운동의 성패에 따른 결과에 대해 소개하고 있다.
② (나): 선거 운동의 자유에 대해 좁은 의미와 넓은 의미로 나누어 설명하고 있다.
③ (다): 선거 운동의 자유가 보장되어야 하는 이유와 그로 인한 문제를 제시하고 있다.
④ (라): 선거 운동에서 공정한 선거의 실현을 위한 방법과 그 장점에 대해 소개하고 있다.
⑤ (마): 선거 운동의 자유와 공정을 보장할 때 발생하는 역의 관계에 대해 논의하고 있다.

5 윗글을 이해한 내용으로 적절하지 <u>않은</u> 것은? ● 8850-0068

① 선거 운동의 자유는 자유선거 원칙 및 참정권과 깊은 관련이 있다.
② 선거 운동의 자유는 문화와 경제 영역에서의 자유를 보장하기 위한 전제가 된다.
③ 선거에서 유권자인 국민들의 합리적 선택이 가능하려면 정치적 의사의 발현과 정보의 교환이 확보되어야 한다.
④ 출판 혹은 결사의 자유는 개인의 자유권인 동시에 민주 정치를 가능하게 하는 제도 보장적 성격을 가지고 있다.
⑤ 선거 운동에서 규제의 실효성을 키우려면 선거 비용에 대한 규제보다는 선거 방법에 대한 규제가 더 바람직하다.

6 윗글을 바탕으로 〈보기〉를 이해한 내용으로 적절하지 <u>않은</u> 것은? ● 8850-0069

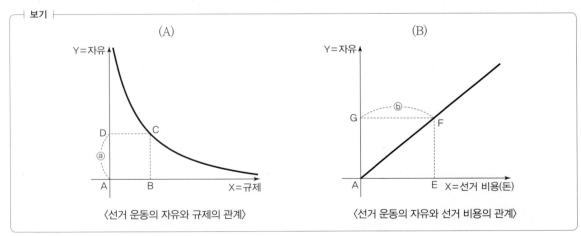

① (A)에서 선거 운동의 규제가 B에서 이루어진다면, 선거 운동의 자유는 ⓐ만큼 보장된다.
② (A)에서 선거 운동의 규제가 A 방향으로 가까워질수록, 선거 운동의 자유는 최대한으로 보장된다.
③ (B)에서 선거 비용이 E만큼 보장되었다면, 선거 운동의 자유는 ⓑ만큼 보장된다.
④ (B)에서 선거 운동의 자유와 선거 비용의 관계는 역의 관계가 아님을 알 수 있다.
⑤ (A)와 (B)는 선거 운동의 공정 보장을 목적으로 한 제도가 선거 운동의 자유에 영향을 미친다는 것을 보여 주고 있다.

[7~10] 다음 글을 읽고 물음에 답하시오.

두 통화 간 '교환 비율'을 의미하는 환율은 경제의 현 위치와 국력을 알려 주는 나침반이 될 수 있다. 교환 비율 자체가 두 통화 간 상대 가격이므로 원화 가치가 오르면 환율은 내리고, 원화 가치가 내리면 환율은 오르게 되는데 원화 가치의 상승은 경제의 성장세가 강력하고 대외 건전성이 양호하다는 것을 방증한다. 환율은 다양한 요인이 복합적으로 작용하여 실시간으로 변동하는데, 이러한 환율 변동을 설명하는 이론을 환율 결정 이론이라 한다.

환율 결정 이론 가운데 가장 기본적인 것은 ㉠일물일가 법칙에 근거한 구매력 평가설이다. 이는 국가 간의 통화의 교환 비율은 장기적으로는 각국 통화의 상대적 구매력을 반영한 수준으로 결정된다는 이론으로 자유로운 교역이 이루어진다면 동일한 재화의 시장 가격은 나라에 상관없이 똑같다는 일물일가 법칙을 전제로 한다. 예를 들어 나라를 불문하고 표준화된 제품을 제공하는 맥도날드의 빅맥 햄버거가 미국에서 4달러에 팔리고 한국에서 4,000원에 팔리면, 일물일가 법칙에 따라 달러/원의 실질 환율*은 1,000원이 되어야 한다. 그런데 명목 환율*이 1,200원이라면 일물일가 법칙에 반하게 되고, 구매력 평가설에 따라 원화는 약 16.7%[=1−1/(1200/1000)] 저평가되었다고 볼 수 있다.

두 나라에서 재화 가격이 다르다면 차익 거래를 통한 수익을 창출할 수 있으며, 이를 겨냥한 무역 거래가 발생해 결국 환율이 조정될 수 있다. 다만 현실적으로 세금이나 거래 비용 등이 있어 일물일가 법칙이 항상 성립하지는 않는다. 또 국제 무역의 대상인 교역재에는 일물일가 법칙이 적용될 수 있지만 목욕탕, 미용실 등 서비스업으로 대표되는 비교역재는 국제 무역의 대상이 될 수 없어 일물일가 법칙이 적용되지 않는다.

구매력 평가설은 특정 시점의 환율을 예측하는 것이 아니라 장기적으로 인플레이션이 환율에 어떤 영향을 미치는지를 평가하는 이론이다. 물가가 오르면 화폐의 구매력은 줄어든다. 금융 자산에 투자하지 않고 화폐 자체를 보유하거나 은행에 예치하면 액면의 변화는 미미하지만 물가는 큰 폭으로 올라가기 때문이다. 따라서 화폐를 금융 자산으로 활용하려는 사람들이 늘어난다. 앞서 말한 빅맥 햄버거에 다시 적용해 보자. 지금 환율이 1,000원이고 1년간 인플레이션이 미국에서 25%, 한국에서 50%라고 하면, 빅맥 햄버거는 미국에서 5달러에 팔리고 한국에서 6,000원에 팔리게 된다. 그러면 일물일가 법칙에 따라 1년 뒤에도 이 두 가격은 같으므로 달러/원 환율은 1,200원이 된다. 이는 물가 상승분만큼 원화의 구매력이 줄어든 것을 의미하며, 양국의 인플레이션 차이에 따라 환율이 변한 것이 된다. 달리 말하면, 한국의 전반적인 물가 수준이 높아질수록 원화의 구매력이 그만큼 떨어지므로 추후 환율이 인상(원화 가치의 하락)될 것임을 예상할 수 있는 것이다.

생산성도 장기적으로는 환율에 영향을 미치는 요소이다. 예를 들어 임금이 10% 상승하더라도 근로자 1인당 생산성이 20% 올랐다면, 상품 한 단위를 생산하는 데 드는 생산 원가가 오히려 줄어들게 되어 기업이 가격을 내릴 수 있는 요인이 된다. 그러나 임금이 10% 인상되었는데 1인당 생산성이 5% 증가에 그친다면 상품 한 단위당 인건비는 오히려 늘어나게 되어 기업은 생산품 가격을 올리게 되고 결국 물가를 끌어올리는 요인으로 작용한다. 예를 들어 같은 종류의 스마트폰을 생산하는 공장이 한국과 미국에 각각 있다고 하자. 다른 모든 조건이 같고 한국에서는 스마트폰 한 대당 인건비가 100원이 들고 미국에서는 1,000원이 든다면 스마트폰의 가격은 어떨까? 당연히 한국에서 훨씬 싸게 책정되고 소비자는 한국에서 스마트폰을 구입할 것이다. 그러면 한국에서 스마트폰을 사기 위한 원화 수요가 증가해서 원화 가치는 오르고 달러화 가치는 떨어진다. 따라서 생산성이 높아지면 해당국 통화 가치는 오르게 된다.

이 밖에도 환율 결정 이론으로 국제 수지 접근법, 자산 시장 접근법 등 다양한 이론이 있지만 환율 예측은 물론 시장 움직임을 설득력 있게 설명하는 데는 한계가 있다. 어디까지나 이론에 불과하기 때문이다. 하지만 이러한 이론들은 환율 변동을 이해하는 데 어느 정도 도움이 될 수 있을 것이다.

*실질 환율 두 나라 사이의 재화나 서비스의 교환 비율.
*명목 환율 한 나라의 통화와 다른 나라의 통화 사이의 교환 비율.

7 윗글의 서술 방식으로 가장 적절한 것은?   ⊙ 8850-0070

① 대상의 변화 과정을 제시하고 이유를 분석하고 있다.
② 전문가의 견해를 인용하여 문제 해결 방법을 검토하고 있다.
③ 예외적인 현상을 제시하여 개념의 형성 과정을 설명하고 있다.
④ 현상을 설명하는 이론을 제시하고 구체적 사례를 들어 설명하고 있다.
⑤ 다양한 사례를 제시한 후 공통점을 추출하여 새로운 이론을 도출하고 있다.

8 윗글을 읽고 이해한 내용으로 가장 적절한 것은?   ⊙ 8850-0071

① 구매력 평가설은 특정 시점의 환율을 예측하는 데 유용하다.
② 환율이 떨어진다는 것은 원화의 가치가 하락했음을 의미한다.
③ 전반적인 물가 수준이 낮아지면 원화의 구매력도 하락하게 된다.
④ 물가가 상승하면 화폐를 은행에 보관하려는 사람이 늘어나게 된다.
⑤ 근로자의 생산성이 임금에 비해 증가폭이 크다면 생산 원가는 줄어들게 된다.

9 ㉠에 대한 설명으로 적절하지 <u>않은</u> 것은?   ⊙ 8850-0072

① 관광, 의료, 교육 등의 서비스업은 비교역재에 해당하므로 ㉠을 적용할 수 없다.
② ㉠을 적용하기 전에 국가 간 적용되는 관세나 운송 비용 등의 차이를 따져야 한다.
③ 환율이 1,200원일 때 미국에서 20달러인 운동화가 서울에서 30,000원이라면 ㉠에 반한다.
④ 차익 거래를 겨냥한 무역 거래는 ㉠을 볼 때, 결과적으로 환율의 격차를 심화시키는 요인이다.
⑤ ㉠은 자유 교역하에서 동일한 재화의 시장 가격은 국가에 관계없이 같다는 사실을 전제로 한다.

10 윗글을 바탕으로 〈보기〉를 이해한 내용으로 적절하지 <u>않은</u> 것은?   ⊙ 8850-0073

품목	국가	A사 커피 1잔 가격	명목 환율(원)
A사 커피	한국	6,000원	1,000원/달러
	미국	5달러	

① 구매력 평가설에 따르면 현재 원화는 약 20% 정도 높게 평가되고 있군.
② 현재 한국의 물가 수준이 높아져 있으므로 원화의 구매력이 상대적으로 낮아진 상태이군.
③ 명목 환율을 적용하면, 미국 매장 가격으로는 한국에서 A사 커피 1잔을 구매할 수 없겠군.
④ 만약 한국의 인건비 대비 생산성이 미국보다 높아진다면 명목 환율과 실질 환율의 격차가 줄어들겠군.
⑤ 다른 재화에도 이 가격 비율이 적용된다면 한국에서 물건을 사서 미국에 팔려는 차익 거래가 성행하겠군.

[1~3] 다음 글을 읽고 물음에 답하시오.

사람은 호흡할 때에 산소가 허파 쪽으로 들어오는 길과 이산화 탄소가 외부로 나가는 길을 같은 통로로 사용하고 있다. 즉 코에서 허파 꽈리까지가 양방향성이라는 것인데, 이것으로 인해 통로 내에는 언제나 사용된 공기가 남아 있게 된다. 실제로 우리가 정상 호흡을 할 때 허파에 있는 공기 중 약 1/5만 밖에서 새로 들어오는 공기이고, 나머지는 이미 잔존해 있는 공기들이다. 쉽게 말해 아무리 숨을 밖으로 내뱉어도 허파에는 약 20~35%의 잔존하는 공기가 차 있으므로, 밖에서 들어온 새로운 공기로만 허파를 완전히 채울 수 없는 것이다. 이러한 것들이 허파에서 산소와 이산화 탄소를 교환할 때 그 효율성을 떨어뜨리고 있다.

만약 산소가 들어가는 길과 이산화 탄소가 나오는 길이 다르다면 어떻게 될까? 허파에 늘 새로운 공기를 공급하기 때문에 호흡률을 높임으로써 몸에 더욱 더 많은 산소를 공급할 수 있고 따라서 더욱 더 활발한 대사 활동을 할 수 있게 된다. 이러한 구조를 갖고 있는 것이 조류이다. 새는 몸속에 기낭*이라는 공기주머니를 5~9개 갖고 있는데, 이 기낭들은 크게 전기낭과 후기낭으로 나누어진다. 새가 숨을 들이쉴 때에 공기는 먼저 후기낭으로 들어간 후 내쉴 때 전기낭으로 나왔다가 다음에 기관*을 통해서 빠져나간다. 이 전체 과정은 2개의 과정으로 이루어져 있다. 이렇게 함으로써 조류는 놀랍게도 허파에서 공기의 흐름을 한 방향으로 흐르게 하는데, 결과적으로 사람과는 달리 허파에 늘 이산화 탄소가 섞이지 않은 새로운 공기를 제공한다.

전기낭과 후기낭 사이에 놓여 있는 조류의 허파는 사람과 판이한 구조로 되어 있다. 조류의 허파에는 수많은 관으로 이루어진 부기관이 아주 미세하게 분포하고 있다. 이 부기관 사이로 공기가 일방향으로 끊임없이 흐르고 이 부기관 둘레에 혈관들이 공기가 흐르는 반대 방향으로 배열되어 있어 공기 중의 산소의 확산을 크게 증가시켜 준다. 이 원리는 간단하다. 공기 중의 산소와 핏속의 이산화 탄소의 교환은 각각의 압력 차에 의한 확산에 의해서 이루어지는데, 만약 공기와 피가 같은 방향으로 흐른다면 공기에서 핏속으로 확산된 산소가 50%에 달하게 된다. 그렇게 되면 기관과 핏줄의 산소 양이 달라져 공기 중에 남아 있는 50%의 산소는 더 이상 확산될 수 없어 이용하지 못하는 산소가 된다. 이것을 역으로 생각해서, 공기와 피가 반대 방향으로 흐르게 되면 항상 기관 내의 산소 압력이 핏속의 산소 압력보다 높아서 기관과 핏줄이 만나는 모든 부위에서 산소의 확산이 이루어지게 되고 공기 중의 대부분의 산소가 지속적으로 확산된다.

이처럼 조류는 그야말로 ⓐ완전한 호흡계를 갖고 있다고 할 수 있다. 이러한 이유로 인해 참새는 6,000m 상공에서도 호흡에 지장이 없이 날 수 있지만, 포유류인 생쥐는 충분한 산소의 확산이 이루어지지 못해 살아남지 못하게 된다. 또한 새의 이러한 호흡 구조는 날 때 필요한 많은 양의 에너지를 만들기 위한 산소를 충분히 공급해 줄 수 있다.

*기낭 새의 가슴과 배에 있어 허파와 통하는 얇은 막의 주머니. 그 안에 공기를 드나들게 하여 몸이 뜨는 일을 도우며 호흡 작용을 왕성하게 한다.
*기관 후두(목의 중앙부에 위치)에서 허파로 이어지는, 숨 쉴 때 공기가 흐르는 관.

1 윗글에 대한 설명으로 가장 적절한 것은?

8850-0081

① 특정 대상의 변화 과정을 시간의 흐름에 따라 살펴보고 있다.
② 특정 대상에 대한 다양한 견해를 제시한 후 글쓴이의 견해를 밝히고 있다.
③ 다른 대상과의 비교를 통해 특정 대상이 지닌 특징과 장점을 소개하고 있다.
④ 전문가의 견해를 인용하여 특정 대상이 지닌 특징을 명확하게 제시하고 있다.
⑤ 특정 대상이 지닌 단점을 제시하고 이를 보완하기 위한 방안을 모색하고 있다.

2 윗글의 글쓴이가 ⓐ와 같이 말한 이유로 가장 적절한 것은?

8850-0082

① 산소와 이산화 탄소의 비율을 적절하게 조절하고 있기 때문에
② 새로 들어오는 공기와 잔존해 있는 공기가 균형을 이루고 있기 때문에
③ 공기가 일방향으로 흐르고 이 방향과 역방향으로 피가 흐르기 때문에
④ 날 때 필요한 에너지를 효율적으로 비축할 수 있는 구조로 되어 있기 때문에
⑤ 산소와 이산화 탄소의 교환이 압력 차에 의한 확산으로 인해 이루어지기 때문에

3 〈보기〉는 새의 호흡 기관을 나타낸 그림이다. 윗글을 읽고 〈보기〉를 이해한 내용으로 적절하지 <u>않은</u> 것은?

8850-0083

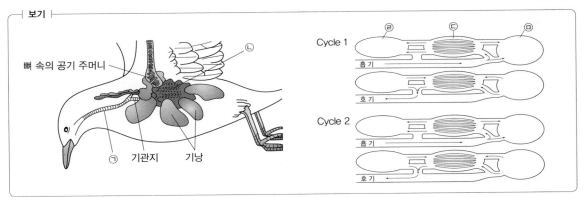

① ㉠ 내의 산소 압력은 항상 핏속의 산소 압력보다 높다.
② 수많은 관으로 되어 있는 ㉡에 산소가 많이 공급되면 몸의 대사 활동이 더 활발해진다.
③ 사람과는 달리 ㉢에는 이산화 탄소가 전혀 섞이지 않은 새로운 공기가 들어오고 있다.
④ ㉣과 ㉤의 압력 차이로 인해 ㉢에서의 공기의 흐름이 일정한 방향을 유지할 수 있다.
⑤ 공기는 숨을 들이쉴 때에 ㉤으로, 내쉴 때에 ㉣로 왔다가 ㉠을 통해 빠져나간다.

[4~6] 다음 글을 읽고 물음에 답하시오.

위약은 효과가 없는 거짓 약으로 약리학적 활성이 없는 가짜 약물이거나 그 자체로는 효과가 없는 어떠한 의료적인 시술을 모두 지칭한다. 그러나 활성이 없음에도 이것을 투여하거나 시술을 하게 되면 환자에게 이롭거나 긍정적인 효과가 실제로 나타나는 경우가 있는데, 이러한 효과를 '위약 반응'이라고 한다. 이는 어떠한 처치에 대하여 좋은 효과가 일어날 것이라는 기대 작용이나 여타의 과정을 통하여 실제로 생물학적으로 또는 심리학적으로 긍정적인 반응이 나타나는 경우를 말하는 것이다.

활성 성분이 없는 위약의 속성상 위약 반응의 효과는 매우 다양할 수밖에 없다. 위약 반응은 대다수 형태의 의학적 치료에 관여하고 있다고 알려진 바와 같이, 위약 반응을 설명하는 이론 또한 매우 다양하다. 위약 반응에는 미시적인 관점이라 할 수 있는 신경 생물학적인 차원 및 거시적인 관점의 진화적 차원 등이 관여하고 있으며, 심리 사회적이고 문화적인 측면도 밀접하게 관여되어 있다.

신경 생물학적 차원에서 접근하고 있는 대표적인 이론으로 고전적 조건 반사 이론을 살펴볼 수 있다. 고전적 조건 반사란, 특정 반응을 이끌어 내지 못하는 중성적 자극이 그 특정 반응을 무조건적으로 이끌어 내는 ㉠자극과 반복적으로 연합되면서 차후에 ㉡중성적 자극만으로도 그 해당 ㉢반응을 유발하게 하는 무의식적 현상을 지칭한다. 면역 반응과 같은 무의식적인 생리적 과정과 관련한 위약 반응은 조건 반사를 통하여 이루어지는 사례로 볼 수 있다. 뇌의 고등 기능에 대한 문제를 처음으로 실험에서 연구하여 체계적인 이론을 제시한 사람은 러시아의 생리학자인 파블로프이다. 그는 뇌에서 조건 반사가 일어나는 부위를 찾는 데 관심을 집중하였다. 여러 번의 실험 끝에 파블로프는 침샘 조건 반사만을 전담하는 대뇌의 부위가 특별히 따로 존재하는 것은 아니라고 결론을 지었다. 그러나 다른 한편으로, 대뇌의 특정한 부위를 제거하면 특정한 ㉣조건 반사가 사라진다는 것을 발견하였다.

예를 들어 눈으로부터 시각 자극이 들어오는 ㉤대뇌 피질의 후두엽을 절제하면, 제거 수술 이전에 시각적으로 형성되었던 조건 반사는 사라지게 된다. 하지만 다른 자극으로 형성된 조건 반사는 정상적으로 남아 있거나, 새롭게 만들어지게 된다. 시각 자극뿐 아니라 청각 자극, 후각 자극, 촉각 자극 등을 맡고 있는 각각의 대뇌 피질 부위를 제거해도 같은 결과를 얻었다. 따라서 그는 비록 조건 반사의 형성만을 전적으로 담당하는 대뇌 피질 부위는 따로 존재하지 않지만, 감각을 맡고 있는 대뇌 피질이 조건 반사의 형성에 반드시 필요하다고 결론을 내렸다.

이 밖에도 위약 반응을 한 개체에 국한하지 않고 거시적 관점에서 인류의 생존과 번식에 유리한 형질을 축적해 온 기나긴 과정의 산물로 보는 진화론적 관점이 있다. 위약 반응에 있어서 중요한 의사–환자 관계의 상호 작용이 신경계에 영향을 미치고, 이는 사회적 행동의 진화적 산물이므로 진화론적 관점에서 연구의 필요성을 주장하고 있는 것이다. 인지적 손상이 있는 경우에는 위약 반응이 감소하거나 나타나지 않는다고 보고되고 있으며, 인지적 손상으로 인해 전전두 피질의 조절이 이루어지지 않는다면 위약 반응 또한 소실된다는 사실도 알려져 있다.

위약이라는 가짜 약물의 속성상 약리학적 효과와 같은 특이적인 요인은 위약 반응에 관여할 수가 없다. 위약 반응에 관여하는 비특이적인 요소들은 인간 사회에서 벌어지는 전체적인 삶의 모습처럼 매우 다양하고 복잡하다. 의료진들의 태도와 말, 환자의 성격, 환자 개인의 믿음과 기대, 과거의 치료에 대한 기억, 의사–환자 관계의 상호 작용, 방송이나 신문 등의 매스컴, 인터넷 정보 등과 같은 다양한 비특이적인 요소들이 중요하게 작용한다. 우리가 살아가면서 보고, 듣고, 느끼며, 생각하고 판단하는 우리의 일상적인 삶의 매 순간들이 영향을 미치고 있는 것이다.

4 윗글의 내용과 일치하지 <u>않는</u> 것은?

○ 8850-0084

① 약리학적 활성이 없는 모든 약물은 위약으로 볼 수 있다.
② 위약을 복용한 사람들은 특정한 효과가 일어나기도 한다.
③ 환자의 성격에 따라 위약의 효과가 다르게 나타날 수 있다.
④ 진화론적 관점은 위약 반응을 하나의 특정 원인과 결부시키고 있다.
⑤ 위약 반응은 면역 반응과 같은 무의식적인 생리적 과정으로 볼 수 있다.

5 윗글에 따를 때, ㉠~㉤에 대한 설명으로 가장 적절한 것은?

○ 8850-0085

① ㉠은 ㉡과 달리 ㉢을 방해할 수도 있다.
② ㉡은 ㉠과 연결된 경험이 없더라도 ㉢을 일어나게 할 수 있다.
③ ㉢을 유발하기 위해서는 항상 ㉠과 ㉡이 모두 있어야 한다.
④ ㉣은 ㉡을 통해 ㉢을 유발하게 하는 의식적 현상이다.
⑤ ㉤은 ㉣의 형성에 반드시 필요하다.

6 윗글을 바탕으로 〈보기〉를 이해한 내용으로 적절하지 <u>않은</u> 것은?

○ 8850-0086

┤ 보기 ├

　　최근 심한 불면증으로 병원을 찾은 A 씨는 예전부터 신뢰했던 의사로부터 약물과 함께 숙면에 좋은 음식들을 추천받게 되었다. 그중에는 오디도 포함되어 있었는데, 그날 밤 우연히 보게 된 텔레비전 프로그램에서도 불면증에 좋은 음식으로 오디차가 소개되었다. 화면 속 오디의 모습을 보니, 낯설지 않은 생김새였다. 이에 냉동실에 보관되어 있는 열매의 모양과 비교하여 보니 역시나 매우 비슷하여 바로 꺼내어 차로 달여 마셨다.
　　그날 밤 A 씨는 평소와는 다르게 숙면을 취하게 되었고, 오디의 효능을 믿게 되었다. 이에 병원에서 처방받은 약을 끊고, 오로지 오디차에만 의존하였다. 오디의 효과는 일주일이 넘도록 유지되었고, A 씨는 이제 오디차를 끓이는 주전자만 바라보아도 하품이 나며 잠이 쏟아질 것만 같았다. 어느 날 A 씨의 집에 방문한 친구에게 오디차의 효능을 말하며, 차를 대접하였다. 평소 약초에 관심이 많았던 A 씨의 친구는 이 열매가 오디와 생김새가 매우 비슷한 복분자이고, 복분자는 숙면을 유발하는 성분이 없다는 사실을 알려 주었다. 이를 알게 된 A 씨는 매우 실망하였지만, 친구와 함께 그동안 오디차라고 잘못 알고 있었던 복분자차를 마셨다. 하지만 예전과 같은 숙면을 취하게 되지는 못하였고, 더 심각한 불면증에 시달리게 되었다.

① 파블로프는 A 씨의 대뇌 부위 중에서 잠의 유발을 전담하는 부위가 따로 존재한다고 주장을 하겠군.
② A 씨가 숙면을 취하게 된 것에는 다양한 비특이적인 요소들이 중요하게 작용한 것으로 볼 수 있겠군.
③ 오디차를 끓이는 주전자는 A 씨의 무의식적인 반응을 이끌어 내고 있으므로, 중성적 자극이라고 볼 수 있겠군.
④ A 씨가 마셨던 차는 일정 시간 동안 긍정적인 효과를 가져다주었으므로, 위약 반응이 일어난 것으로 볼 수 있겠군.
⑤ 복분자차를 오디차로 잘못 알고 마셨지만, 숙면을 취하게 된 A 씨의 전전두 피질은 그 기능을 잘하고 있는 것으로 볼 수 있겠군.

[7~9] 다음 글을 읽고 물음에 답하시오.

pH는 우리 생활에서 많이 사용되는 단위의 하나로, 위산의 pH는 1 정도이며 위에서는 강산의 일종인 염산이 분비된다. 이 정도의 pH에서는 음식물에 포함된 단백질이 분해되며, 흡수된 금속들도 이온 상태로 만들어 줄 정도로 매우 강한 산이다. 음식물을 섭취하면 위의 pH는 2~3 정도로 증가하고 음식이 십이지장을 거쳐서 장에 도달하면 pH가 7을 넘는데, 그 이유는 십이지장에서 분비되는 탄산 수소 이온 때문이다. 탄산 수소 이온은 염기성 화학 물질이며, 위에서 산성으로 변환된 음식물들은 십이지장을 거치면서 중화되어 소장으로 내려가므로, 소장은 pH가 8 정도가 된다. 한편, 사람의 피부의 pH는 약한 산성인 4~6 정도인데, 그 이유는 박테리아, 병원균 등이 산성 조건에서는 살아남는 것이 어렵기 때문이다. 물론 헬리코박터 파일로리균처럼 염산과 같은 강산에서도 살아남는 녀석들도 있지만, 많은 균들은 온도와 pH에 민감하기 때문에 약산성을 띠는 피부는 균들이 오래 살기에는 부적절한 환경인 것이다.

빗물의 pH를 측정하여 pH가 5.6보다 작은 비를 산성비라고 말한다. pH는 물을 용매로 사용할 때 용액 내에 포함되어 있는 특정 화학종인 H_3O^+의 농도를 표현하는 일종의 규칙이다. 이론적으로 순수한 물은 1리터에 H_3O^+의 농도가 10^{-7}몰*이 포함되어 있으며, pH 단위로 환산을 하면 7이 되어 중성적인 상태를 이루고 있다. 산성 용액과 염기성 용액은 몇 가지 특징이 있다. 용액이 산성일 경우에는 H_3O^+가 순수한 물보다 많이 포함되어 있으며, 산성 용액의 pH는 7보다 작으며, 염기성 용액은 이와 반대의 특징을 지니고 있다. 또한, 산성 용액은 푸른색 리트머스 종이를 붉은색으로 바꾸고, 페놀프탈레인 용액과는 반응하지 않는다. 반면, 염기성 용액은 붉은색 리트머스 종이를 푸른색으로 바꾸고, 페놀프탈레인 용액을 만나면 붉은색으로 바뀐다. 그리고 pH가 4인 산성 용액에 포함된 H_3O^+의 농도는 pH가 7인 순수한 물에 포함된 H_3O^+의 농도의 1,000배이며, pH가 10인 염기성 용액에 포함된 H_3O^+의 농도는 pH가 7인 순수한 물에 포함된 H_3O^+의 농도의 1/1,000이다.

그렇다면 ㉠산성비로 인해 동상이 부식되고, 호수의 물고기가 죽는 등의 폐해가 일어날 정도로 빗물이 강한 산성이 되는 이유는 무엇일까? 대기 중에 존재하는 각종 가스들이 빗물에 녹아서 H_3O^+가 많이 포함되면 빗물의 pH는 7보다 작아진다. 물에 녹아서 H_3O^+를 방출하는 기체는 이산화 탄소, 아황산을 비롯한 이산화 황, 각종 산화 질소를 비롯한 이산화 질소 등 여러 종류가 있다. 산성비의 원인이 되는 각종 기체들은 인간들의 산업 활동, 자동차 연료의 연소 과정에서 많이 발생한다. 즉 공장 지대와 산업화가 된 지역의 대기 중에는 이런 종류의 가스 농도가 청정 지역 혹은 농촌 지역보다 높기 때문에, 비가 내리면서 이들 가스가 자연스럽게 녹아서 H_3O^+를 발생시키면 빗물의 pH가 5.6보다 낮게 된다. 대기 중에 자연적으로 존재하는 이산화 탄소는 물에 비교적 잘 녹는 기체인데, 실온에서 1리터의 물에 약 1리터의 이산화 탄소가 녹으며, 산소에 비해서 약 30배 정도나 잘 녹는다. 이런 이산화 탄소가 녹으면 탄산이 생성되고 용액은 약한 산성을 띠는데, 이때 빗물의 pH는 5.6이 된다. 그런데 주로 화석 연료에 포함된 황, 질소 등이 연소 과정에서 기체 상태의 산화물로 공기 중에 배출되게 되면, 강한 산성비의 주요 원인이 되는 것이다.

우리나라 산성비의 원인은 국내의 산업 활동으로 인해서 대기 오염 물질이 배출되는 것에 있다. 자동차의 운행도 산성비 원인 물질의 배출에 대해 많은 기여를 하고 있으니 이제부터라도 자동차의 운행을 줄이는 노력을 해야 한다. 또한 중국의 동부 지역에서 경제 활동이 늘어나면서 많은 양의 화석 연료를 사용하게 되고, 그 결과 내뿜은 대기 오염 물질이 바람을 타고 서해안 쪽으로 들어오는 것도 우리나라에 산성비가 내리는 데 일정 부분 영향을 미친다. 결국 우리의 노력도 중요하지만 국제적인 협력으로 산성비를 줄이는 노력을 병행했을 때 산성비에 대한 대비책도 효과를 거둘 수 있을 것이다.

*몰 물질의 양을 나타내는 단위.

7 윗글에 대한 이해로 적절하지 <u>않은</u> 것은? ○ 8850-0087

① 위에서 분비된 염산은 몸에 흡수된 금속들을 이온 상태로 만들 정도로 강한 산성을 띠고 있다.

② 용액이 염기성인 경우에는 순수한 물에 비해 H_3O^+의 농도가 적게 포함되어 pH가 높아 산성도는 낮다.

③ 위에서 변환된 음식물이 십이지장을 거쳐 소장으로 내려가면, 소장은 몸에 무리가 되지 않을 정도의 약한 산성을 띤다.

④ 중국의 동부 지역에서 늘어난 경제 활동으로 인해 화석 연료를 많이 사용하게 된 것은 우리나라 산성비에 영향을 미쳤다.

⑤ 박테리아가 사람의 피부에서 살아남기 힘든 이유는 피부가 균들이 오래 살기에는 부적절한 약산성의 환경을 띠고 있기 때문이다.

8 윗글로 볼 때 ㉠에 대한 대답으로 가장 적절한 것은? ○ 8850-0088

① 산소에 비해 30배 정도나 잘 녹는 기체가 물에 녹아 탄산을 만들어 내기 때문이다.

② 대기 중에 존재하는 각종 가스들이 빗물에 녹으면서 H_3O^+의 농도가 낮아지기 때문이다.

③ 농촌 지역에서 발생한 대기 가스들이 비가 내리면서 자연스럽게 녹아 pH를 높이기 때문이다.

④ 대기 중에 존재하는 지구상의 생물들로 인해 이산화 탄소가 발생하여 이것이 빗물에 녹아 있기 때문이다.

⑤ 산화 질소를 비롯한 이산화 질소나 아황산을 비롯한 이산화 황 같은 산화물이 빗물에 녹아 있기 때문이다.

9 윗글을 바탕으로 〈보기〉를 이해한 내용으로 적절하지 <u>않은</u> 것은? ○ 8850-0089

| 보기 |

용액의 종류	식초	비눗물	염산	소금물	요구르트
산성도(pH)	3	9	2	7	4

〈각종 용액의 산성도 조사표〉

① 소금물 1리터에는 H_3O^+의 농도가 10^{-7}몰만큼 포함되어 있겠군.

② 푸른색 리트머스 종이는 염산과 접하는 순간 붉은색으로 바뀌겠군.

③ 소금물에 포함된 H_3O^+의 농도는 요구르트에 포함된 H_3O^+의 농도의 1/1000배이겠군.

④ 각 용액에 페놀프탈레인 용액을 섞으면 비눗물은 붉은색으로 바뀌고, 식초는 변화가 없겠군.

⑤ 식초의 H_3O^+의 농도는 요구르트의 H_3O^+의 농도의 1/10배이면서 동시에 염산의 H_3O^+의 농도의 10배겠군.

[1~3] 다음 글을 읽고 물음에 답하시오.

앙부일구(仰釜日晷)는 조선 세종대에 처음으로 만들어진 해시계이다. '일구(日晷)'는 보통 '구(晷)' 또는 '일영(日影)'과 함께 해시계를 일컫는 말로 사용되던 용어이다. 보통 전통 사회에서 사용되던 해시계는 해그림자를 받는 시반면이 평평한 평면형 해시계가 대부분이다. 그러나 앙부일구는 예외적으로 오목형 해시계이다. 즉 시각을 표시해 둔 시반면이 오목한 모양의 반구면 내부에 그려져 있다. 마치 그 모양이 하늘을 우러르는(仰) 가마솥(釜) 모양과 같다 해서 '앙부일구'라 이름 붙여졌다.

만들어진 재료와 크기의 차이는 있지만 대부분의 앙부일구들은 거의 동일한 구조를 갖는다. 세종대에 왕명으로 공식 제작되어 사용되던 것과 가장 유사할 것으로 추정되는 청동체형 앙부일구들은 대부분 지름이 25~35cm 정도이다. 가장 중요한 구조는 해그림자를 만드는 시곗바늘인 시침과 해그림자의 움직임을 읽을 수 있도록 시각 눈금을 새긴 시반면이다. 시반면은 둥그런 구를 정확히 반으로 자른 반구형의 오목한 면에 눈금을 새겨 넣은 것이다. 반구형의 시반면 주둥이는 눈금과 글자를 새길 수 있도록 윗면을 적당한 넓이로 수평하게 둘러쳤다. 이 시반면의 주둥이 바깥쪽에는 15° 간격으로 12지와 8간, 4괘를 혼합해서 24방위를 새겨 넣었다. 자오(子午)는 남북을, 묘유(卯酉)는 동서를 가리킨다.

시침은 반구의 주둥이 정남 위치에서 관측지의 북극 고도(조선 후기 한양의 북극 고도는 37도 39분 15초)만큼 내려간 시반면상의 지점을 남극으로 해서 북극을 향하도록 박혀 있다. 시침의 끝부분은 뾰족한 바늘 모양으로 정확하게 구의 정중앙, 곧 반구 주둥이의 중심에 위치한다. 시반면에는 절기선과 시각선이 새겨져 있는데, 시침을 남북의 축으로 한 구면 위의 경도선을 시각선, 위도선을 절기선으로 삼았다. 시각선은 반구의 밑 중심을 지나는 자오선(정남북 방향의 선)을 오시 정초각 0분으로 해서 좌우에 묘시부터 유시까지 낮 동안의 시각을 잴 수 있는 경도선을 그은 것이다. 절기선은 시각선에 수직으로 그은 위도선인데, 춘추분선을 정가운데의 적도선으로 해서 맨 위쪽(북쪽)의 동지선부터 맨 아래쪽(남쪽)의 하지선까지 모두 13개의 평행한 선을 그은 것이다. 이 절기선들이 끝나는 시반면의 주둥이에는 24절기를 적어 놓았다.

그런데 앙부일구에 새겨진 시각 눈금은 현재의 시계와는 사뭇 다르다. 하루를 시각에 따라 나누는 전통 시법(時法)이 현재와 다르기 때문이다. 원래 전통 시법은 하루를 12시 100각으로 나누었다. 곧, 하루를 12등분한 시(時)로 나누어 자·축·인·묘·진·사·오·미·신·유·술·해의 12지신 이름을 붙이고, 매시는 초(初)와 정(正) 두 부분으로 나눈다. 따라서 하루는 자초(子初)에서 해정(亥正)에 이르기까지 24등분되는 셈이었다. 이와 함께 하루를 100각으로도 나누었고, 이 100각은 24등분되어 매시의 초와 정에서 4와 1/6각씩 각각 균등하게 배분되었다. 이 때 정수로 떨어지지 않는 1/6각(1분)은 소각(小刻)으로 불러 1각(6분)의 대각(大刻)과 구분했고, 매시의 초와 정 끝에 붙였다. 결국 매시의 초는 초초각(6분), 초1각(6분), 초2각(6분), 초3각(6분), 초4각(1분), 그리고 매시의 정은 정초각(6분), 정1각(6분), 정2각(6분), 정3각(6분), 정4각(1분)이 되었다. 세종대에 사용되던 시법은 바로 이 100각법이었기 때문에 처음 만들어진 앙부일구에 새겨진 시각의 눈금도 100각법에 따른 것임은 당연하다.

이러한 12시 100각법은 서양식 천문 계산법을 담은 '시헌력(時憲曆)'을 1653년 채택하면서 ⊙12시 96각법으로 바뀌었다. 현재 유물로 남아 있는 앙부일구에 새겨진 눈금은 모두 12시 96각법에 의한 것이다. 96각법은 100각법의 초와 정 끝부분에 각각 배분되던 24개의 소각을 없애고, 매시의 초와 정을 균등한 길이의 네 각으로 나누었다. 따라서 매시의 초와 정은 균등한 시간의 초각(15분), 1각(15분), 2각(15분), 3각(15분)으로 나뉘었으며, 초와 정 각각의 시간이 60분이 되어 현재의 시법과 일치하게 되었다. 따라서 96각법에 의한 시각은 현재의 시각으로 정확하게 변환해서 읽을 수 있다.

1 윗글을 이해한 내용으로 적절하지 <u>않은</u> 것은?   ○ 8850-0090

① '앙부일구'라는 이름은 그 생긴 모양과도 관련이 깊다.
② 처음 만들어진 앙부일구에 적용된 시법은 곧 세종대의 시법이라고 할 수 있다.
③ 앙부일구는 1년 중의 절기와 낮 동안의 시각을 동시에 잴 수 있는 해시계이다.
④ 전통 사회에서 사용되던 해시계의 시침과 시반면은 앙부일구와 그 모양이 다르다.
⑤ 세종대에 제작된 앙부일구와 이후 제작된 앙부일구는 거의 동일한 구조를 갖는다.

2 윗글을 바탕으로 〈보기〉를 이해한 내용으로 적절하지 <u>않은</u> 것은?   ○ 8850-0091

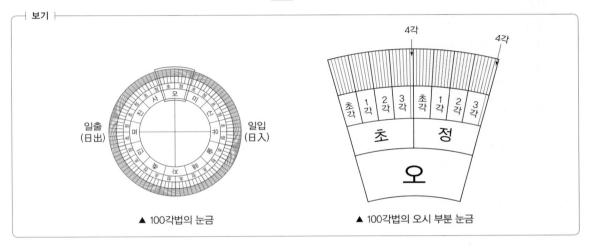

▲ 100각법의 눈금   ▲ 100각법의 오시 부분 눈금

① 매시의 초와 정은 동일한 시간 간격을 나타내고 있군.
② 각 눈금들을 통해 해그림자의 움직임을 읽을 수 있었겠군.
③ 96각법으로 바뀌면서 '4각'에 해당하는 부분이 제외되었겠군.
④ 시각 눈금이 현재의 시계와는 다른 것을 보니 시법이 현재와는 다르군.
⑤ 자초에서 해정에 이르기까지 24등분한 것은 24절기를 염두에 둔 것이군.

3 ㉠으로 '신시 정3각'을 현재의 시법으로 변환해 보려고 한다. 윗글과 〈보기〉를 바탕으로 할 때, '신시 정3각'의 현재 시각으로 적절한 것은?   ○ 8850-0092

> ┤ 보기 ├
>
> | | | | |
> |---|---|---|---|
> | 자시 23:00~01:00 | 축시 01:00~03:00 | 인시 03:00~05:00 | 묘시 05:00~07:00 |
> | 진시 07:00~09:00 | 사시 09:00~11:00 | 오시 11:00~13:00 | 미시 13:00~15:00 |
> | 신시 15:00~17:00 | 유시 17:00~19:00 | 술시 19:00~21:00 | 해시 21:00~23:00 |

① 15시 30분 ~ 15시 45분   ② 15시 45분 ~ 16시
③ 16시 30분 ~ 16시 45분   ④ 16시 45분 ~ 17시
⑤ 17시 ~ 17시 15분

[4~6] 다음 글을 읽고 물음에 답하시오.

　여러 가지 대기 오염 물질 가운데 미세 먼지는 갈수록 그 규제가 크게 강화되고 있는 항목이다. 특히 미세 먼지의 발생원은 매우 다양하며, 그에 따라 배출되는 미세 먼지의 성분, 크기, 양, 화학적 성분 등이 크게 차이가 나기 때문에 각각의 배출 먼지의 특성에 적합한 다양한 방지 시설을 설치하여 미세 먼지를 제어해야 한다. 이때 대기 오염 방지 시설이란 대기 오염 물질 배출 시설로부터 나오는 오염 물질을 제거하는 시설로서 환경부령에 정해진 것을 의미한다. 제어법에 대해 살펴보면 필터, 세정 집진기, 전기 집진기가 대표적임을 알 수 있다. 이들은 대부분 관성과 정전기력을 이용한 기계적 포집*장치이다.

　필터는 기상이나 액상 중의 작은 고형물을 제거하기 위한 여과체를 의미한다. 필터는 분진이 함유된 배출 가스를 통과시키면서 분진을 집진시키는 장치이다. 미세 먼지를 제어하기 위해 주로 사용하는 섬유 필터는 연소 가스로부터 입자상 오염 물질을 분리하는 가장 잘 알려진 도구이다. 단일 필터 섬유 자체도 약간의 분진을 포집하지만, 직물 위에 빠르게 쌓인 먼지층이 포집체로서 더욱 중요한 역할을 한다. 미세 먼지는 먼지 입자층에 의해 더욱 효율적으로 포집된다. 필터에 의한 미세 먼지 처리는 집진 효율이 높고 필터의 형태를 인위적으로 조작할 수 있기 때문에 여러 가지 형태의 분진을 포집할 수 있으며, 설계 규모에 따라 다양한 용량을 처리할 수 있다는 장점을 가지고 있다. 다만 필터의 특성에 따라 고온과 부식성 화학 물질이 포함되어 있는 가스를 처리하고자 할 때에는 필터의 잦은 교체가 필요할 수 있으며, 습윤 환경에서는 사용하기 어렵다. 또한 지속적인 교체, 탈진 등의 과정이 요구된다.

　세정 집진기는 오염 물질을 습식 공정으로 제거하는 장치를 말한다. 세정 집진기의 원리는 일반적으로 물인 세정액과 직접적인 접촉에 의해 충돌과 차단, 응축의 원리로 먼지 입자를 제거한다. 이는 자연계에서 이루어지는 습식 침강의 원리를 기계화시킨 것으로 액체의 물성에 따라 미세 먼지뿐만 아니라 가스상 오염 물질을 동시에 처리할 수 있다. 세정 집진기의 경우 가연성, 폭발성 먼지를 안정적으로 처리할 수 있으며, 미세 먼지와 가스를 동시에 처리하기 위하여 배출 가스의 화학적 특성에 준하여 산 또는 알칼리성 세정액을 사용할 수 있다. 또한 연소 공정에서 발생하는 고온 가스를 냉각시키는 효과가 있고, 그로 인하여 집진 효율의 변화를 가져올 수 있는 장점이 있다. 하지만 사용 액체의 종류에 따라 장치의 부식 가능성이 있다는 단점이 있다.

　전기 집진기는 미세 먼지 입자의 정전기력을 이용한 집진 장치로 유입 공기의 이온화, 오염 물질의 대전*, 이동, 오염물 포집, 부착물 제거 및 청정 가스 배출의 과정으로 작동한다. 미세 먼지는 우선적으로 10,000V 이상의 강한 코로나 방전을 통해서 양극으로 대전되고, 이후 3,000~8,000V의 직류 전압을 가진 음극 전극판에 부착됨으로써 배출 가스 흐름으로부터 분리된다. 집진 전극판에 부착된 먼지 입자는 물리적 충격을 통하여 떨어뜨리거나 액상으로 세정하여 제거하게 된다. 이러한 전기 집진기는 공기 청정기 등 함진 농도가 비교적 낮은 경우에 사용되고 있으며, 포집력이 다른 장치와 달리 전체 가스에 적용되는 것이 아니라 집진되는 먼지 입자에만 적용된다. 따라서 전기 집진기는 매우 낮은 압력 손실을 가지게 된다.

　대기 오염을 방지하는 최고의 방법은 미세 먼지를 비롯한 각종 오염 물질이 발생하지 않도록 공정을 구성하는 것이지만 사실상 완벽한 제어는 불가능하므로, 이와 같은 포집 시설을 설치하여 배출량을 제어해야 한다.

*포집 여러 가지 방법으로 일정한 물질 속에 있는 미량 성분을 분리하여 잡아 모으는 일.
*대전 어떤 물체가 전기를 띔.

4 윗글에 대한 설명으로 가장 적절한 것은?

○ 8850-0093

① 오염 물질의 특징을 검토하여 오염원에 따른 맞춤형 제어법을 탐색하고 있다.
② 오염 물질의 발생 원인을 검토하여 가장 현실적인 해결 방안을 모색하고 있다.
③ 오염 물질의 성분을 분석하면서 오염 물질 제어법의 경제적 가치를 평가하고 있다.
④ 오염 물질을 제어하는 대표적인 방법을 소개하고 각각의 특성에 대해 설명하고 있다.
⑤ 오염 물질에 대한 경각심이 최근에 높아진 원인을 제시하고 제어법의 필요성을 설명하고 있다.

5 윗글의 내용과 일치하지 <u>않는</u> 것은?

○ 8850-0094

① 단일 필터 섬유만으로는 분진을 포집할 수 없다.
② 필터는 여러 가지 형태의 분진을 포집할 수 있다.
③ 필터는 습윤 환경에서 사용하기 어렵다는 단점이 있다.
④ 세정 집진기는 자연계의 습식 침강의 원리를 활용하였다.
⑤ 세정 집진기는 폭발성 먼지를 안정적으로 처리할 수 있다.

6 윗글을 바탕으로 〈보기〉에 대해 탐구한 내용으로 가장 적절한 것은?

○ 8850-0095

┤ 보기 ├

　폐기물이 소각로에서 연소가 되면 이산화 탄소와 물이 생성되고, 연소 가스 형태로 변환되어 분진, 중금속류, 다이옥신 등의 대기 오염 물질과 함께 대기로 배출된다. 이러한 유해 물질을 제외하고도 소각 공정에서 발생하는 분진은 흡습성이 뛰어나고 수분 함량이 높으며, 응집력과 부착성이 커서 냉각되면 고착되기가 쉽다는 특징을 가지고 있다. 또한 소각 시설의 특성상 강력한 기체 유동 현상으로 인하여 고체 물질의 마찰과 충돌 등으로 인한 미세 먼지의 발생 가능성이 매우 높다. 따라서 충분한 방지 시설을 갖추지 않을 경우 배출 허용 기준을 훨씬 초과할 수 있기 때문에 반드시 제어법이 필요하다.

① 필터를 사용할 경우, 이산화 탄소와 물은 다른 형태의 분진이므로 모두 포집하기는 어려울 것이다.
② 세정 집진기를 사용할 경우, 연소 과정에서 발생하는 고온 가스의 온도는 더욱 높이 올라가게 될 것이다.
③ 세정 집진기를 사용할 경우, 이미 쌓인 먼지층을 포집체로 하여 분진을 효율적으로 포집할 수 있을 것이다.
④ 전기 집진기를 사용할 경우, 집진 전극판에 부착된 분진은 물리적 충격을 통해 제거할 수 있을 것이다.
⑤ 전기 집진기를 사용할 경우, 다이옥신을 비롯한 소각장에서 나오는 모든 유해 물질을 코로나 방전을 통해 제어할 수 있을 것이다.

[7~10] 다음 글을 읽고 물음에 답하시오.

강한 자기장을 가진 자석은 흔히 철심에 코일을 감아 전류를 흘려서 자기장을 얻는다. 이때 코일은 항상 저항이 있기 때문에 이로 인하여 많은 열이 발생하고 상당한 에너지 손실이 생긴다. 또 일정한 자기장을 유지하려면 계속 전압을 가하여 전류를 흐르게 해야 한다. 따라서 통상 구리 도선으로 제작된 전자석으로는 5천 가우스[*](0.5테슬라) 이상의 강한 자기장을 얻기가 어렵다. 그러나 이 정도의 자기장으로는 열차를 뜨게 할 만한 반발력을 얻을 수가 없다. 그래서 제안된 아이디어는 전력의 손실이 없는 초전도체를 사용하여 강한 자석을 만드는 것이다. 초전도체를 사용하면 우선 초전도의 저항이 없다는 사실을 활용하여 에너지 손실이 없는 자석을 만들 수 있을 뿐만 아니라, 한번 전류를 흘리면 더 이상 전원 공급이 없어도 지속 전류를 계속 유지할 수 있다. 따라서 초전도체를 사용하여 전자석을 만들면 우선 고자기장을 만들 수 있을 뿐만 아니라 에너지 손실이 없다는 장점이 있다.

한편, 초전도체란 무엇일까? 일부 금속 도체 또는 산화물 도체의 온도를 낮출 경우에 물질마다 다른 특정한 임계 온도(Tc) 이하에서 전기 저항이 사라져 전류가 장애 없이 흐르는 현상을 초전도 현상이라 한다. 이러한 특성을 가지는 물질인 초전도체는 첫째, 전류가 흐를

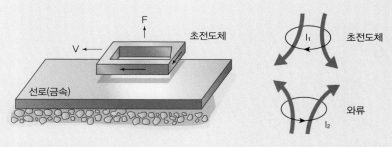

때 저항이 전혀 없는 완전 도체 성질과, 둘째, 초전도체 안에 자기장을 가하더라도 내부에는 자기장이 전혀 없는 반자성 성질을 띤다. 예를 들어 통상의 구리 도체 고리에 전류를 흘리면 도체의 저항 때문에 전류는 곧 열로 변하고 더 이상 흐르지 않는다. 그러나 초전도체로 된 고리에는 한번 전류를 흘리면, 초전도체는 저항이 없는 완전 도체이기 때문에, 전류는 감쇠하지 않고 계속 돌아 초전도체 고리 주위에 일정한 자기장을 지속시킨다.

이제 초전도 자석을 실은 열차가 도체 위를 고속으로 지나가는 경우를 생각해 보자. 이 경우 두 가지 문제를 해결해야 하는데 우선 어떻게 열차를 부상시키는가 하는 문제이다. 〈그림〉처럼 지속 전류가 흐르면 이 전류 때문에 생기는 자기장은 아래로 향한다. 곧 N극이 아래 방향이다. 열차가 빠른 속도로 금속판 위를 지나가면 금속판은 급격한 자기장의 변화를 겪게 된다. 이러한 외부 자기장의 변화를 방해하기 위해 금속판에는 유도 전류(와류[*])가 초전도 자석의 전류와는 반대 방향으로 흐른다. 이 와류에 의해서 생기는 자기장에서 N극이 위로 향하는데, 결과적으로 초전도 자석의 N극과 금속판의 N극이 서로 마주 보게 되어 밀치는 힘이 생긴다. 초전도 자석을 실은 열차가 도체판 위를 지나가는 속도가 빠르면 빠를수록 밀치는 힘 역시 커져 결과적으로 열차는 고속으로 달리면서 부상한다. 실제로 시속 500km로 달리는 경우, 열차는 약 5cm 뜬 채로 달린다고 한다.

또 한 가지 해결해야 할 문제는 추진력으로, 기차의 바퀴가 선로와 닿지 않은 상태에서 어떻게 기차가 프로펠러도 없이 추진력을 얻을 수 있는가이다. 해답은 바로 선형 모터[*]를 활용하는 데 있다. 간단히 설명하면, 달리는 기차의 선로 양편 벽면에 추진 코일을 설치하고 여기에 삼상 교류[*] 전류를 흘리면 각 코일의 N극과 S극이 순간순간 바뀌게 된다. 어느 순간 벽면 코일의 S극은 열차에 설치된 초전도 자석의 N극과 당기는 힘을 작용하고 그 옆의 코일은 N극으로 초전도 자석의 N극을 밀어내어 열차를 앞으로 밀어낸다. 열차가 S극을 가진 코일을 지나면 교류의 위상이 변하여 S극을 N극으로 바꾸어 다시 열차를 밀어내는 이러한 과정이 반복되면서 열차는 추진력을 얻어 달릴 수 있다.

현재 전 세계에서 연구되고 있는 열차 부상 기술은 두 가지 방식이다. ㉠일본에서 주로 연구하는 방식은 앞에

서 설명한 대로 초전도를 이용한 자기 부상 방식이며, 또 다른 방식은 통상적인 전자석을 이용하여 부상하는 ㉡독일의 방식이다. 일본식은 고속으로 지나가는 초전도 자석에 의한 와류를 이용한 방식이며, 독일식은 통상적인 구리 전자석을 열차의 바퀴 부근에 붙여 달리면서 전자석의 강도를 높여 바퀴 윗부분에 있는 선로 자석에서 자력으로 뜨게 만드는 방법이다. 일본식은 초전도 자석을 활용하는 새로운 기술을 개발하고 고속일수록 열차가 더 많이 떠 안전과 기술 면에서 앞선 방식이지만 건설비가 고가라는 단점이 있다. 독일식은 기존 기술을 개량하는 형태여서 비교적 건설비가 저렴하다는 장점이 있다.

* **가우스** 가우스와 테슬라는 모두 과학자 이름을 딴 단위로, 테슬라는 강한 자기장을, 가우스는 약한 자기장을 나타낼 때 쓴다. 1테슬라는 1만 가우스이다.
* **와류(渦流)** 변화하고 있는 자기장 안의 도체에 전자기 유도로 생기는 소용돌이 모양의 전류. 도체의 운동을 방해하는 작용이 있기 때문에 전기 계량기의 회전 원판의 제동 및 차량 브레이크에 이용한다.
* **선형 모터** 모터의 일종. 원을 그리며 돌아가는 보통의 모터와는 달리, 직선으로 나아가는 형식의 모터이다. 회전자가 변형되어 바닥에 설치된 리니어 유도 레일에 접촉하여 리니어 유도 레일과 상호 자기장의 영향을 받아 출력을 발생시킨다.
* **삼상 교류(三相交流)** 전압과 주파수가 같고 위상이 서로 120도씩 다른 세 가지 전류나 전압을 한 조로 한 것. 이것을 송전할 때는 도선을 여섯 줄이 아니고 세 줄로 사용할 수 있으므로 발전소에서는 거의 이 방법을 이용한다.

7 윗글에서 확인할 수 있는 내용이 <u>아닌</u> 것은?　　　　　　　　　○ 8850-0099

① 초전도체의 개념과 특성
② 초전도 자석의 부상 원리
③ 열차를 뜨게 하는 자기장의 세기
④ 초전도 열차가 추진력을 얻는 과정
⑤ 열차를 부상시키는 기술의 두 가지 방식

8 윗글의 내용과 일치하지 <u>않는</u> 것은?　　　　　　　　　○ 8850-0100

① 자기장은 전류의 흐름과 수직 방향으로 발생한다.
② 철심에 코일을 감아 전류를 흘리면 자기장이 생긴다.
③ 초전도체에 전류가 돌면 그 주위에 반자성의 성질이 생긴다.
④ 금속판에 급격한 자기장의 변화가 일어나면 와류가 발생한다.
⑤ 구리 도체에 흐르는 전류는 열을 발생시키며 에너지를 잃는다.

정답과 해설 23쪽

9 ㉠과 ㉡에 대한 이해로 적절하지 <u>않은</u> 것은?

8850-0101

① ㉠은 고속으로 달릴수록 열차를 밀치는 힘이 커질 것이다.

② ㉡은 자석의 강도가 높을수록 빨리 달릴 것이다.

③ ㉠은 ㉡과 달리 초전도 자석에 의한 와류를 발생시킬 것이다.

④ ㉡은 ㉠과 달리 도선에 전류를 계속적으로 공급해 주어야 할 것이다.

⑤ ㉠과 ㉡ 모두 자기장을 이용하여 기차를 부상시킬 것이다.

10 윗글을 바탕으로 〈보기〉를 이해한 내용으로 적절하지 <u>않은</u> 것은?

8850-0102

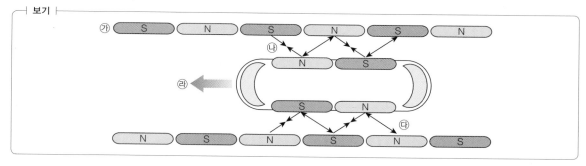

① ㉮에는 삼상 교류 전류가 흘러 코일의 N극과 S극이 계속적으로 바뀌겠군.

② ㉯에는 벽면 코일의 S극이 열차에 설치된 초전도 자석의 N극과 당기는 힘이 작용하겠군.

③ ㉰에는 초전도 자석의 N극이 서로를 밀어내는 힘이 발생하겠군.

④ ㉯와 ㉰에서 열차에 설치된 초전도 자석의 극이 변하지 않으면 기차가 움직이지 않겠군.

⑤ ㉱ 방향으로 나아가는 힘을 발생시키는 근거는 자기장의 성질로 인한 것이겠군.

[1~3] 다음 글을 읽고 물음에 답하시오.

판소리는 극적인 측면이나 음악적 측면 모두 고도의 완결성을 갖추고 있는 대표적인 공연 예술이다. 판소리의 공연 현장에서 창자(唱者)가 취하고 있는 일반적인 자세는 '서서 소리하는 방식'이다. 현재 판소리 하면 당연히 창자가 서서 노래 부르는 것을 떠올릴 정도로 이제는 매우 상식적인 공연 방식이 되어 버렸다. 하지만 판소리사적으로 볼 때, 초기의 경우에는 서서 노래하는 방식이 매우 특이한 공연 방식으로 인식되었다. 판소리 창자가 연행하는 방식이 독특했기 때문에 입창(立唱)이라는 용어로 판소리를 표현했던 것이다.

그렇다면 이러한 입창이 발생한 것은 어떠한 의미를 가지는가. 그리고 왜 판소리는 그 이전과 달리 서서 불렀는가. 이것은 당시의 음악적 상황과 판소리가 지향하는 미의식과 매우 깊은 연관성을 가지고 있다. 18세기 초까지만 해도 모든 노래는 앉아서 부르는 것이 관례였다. 가곡, 시조, 가사 등은 물론이고 경기 잡가와 서도 잡가까지 앉아서 부르는 것이 법도였다. 즉 앉아서 부르는 노래는 감정을 드러내지 않고, 오히려 절제해야 된다는 관념 때문에 몸을 크게 움직이지 않고 높이 질러 내는 소리도 가성을 써서 조심스럽게 노래해야 하는 것으로 인식했다. 그러나 판소리는 기존의 음악과는 완전히 다른 미의식을 가지고 있었다. 가장 큰 특징은 바로 사설의 내용에 맞게 창자의 감정을 좀 더 자유롭고 극적으로 표현할 수 있었던 것이다. 즉 사실적인 표현, 극적 분위기에 맞는 소리를 하기 위해서는 효과적으로 창자의 감정을 드러내는 것이 더욱 중요하게 인식되기 시작하였다.

서서 노래 부르는 방식이 나타났다는 역사적 사실은 기존의 앉아서 노래 부르는 방식과 다른 음악적 욕구가 반영되었기 때문이다. 그렇다면 서서 노래 부르는 방식으로 도대체 어떠한 음악을 표현하려 했던가를 역으로 추론해 볼 필요가 있다. 이러한 추론은 판소리 발생기부터 지향하고 있었던 성악적 특징을 살펴볼 수 있는 좋은 기회가 된다. 입창이 가지고 있는 특성은 경기 입창(京畿立唱)의 서술에서 그 단초를 엿볼 수 있는데, 이를 '굵직한 사나이 성향'이라고 규정하고 있다. 본질적으로 서서 공연하는 방식은 앉아서 노래 부르는 방식과는 다른 미학적 목적을 위해서 발생한 것이라고 볼 수 있다. 이것은 바로 남성적인 소리의 방식과 깊은 연관성을 가지고 있었으며, 이러한 이유로 인하여 초기에는 판소리 명창 중에 여성들이 포함되지 않았던 것이다.

창자가 서서 노래하게 되면서 자연스럽게 강조되는 것이 발림이다. 발림은 창을 하면서 그 이면을 표현하기 위해 수행하는 무용적 동작이다. 입창을 하게 되면서 가장 쉽게 상상할 수 있는 것이 바로 자유로운 동작이 가능해졌다는 것이다. 몸을 크게 움직이지 않고 감정을 절제하는 좌창과 달리, 입창으로 공연할 때는 좀 더 사실적인 표현을 위해 어느 정도 자유롭게 몸을 움직이는 것이 허용되었다. 판소리 창자들은 완결된 예술체를 구현하기 위해 공연 현장에서 소리뿐만 아니라 연극적 행위인 발림까지 동원하여 끊임없이 보다 높은 수준의 소리를 만들기 위해 노력했던 것이다. 이와 같이 발림이 강조되었다는 사실은 공연학적으로 중요한 의미를 지니는데, 이것은 판소리가 소리를 중심으로 하는 청각 예술의 특성뿐만 아니라 보는 것이 중심이 되는 시각 예술의 성격까지 동시에 가지고 있다는 사실이다.

1 윗글에 대한 설명으로 가장 적절한 것은?

● 8850-0103

① 판소리에서 입창이 지니는 의미를 다각적으로 고찰하고 있다.
② 판소리에서의 입창에 대한 서로 다른 두 견해를 비교하고 있다.
③ 판소리의 변화에 따른 입창의 변천 과정을 면밀히 살펴보고 있다.
④ 판소리에서의 입창과 다른 예술 분야에서의 입창을 비교하고 있다.
⑤ 입창을 통해 이루어지는 판소리의 우수성을 논리적으로 밝히고 있다.

2 윗글을 바탕으로 〈보기〉의 밑줄 친 부분을 이해한 내용으로 가장 적절한 것은?

● 8850-0104

┤ 보기 ├

　판소리 연구가 송만재는 「관우희(觀優戱)」의 한 장면을 묘사하고 있는 판소리의 상황을 "타령 잡가를 여러 가지 특별한 문체로 노래하는데, 때로는 앉아서 혹은 구부리고, 때로는 서서 말하기도 하고, 때로는 노래하고 북을 치기도 하며, 때로는 울기도 웃기도 하니……."라고 표현하고 있다.

① 청중들이 스스로 판단할 수 있도록 사설 내용을 최대한 객관적으로 전달하고 있다.
② 사설 내용을 고려하여 굵직한 남성의 소리를 통해 웅장한 분위기를 자아내고 있다.
③ 사실적인 표현을 위해 몸동작을 자유롭게 취하고 감정을 직접적으로 드러내고 있다.
④ 당시의 관례를 따르기 위해 감정을 절제하고 가성을 써서 조심스럽게 노래하고 있다.
⑤ 극적 분위기에 맞는 소리를 하기 위해 공연 중 문득 떠오른 생각도 그대로 표출하고 있다.

3 윗글의 글쓴이의 입장에서 〈보기〉의 시각을 비판하는 내용으로 적절하지 않은 것은?

● 8850-0105

┤ 보기 ├

　판소리 창자들이 소리를 하면서, 머리를 흔들고 눈알을 굴리며 온몸을 절도 없이 흔들어 대니 차마 눈 뜨고 볼 수 없다.

① 공연적인 측면을 고려해야 판소리의 미적 구조를 온전히 파악할 수 있다.
② 판소리는 소리를 바탕으로 극적 행동이 함께 이루어지는 입체적 예술이다.
③ 연극적 행위는 판소리의 일부분이므로 음악적 성취가 더 우선시되어야 한다.
④ 판소리에서 청각적인 기교로는 부족한 부분을 시각적 측면으로 보충해 줄 수 있다.
⑤ 판소리 무대에서 동작을 펼치는 이유는 창을 하면서 그 이면을 표현하기 위해서이다.

[4~6] 다음 글을 읽고 물음에 답하시오.

　연극이 당대 사회나 문화 코드를 반영하는 거울이라면 연극사는 우리가 지나온 과거의 사회, 문화, 풍속 등을 제대로 볼 수 있는 통찰력을 부여하는 분야이다. 이러한 연극사를 공부함으로써 우리는 과거의 사회적 이슈들에 대해 필요한 정보를 얻을 수 있고, 이를 바탕으로 현재의 모습을 돌아볼 수도 있다. 이렇게 시대를 통찰하게 해 주는 연극사를 연구하다 보면 고대 그리스의 연극부터 현대의 연극까지 수많은 다양한 사조들이 명멸했음을 발견할 수 있는데, 이 중 '고전주의, 낭만주의, 표현주의, 초현실주의'는 연극사에서도 중요한 위치를 차지하고 있는 굵직했던 사조들이었다.

　우선 ㉠고전주의는 흔히 규칙과 제약이 아주 엄격한 사조로, 그리스와 헬레니즘을 거쳐 로마 시대의 드라마를 본보기로 한 표현 형식과 내용을 규범으로 삼았던 극예술 사상을 일컫는다. 고전주의에는 몇 가지 규칙과 제약이 있었는데, 우선 고전극은 신화나 역사 등에서 차용한 내용을 써야 했다. 극의 주제는 당시 고대 그리스답게 신에 대한 숭배와 외경심을 위주로 했고 신과 운명에 맞서다가 결국 그것에 예속되는 인간의 숙명론적인 인생관을 표현해야 했다. 또한 고전주의는 무대 위 화려한 장면과 상상력의 표현을 금했고, 엄숙하고 중후한 분위기를 풍겨야 했다. 그리고 고전주의는 권선징악적이고 교훈적인 내용을 관객들에게 전달해야 했으며, 극의 주인공 신분은 보통 이상의 사람, 즉 귀족이나 왕족 또는 장군 등이어야 했다.

　18세기 말에서 19세기 초까지 널리 퍼진 ㉡낭만주의는 17세기에서 18세기까지 인기를 끈 고전주의에 반기를 들고 나타났다. 낭만주의는 '질서와 규칙성', '감정의 억제' 등 고전주의가 중시했던 것들이 창작에 지장을 준다고 보았으며, 이를 극복하고자 하였다. 그래서 인간의 이성보다는 본능에 충실하고자 했고, 정해진 형식의 틀보다는 다양성 속에서 인생의 가치를 찾으려 했다. 또한 인위적인 것 대신에 자연스러움을, 질서나 관습 대신에 상상력을 바탕으로 하여 현실 속의 이상을 창조하는 데에 가치를 두었다. 이로 인해 낭만주의가 추구하는 연극에서는 구어체의 대사, 환상적이면서도 웅장한 무대를 선호했으며, 이국적인 정서, 지방색, 죽음, 무덤, 꿈 등을 주요 제재로 삼았다. 더불어 유령이나 괴물 등 초자연적인 존재들이 이 시기의 연극에 많이 등장했던 이유도 인간의 이성보다는 상상력을 중시하면서 초자연적이고도 신비한 세계를 탐구하고자 했던 낭만주의의 특징과 부합하는 것이라 할 수 있다.

　한편, 20세기에 접어들면서 인물의 내적인 괴로움과 갈등을 표현할 경우 그 인물의 내적인 갈등과 혼란을 표현하기 위해 얼굴 표정이나 얼굴선을 왜곡되게 비틀어서 표현하는 양식으로 표현주의가 등장했다. 표현주의 연극에서는 작가의 주관적인 시각에 의해 형상화된 비사실적인 인물들이 등장하고, 배우의 연기에 중점을 두기보다는 음향과 같은 무대 효과를 통해 꿈 같은 분위기를 조성한다. 표현주의 연극에 등장하는 인물들은 사실주의 극과는 달리 각자의 고유한 이름보다는 남자, 여자, 또는 무슨 점원 등의 익명성을 띤 보통 명사로 더 자주 불린다. 또한 무대에서 사용되는 연극 언어는 대부분 한 줄 혹은 두 줄 정도의 짧은 단문의 대사가 많이 쓰이기도 한다. 표현주의 연출가들은 실제의 현실을 있는 그대로 드러내는 기존의 사실주의나 자연주의 연극 무대와 달리 상징적인 조명과 의상 등을 많이 사용했다. 바그너의 음악극에서 많은 영향을 받아 연극 제작에 있어 통일성을 중시했으며, 작가나 배우보다는 연출가가 연극 제작의 총책임을 맡아야 한다고 주장했었다.

　20세기 초반 독일에서 표현주의가 발전하고 있는 동안 주변 다른 나라에서 새로운 사조와 연극적 운동들이 대두되었는데, 그중 하나가 1924년 프랑스에서 시작된 '초현실주의'이다. 초현실주의는 프랑스의 앙토냉 아르토를 통해서 간접적으로 연극에 영향을 주었는데, 아르토는 서양 연극이 그동안 개인들의 심리적인 문제나 집단의 사회적인 문제들에만 집착했다고 비판하면서 실상 중요한 것은 인간의 무의식 속에 내재한 것이라고 생각했다. 또한, 그는 전통적인 서양 연극이 이성을 중심으로 한 희곡과 작품을 중심으로 전개되는 반면, 동양 연극은 감성을 중심으로 하고 연기 기술과 배우를 중심으로 펼쳐진다는 생각에 동양 연극을 적극적으로 추천하기도 했다. 이처럼 초현실주의자들이 만든 대부분의 작품들은 마치 꿈의 세계에서 존재하는 것처럼 인식 가능한 사건들과 환상적인 사건들이 혼재되어 나타나기도 했다.

4 윗글의 내용 전개 방식에 대한 설명으로 가장 적절한 것은?   ○ 8850-0109

① 문답의 형식을 빌려 화제에 대한 독자의 이해를 돕고 있다.
② 화제를 소개하고 대표적인 경우를 통시적인 관점에서 설명하고 있다.
③ 주장을 제시하고 예상되는 반증 사례를 검토하여 주제를 강화하고 있다.
④ 주요 용어의 정의를 바탕으로 유추의 방식을 사용해 논지를 부각하고 있다.
⑤ 여러 이론들의 유용성과 한계를 지적하면서 새로운 발전 방향을 모색하고 있다.

5 ㉠과 ㉡을 중심으로 윗글을 이해한 내용으로 적절한 것은?   ○ 8850-0110

① ㉠은 인간의 이성보다는 상상력을 중시했기에 신과 운명에 맞서다가 예속되는 인간의 숙명론적인 인생관을 표현해야 했다.
② 질서와 규칙성을 중시하는 한편, 감정의 억제가 창작에 지장을 준다고 보았기에 이를 극복하고자 했던 모습은 주로 ㉠에서 나타났다.
③ 현실 속의 이상을 창조하고자 했던 ㉡은 환상적이면서도 웅장한 무대를 선호하며 이국적인 정서를 주요 제재로 삼는 경우가 많았다.
④ 정해진 형식의 틀보다는 다양성 속에서 인생의 가치를 찾으려 했던 ㉡은 권선징악적이고 교훈적인 내용을 관객들에게 전달해야 했다.
⑤ 인위적인 것 대신에 자연스러움을 드러내고, 극의 주인공이 보통 이상의 신분을 지녔다는 것은 ㉠과 ㉡에 동일하게 드러난 특징이었다.

6 다음은 연극사에 대한 미술 수업을 들은 학생이 쓴 보고서이다. 윗글을 바탕으로 할 때, ⓐ~ⓔ 중 적절하지 않은 것은?   ○ 8850-0111

주제 20세기에 나타난 연극 사조들에 대한 고찰

　20세기 들어 사실주의 연극이 일반 대중들에게 여전히 인기를 끌었지만, 눈에 보이고 증명될 수 있는 것만이 진실이 아니고 오히려 진실은 인간의 보이지 않는 직관에 의해 구현될 수 있다고 생각하는 경향이 발생했다. 내적 감정의 고통을 왜곡하여 표현하는 예술과 문학 분야의 한 운동이었던 표현주의는 ⓐ작가의 주관적인 시각을 중시하고, 무대 효과를 통해 몽환적인 분위기를 조성했던 것이 특징이다. 또한, ⓑ무대에서는 한 줄 혹은 두 줄 정도의 짧은 대사가 많이 쓰이기도 했으며 ⓒ연극 제작에 있어 통일성을 중시했기에 작가보다는 연출가가 연극 제작의 총책임을 맡아야 한다고 생각했다. 한편, 프랑스에서 시작되었으며 인식 가능한 사건들과 환상적인 사건들이 혼재된 것을 작품에 드러내고자 했던 초현실주의를 대표하는 인물은 앙토냉 아르토이다. 그는 그동안의 연극이 개인들의 심리적인 문제 혹은 집단의 사회적인 문제들에만 집착했으며 ⓓ진짜 중요한 것은 인간의 무의식 속에 내재되어 있다고 생각했다. 이로 인해 감성 및 연기 기술과 배우를 중심으로 펼쳤던 동양 연극을 적극적으로 추천하기도 하였으며, ⓔ감성을 중심으로 표현하기 위해 기존의 무대와 달리 상징적인 조명과 의상 등을 많이 사용할 것을 요구하였다.

---

① ⓐ   ② ⓑ   ③ ⓒ   ④ ⓓ   ⑤ ⓔ

[7~9] 다음 글을 읽고 물음에 답하시오.

조선 후기 서민들의 생활상을 치밀한 구성에 해학을 곁들여 감칠맛 나게 표현한 김홍도의 풍속화는 중국화와 차별되는 우리만의 독창적인 화풍을 이룩한 것으로 평가받는다. 그의 한국적 화풍은 신윤복을 비롯한 조선 후기 화가들에게 지대한 영향을 끼쳤다. 그러한 김홍도의 풍속화 가운데 대중에게 잘 알려진 작품이 바로 「씨름」이다. 이 작품에는 다양한 예술적 원리가 숨어 있다.

▲ 김홍도, 「씨름」

「씨름」은 구도가 매우 절묘하다. 씨름꾼 두 사람이 가운데 있고 그 주위를 구경꾼들이 둥그렇게 둘러싸고 있는 원형 구도이다. 그런데 군중들은 네 무리로 나누어져 있다. 위의 오른쪽 무리는 다섯 명인데 앞에 놓인 뾰족 벙거지를 보면 하층민인 말잡이이고 그 주위의 네 명도 비슷한 낮은 계급의 사람들로 보인다. 그 왼쪽 무리는 여덟 명인데 대부분 갓을 가지고 있어, 대체로 양반들로 보인다. 그 아래 왼쪽에는 엿장수를 포함하여 다섯 명의 무리가 있고 그 오른쪽에는 다시 두 명이 배치되어 있다. 대각선으로 무리의 수를 더한 값은 모두 10으로 둘 다 같다. 일종의 이방진인 셈이다. 이것은 지루하지 않게 다양성을 주면서도 절묘한 균형을 이루는 구조이다.

또한 이 작품은 모든 군중의 시선이 씨름꾼에게로 모이도록 원형 구도를 택하고 있는데, 모이기만 하면 답답해지므로 오른쪽은 공간을 탁 틔워 놓았다. 또 모든 구경꾼들의 시선이 가운데로만 모이지는 않는다. 엿장수는 전혀 딴청을 피우고 딴 방향을 보고 있어 긴장 속에서도 해학을 보여 준다. 엿장수를 아무도 예의 주시하지 않는 것 같지만 사실 한 명은 씨름이 아닌 엿장수를 보고 있다. 바로 그림의 가장 아래 뒤통수만 보이는 인물이다. 얼핏 보면 정면의 씨름을 주시하고 있는 것처럼 보이지만 인물의 등을 보면 어깨선이 약간 왼쪽으로 틀어져 있다. 그리고 왼쪽 볼이 살짝 드러난 것으로 볼 때 시선이 엿장수를 향하고 있음을 알 수 있다. 인물의 체격이나 댕기 머리로 추측하건대 아직 엿에 관심이 있을 아이가 아닐까 생각된다. 역동적인 씨름 장면 속에 나타난 세심한 연출은 이 그림을 보는 사람으로 하여금 잔잔한 웃음을 짓게 만든다.

이 그림은 한눈에 보기에도 역동감이 드러나는데, 그 근거가 되는 중요한 장치가 두 가지 있다. 하나는 상하 무게의 뒤바뀜이다. 보통 그림은 아래가 무겁고 위쪽이 가벼워 안정감을 준다. 그런데 이 그림은 위쪽에 아래쪽보다 월등히 많은 구경꾼을 배치하여 불안정한 느낌을 준다. 이 불안정성이 특별한 역동감을 만들어 내는 것이다. 아래쪽인 관객 쪽보다 위쪽이 더 무거움으로 인해 그림 자체가 앞쪽 관객 방향으로 쏟아질 것 같은 긴박감을 준다. 또 씨름꾼의 자세를 살펴보면, 들배지기를 당한 씨름꾼(머리가 왼쪽)이 앞쪽으로 넘어지는 순간을 그려서 마치 3D 영화에서 화면이 관객 쪽으로 쏟아지며 관객들의 탄성을 자아내는 듯한 순간을 재현하였다.

그런데 이게 다가 아니다. 더욱 놀랄 만한 장치가 그림 속에 숨어 있는데, 바로 다중 시점(눈높이)이라는 고급 기법이다. 구경꾼들은 하늘에서 내려다보는 시선으로 그렸다. 둥글게 앉아 있는 판을 형성한 것이다. 그러나 그 판 위에서 씨름을 벌이는 두 사람은 땅바닥에서 위로 쳐다보는 시선으로 그렸다. 한 그림에 각기 다른 두 시점이 존재하는 것이다. 비범한 역동감이 생기는 것은 이처럼 복잡한 계산에 의한 결과이다.

7 윗글의 전체 내용을 고려했을 때, 표제와 부제로 가장 적절한 것은?

○ 8850-0112

① 김홍도 풍속화의 독창적 화풍
  -「씨름」과 중국화의 차이점을 중심으로
② 김홍도의 풍속화가 후대에 끼친 영향
  - 김홍도와 신윤복의 화풍 비교를 중심으로
③ 김홍도의 풍속화에 숨어 있는 예술적 원리
  -「씨름」의 구도와 시점을 중심으로
④ 김홍도 풍속화의 해학적 요소
  -「씨름」의 군중의 역할을 중심으로
⑤ 그림의 구도가 역동성에 미치는 영향
  -「씨름」의 불안정성을 중심으로

8 윗글을 바탕으로 「씨름」에 대해 이해한 내용으로 적절하지 <u>않은</u> 것은?

○ 8850-0113

① 공간을 비대칭적으로 구성하여 지루하지 않게 다양성을 주고 있다.
② 그림의 위쪽에 인물을 많이 배치하여 불안정감을 만들어 내고 있다.
③ 서로 다른 계층의 인물을 등장시켜 조선 후기의 생활상을 반영하고 있다.
④ 모든 구경꾼들의 시선을 씨름꾼으로 향하게 하여 씨름 장면에 집중도를 높이고 있다.
⑤ 구경꾼을 보는 시점과 씨름꾼을 보는 시점을 다르게 설정하여 역동감을 부여하고 있다.

9 윗글의 「씨름」과 〈보기〉의 작품을 비교하여 감상한 것으로 적절하지 <u>않은</u> 것은?

○ 8850-0114

┤ 보기 ├

  김홍도 그림의 역동성은 또 다른 작품 「무동」에서도 잘 드러난다. 이 작품에서도 원형 구도를 사용하고 있으며 그림의 위쪽에 인물을 많이 배치한 점이 「씨름」과 유사하다. 「무동」에 등장하는 춤추는 아이(왼쪽 아래)는 주변 인물들이 연주하는 가락에 맞춰 신명 나는 춤 동작을 선보인다. '농담(濃淡)*'으로도 역동성을 나타내었는데, 무동에게는 짙고 순도가 높은 색을 사용하여 중심인물을 생동감 있게 부각시켰다. 또한 거칠면서도 섬세한 붓 터치를 통해 신묘한 율동감을 자아내고 있다.

*농담 색깔이나 명암 따위의 짙음과 옅음.

▲ 김홍도, 「무동」

①「씨름」과 「무동」은 중심인물과 주변 인물의 관계에 있어 차이를 보이는군.
②「씨름」과 달리 「무동」은 안정적인 구도를 택하고 있다는 점에서 차이를 보이는군.
③「무동」과 달리 「씨름」은 중심인물과 주변 인물 간 농담의 차이가 두드러지지 않는군.
④「씨름」과 「무동」은 원형 구도를 택하고 있지만 인물의 이방진 배치 여부에서 차이를 보이는군.
⑤ 두 작품의 소재를 고려할 때, 서민 생활에서 우러나오는 삶의 흥겨움을 해학적으로 다루었다는 공통점이 있군.

13 실전문제 6

[1~5] 다음 글을 읽고 물음에 답하시오.

㉮ 고령화 사회는 평균 수명의 증가로 발생되는 고령화 현상으로 말미암아 전체 인구 중에서 노인 인구의 비율이나 수가 상대적으로 증가하는 사회를 의미한다. 한 사회에서 54세 이상의 노인 인구가 차지하는 비율이 어느 정도인가에 따라 그 개념을 달리 설정할 수 있는데, 65세 이상의 노인 인구가 7% 이상 14% 미만이면 고령화 사회, 14% 이상 20% 미만이면 고령 사회, 20% 이상이면 초고령 사회로 볼 수 있다. 우리나라의 경우 지난 2000년에 65세 이상의 인구 숫자가 전체 인구의 7%를 넘어서게 되어 프랑스, 영국, 독일, 일본 등과 마찬가지로 고령화 사회에 진입하게 되었다. 현재 우리나라의 전체 인구 중 65세 이상은 14.3%이며, 2026년에는 20.5%로 예상되어 초고령 사회가 될 것으로 전망된다. 선진국의 경우와 달리 우리나라는 고령화 사회로의 진입 시기가 다른 나라보다 늦다고 할 수 있지만, 그 속도는 매우 빠르다고 할 수 있다.

고령화 사회에서 고령자에게는 크게 네 가지 어려움이 수반된다고 알려져 있다. 즉 신체적 노화에 수반되는 각종 노인성 질환 발생에 따른 건강 보호의 어려움, 정신적 측면의 노화에 수반되는 고독과 소외 및 갈등, 사회적 지위나 역할 상실로부터 수반되는 무력감이나 여가 선용의 어려움, 노후의 경제적 어려움에 직면하게 되는 것이다. 우리 헌법 34조는 '모든 국민은 인간다운 생활을 할 권리를 가지며 국가는 사회 보장·사회 복지의 증진에 노력할 의무를 진다.'라고 규정하고 있다. 즉 우리나라 헌법은 '사회적 기본권'을 폭넓게 규정함으로써 모든 국민에게 생활의 기본적 수요를 충족시켜 건강하고 문화적인 생활을 보장하는 것이 국가의 책무라고 하는 복지 국가 원리를 헌법에 수용한 것이다. 특히 제34조 제4항 '국가는 노인과 청소년의 복지 향상을 위한 정책을 실시할 의무를 진다.', 제5항 '신체 장애자 및 질병·노령 기타의 사유로 생활 능력이 없는 국민은 법률이 정하는 바에 의하여 국가의 보호를 받는다.'라고 규정함으로써 생활 능력이 없는 국민에 대한 국가의 보호 의무와 노약자에 대한 복지 증진 의무를 @분명하게 드러내고 있다. 또한 「고령화 관련 국제 행동 계획과 노인을 위한 유엔 원칙」 '주택과 환경'의 권고 조항에서는 "가능한 한 오랫동안 노인들이 자신의 집에서 계속 살아갈 수 있도록 돕기 위하여 출입하고 시설을 이용하는 데 있어 노인의 능력에 적합하도록 주택과 적응 환경을 복구 및 개발하고 그리고 실행 가능하고 적절하다면 리모델링 및 개량을 위한 법령을 마련해야 한다."라고 밝히고 있다.

㉯ 유니버설 디자인은 '모든 사람을 위한 디자인'을 말하며, 실내외 공간뿐만 아니라 제품과 환경 모두에 적용되는 개념이다. '무장애 디자인' 또는 '접근 가능한 디자인'이라고도 할 수 있는 유니버설 디자인은 사용자의 연령·성별·신체적 조건 차이와 상관없이 모든 사람이 이용하기 편리한 환경을 추구하는 것으로 표준형의 사람뿐만 아니라 일시적 장애를 포함한 모든 장애인과 노약자 등 사회적 약자 계층을 최대한 수용하는 디자인을 목표로 한다. 유니버설 디자인에서 고려되어야 하는 원칙 및 지침들은 다음과 같다.

첫째, 사용의 유연성이다. 이 원칙은 광범위한 수준의 개인적 선호도 및 능력을 충족시킬 수 있도록 디자인해야 함을 의미하는 것이다. 오른손잡이와 왼손잡이 모두가 사용할 수 있도록 해야 하며, 사용자 동작에 대해 높은 정확성과 정밀도가 유지되도록 해야 하며, 사용자의 속도에 대한 적응성을 고려하여 디자인을 해야 한다.

둘째, 단순하고 직관적이어야 한다. 사용자의 경험, 지식, 언어 능력, 집중력에 관계없이 사용함에 있어서 이해가 용이하도록 디자인을 해야 한다. 따라서 불필요한 복잡성을 제거하고, 사용자의 예상과 직관에 일관성 있게 디자인하고, 중요도에 따라 정보를 배열하고, 작업 수행 중 및 종결에 대한 효과적인 피드백 정보를 제공해야 한다.

셋째, 정보의 지각성이다. 주변 조건이나 사용자의 감각 능력에 관계없이 사용자에게 필요한 정보를 효과적으로 전달할 수 있도록 디자인을 해야 한다는 것이다. 이에 중요한 정보는 중복적인 제시를 위해 서로 다른 정보 제시 방법을 사용하고, 중요 정보의 가독성을 최대화해야 한다.

마지막으로, 오류에 대한 관용성이다. 위험한 행위나 의도하지 않은 행위의 결과에 대한 위험성을 최소화하도록 디자인해야 한다는 원칙을 말하는 것이다. 이에 위험과 오류를 최소화하도록 구성 요소들을 배열해야 한다. 즉 가장 자주 사용되는 구성 요소들은 가장 접근하기 쉬운 곳에 배열하고 위험한 구성 요소는 제거하거나 분리하거나 덮개를 만들어 주어야 하며, 위험과 오류에 대한 경고를 제공하고, 경계가 요구되는 작업에서 무의식적인 행위가 발생되지 않도록 디자인을 해야 한다.

유니버설 디자인은 일상적이고 평범한 경우가 많아 주변 곳곳에서 발견할 수 있다. 냉수와 온수를 별도로 조절하는 원형 수도꼭지 대신 ㉠일체형 디자인의 수도꼭지는 손쉽게 온도를 조절할 수 있어 그 사용 범위가 매우 확산되었다. 또한 큰 길거리의 횡단보도에서 ㉡남은 시간을 알려 주는 신호등 역시 유니버설 디자인의 예로 볼 수 있다.

▲유니버설 디자인 사례

고령 인구의 급속한 증가로 인하여 노인들을 위한 서비스나 제품의 개발 등에 대한 필요성이 증가하고 있다. 이러한 측면에서 인간 공학자와 디자이너, 그리고 그 외의 관련된 분야의 사람들이 유니버설 디자인에 많은 관심을 기울여야 할 시기이다. 단지 경제성이 없다는 이유만으로 노인이나 장애인을 위한 제품의 개발이나 연구에는 대부분 관심을 기울이지 않는 것이 사실이다. 하지만 세계적으로 실버산업에 대한 연구가 늘어나고 있는 현 시점에서 우리나라도 노인을 위한 제품이나 시설의 개발에 많은 관심을 가져야 할 것이다. 물론, 노인이나 장애인을 위한 연구와 제품의 개발은 경제성이라는 측면보다는 노인과 장애인 복지의 측면에서 더 중요하게 고려되어야 할 문제이다.

1 (가)의 표제와 부제로 가장 적절한 것은? ◐ 8850-0115

① 고령화 사회의 순기능과 역기능
  – 문제점의 진단과 개선 방안을 중심으로
② 고령화 사회를 준비하기 위한 자세
  – 시대에 따른 고령자의 역할을 중심으로
③ 고령화 사회의 고령자에 대한 대립적 시각
  – 사회의 경제적 이익 창출을 중심으로
④ 고령화 사회의 의미 및 관련 법안
  – 우리나라의 헌법 및 국제 원칙을 중심으로
⑤ 고령화 사회의 의미와 특징
  – 고령화 사회의 발생 원인 및 구체적인 사례를 중심으로

2 (가), (나)의 내용과 일치하는 것은? ◐ 8850-0116

① 우리나라의 고령화 사회의 진입 시기는 다른 나라보다 빠르다.
② 고령자는 정신적인 어려움보다 물질적인 어려움을 더 힘들어한다.
③ 고령화 사회에서 고령자를 위한 서비스에 대한 필요성은 증가하고 있다.
④ 고령자를 위한 제품 개발 산업에 많은 기업들이 적극적으로 투자하고 있다.
⑤ 유니버설 디자인은 사회적 약자의 편의를 우선적으로 배려하기 위해 만들어졌다.

3 ㉠과 ㉡에 대한 설명으로 적절하지 <u>않은</u> 것은? ○ 8850-0117

① ㉠은 오른손잡이와 왼손잡이가 모두 사용할 수 있다는 점에서 유연성을 만족시키고 있다고 볼 수 있다.

② ㉠은 처음 사용하는 사람의 경우에도 쉽게 조작할 수 있다는 점에서 단순하고 직관적이어야 한다는 점을 만족시키고 있다고 볼 수 있다.

③ ㉡은 청각적 신호를 함께 제공한다면 중요 정보의 지각성을 더욱 높게 만족시키게 될 것이다.

④ ㉡은 간단한 시각적인 표시를 통해 남은 시간을 알게 해 준다는 점에서 단순하고 직관적이어야 한다는 점을 만족시키고 있다고 볼 수 있다.

⑤ ㉠과 ㉡은 적합하지 않은 행동을 한 경우에는 이를 수정할 수 있도록 돕는다는 점에서 모두 오류에 대한 관용성을 만족시키고 있다고 볼 수 있다.

4 〈보기〉는 (가)를 읽은 학생이 쓴 감상문의 일부이다. ㉮~㉺ 중 (가)에 대한 이해로 적절하지 <u>않은</u> 것은? ○ 8850-0118

┌ 보기 ┐

    ㉮우리 사회는 10년 이내에 초고령화 사회로 진입하게 될 것으로 예상된다. ㉯이미 고령화 사회에 진입한 나라들보다 그 속도가 매우 빠르다. 고령자는 사회적인 약자로서 법으로 마땅히 보호받아야 할 대상이다. ㉰우리나라 헌법은 고령자가 삶을 살아가는 데에 건강하고 문화적인 생활을 보장해야 함을 인정하고 있으며, ㉱장애인과 청소년 등 다른 사회적 약자의 복지 향상보다 더 많은 정책을 고령자에게 펼치고 있다. 이렇게 고령자와 관련된 복지 사항은 우리나라에만 국한되는 것은 아니다. ㉲유엔 원칙의 조항에도 고령화와 관련된 내용을 밝히고 있음을 확인할 수 있다.

① ㉮　　　　　② ㉯　　　　　③ ㉰　　　　　④ ㉱　　　　　⑤ ㉲

5 문맥상 ⓐ와 바꾸어 쓸 수 있는 말로 가장 적절한 것은? ○ 8850-0119

① 게시(揭示)하고

② 명시(明示)하고

③ 지시(指示)하고

④ 판시(判示)하고

⑤ 표시(標示)하고

[6~10] 다음 글을 읽고 물음에 답하시오.

우리가 즐겨 보는 영화 속에 나타난 일반적인 현상들은 모두 과학적으로 설명이 가능할까? 영화와 과학의 관계를 이해하기 위해서 '소리'를 중심으로 영화 속에 나타난 과학 현상을 몇 가지 사례를 들어 살펴보자. 우선 영화 '백 투 더 퓨처'에서 전자 기타로 락을 연주하는 것을 좋아하는 주인공이 연주를 하다가 스피커가 터지며 튕겨 나가는 모습이 등장하는데, 스피커는 어떻게 소리를 내며, 우리는 또 어떻게 그 소리를 들을 수 있는 것일까?

[A]   시계추나 그네의 운동은 진동인 반면, 파도나 소리는 파동이다. 파동은 주기 운동이 공간상을 이동해 가는 것을 말하기 때문에 어떤 한 지점에서의 파동은 존재하지 않는다. 이러한 파동의 중심점에서 마루나 골까지의 거리를 진폭이라고 하는데, 사인 곡선에서 위로 튀어나온 부분은 마루라고 하며, 아래쪽으로 내려간 부분을 골이라고 한다. 골에서 골 또는 마루에서 마루까지의 거리를 파장이라고 하며, 한 파장을 이동하는 데 걸린 시간을 주기라고 한다. 1초 동안 진동한 횟수를 진동수 혹은 주파수라고 하며, 진동수의 단위는 Hz(헤르츠)를 사용한다. 이러한 파동은 소리와 아주 밀접한 관련이 있다.

소리는 좁은 의미로는 청각 기관을 통해서 들을 수 있는 파동을 말하지만, '사람이 들을 수 없는 소리'라고 말하듯이 넓은 의미에서는 물체의 진동에 의해 발생하는 모든 파동을 통칭하게 된다. 소리를 발생시키기를 원한다면 주변 공기의 압력에 변화를 주면 된다. 간단하게 책상이나 문을 두드리기만 하면 책상이나 문의 판자가 순간적으로 진동하면서 주변 공기에 압력 변화를 일으켜 소리를 만들게 된다. 스피커에서는 스피커의 콘*이 전류 변화에 의해 떨면서 주위 공기에 진동을 발생시켜 소리가 나게 되는 것이다. 이렇게 발생한 음파는 외이도를 지나 고막을 진동시키게 되는데, 이 진동을 청세포에서 감지한 후 청신경을 통해 뇌에 신호를 보내면 우리는 소리를 듣게 된다.

공기의 진동이라고 해서 사람이 모두 들을 수 있는 것은 아니며, 부채를 서서히 움직이는 것과 같이 진동수가 매우 낮은 소리나, 초음파와 같이 진동수가 매우 높은 소리의 경우에는 들을 수 없다. 또한 귀는 매우 놀라운 감각 기관이라서 눈으로 고막을 본다면 소리에 의해 고막이 떨리고 있는지 그렇지 않은지를 구분하기 어려울 정도로 작게 진동한다. 고막이 이렇게 작게 진동하지만, 고막을 통과한 소리 에너지가 난원창* 내의 기저막을 떨리게 하여 내이 수용체, 즉 코르티 기관*의 유모 세포에 영향을 줌으로써 전기적인 신호로 바뀌어 뇌에 전달된다. 만약 귀 옆에서 총을 쏘게 된다면 귀가 멀게 되거나 난청이 될 수 있다. 총알이 발사될 때 고체 상태의 화약이 기체 상태로 변화하여 엄청나게 부피가 증가하면서 주위의 공기에 압력을 가하기 때문에 폭발음이 나게 되는데, 이때의 공기의 압력은 귀를 멀게 할 만큼 충분히 강한 세기를 지닌다. 사람은 약 100dB 정도부터는 소리를 피부로 느낄 수 있다고 하는데 보통 160dB 정도의 음압이면 고막이 찢어질 수 있고, 총알이 발사될 때 나는 파열음은 이 정도의 세기를 넘어설 수 있다.

한편, 영화 '스타워즈'에서는 우주에서 박진감 넘치는 전투 장면이 등장하며 여러 가지 효과음이 들리는데, 과연 우주에서도 소리가 들릴까? 우리가 듣는 소리는 파동이며, 파동이 전달되기 위해서는 파동을 전달하는 매질(공기)이 꼭 필요하다. 따라서 매질이 없는 우주에서는 전투기의 굉음, 광선이 발사되는 소리, 죽음의 별이 폭발하는 소리가 나지 않는다. 다만, 과학적인 오류를 없애기 위해서 '스타워즈'의 우주 전투 장면에서 이러한 효과음을 없앤다면 영화의 재미는 반감될 수 있기 때문에 어쩔 수 없이 사용하는 것이다. 사실 아무런 소리도 ㉠나지 않아야 맞는데, 실감 나는 표현을 위해 큰 우주선은 웅장한 소리와 함께 나타나고, 작은 우주선은 작은 소리와 함께 나타나도록 연출한 것이라 볼 수 있다.

마지막으로 영화 '화성 침공'에서 항전의 의지를 불태우던 장군의 몸이 줄어들자 그의 목소리 역시 줄어드는 모습이 있었는데, 이런 현상이 가능할까? 바이올린은 높은 소리가 나지만, 더블 베이스는 낮은 소리가 난다. 그 이유는 진동수에 있는데 소리의 높이는 진동수가 높으면 높게 들리고, 진동수가 낮으면 낮게 들리게 된다. 이로 인해 긴 관이나 굵고 긴 현으로 이루어진 악기들은 낮은 소리를 내게 되는 것이다. 사람의 목소리는 발성 기관의 구조, 즉 성대의 형태와 성도*의 길이에 따라 좌우되는데, 남자가 여자보다 더 두꺼운 성대를 가지기 때문에 진동수가 낮다. 따라서 진동수가 높은 여자는 높은 소리(약 250Hz)를 내며, 남자는 낮은 소리(약 125Hz)를 내는 것이다. 영화 속에서처럼 장군의 몸이 축소가 되었다면, 그의 발성 기관 역시 작아지게 되었을 것이다. 따라서 성대의 크기가 줄어들게 되고, 성도도 줄어들어 진동수가 높아지기 때문에 높은 소리를 내게 된다. 그리고 발성 기관이 작아졌기 때문에 소리의 세기는 작아지게 되는 것이다.

*콘 음성 전류를 소리로 바꾸어 주는 얇은 진동판.
*난원창 가운데귀와 속귀 사이에 있는 타원형의 구멍.
*코르티 기관 내이의 달팽이관 속에 있는 소리를 느끼는 복잡한 세포 구조를 가진 매우 민감한 감각 기관.
*성도 입술에서 성대까지의 목소리 통로.

6 윗글의 논지 전개 방식으로 가장 적절한 것은?   ◎ 8850-0120

① 영화 속 과학 현상에 대해 다양한 예시를 들고 그 원리를 설명하고 있다.
② 영화에 영향을 미친 과학 이론에 대해 통시적인 측면에서 고찰하고 있다.
③ 영화에 과학을 도입함으로써 발생하는 문제점과 그 해결책을 제시하고 있다.
④ 영화 속에 숨겨진 과학 현상에 대해 전문가의 의견을 인용하여 상세하게 분석하고 있다.
⑤ 영화 속에서 찾을 수 있는 과학 현상에 대한 서로 다른 두 견해의 공통점과 차이점을 설명하고 있다.

7 윗글의 내용과 일치하지 않는 것은?   ◎ 8850-0121

① 소리는 청각 기관을 통해 들을 수 있는 파동이면서, 물체의 진동에 의해 발생하는 모든 파동을 통칭하는 말이다.
② 공기의 진동에 의해 발생된 소리들 중 매우 낮은 소리는 들을 수 있는 반면에, 매우 높은 소리는 들을 수 없다.
③ 내이 수용체의 기저막의 떨림이 발생하면 내이 수용체의 유모 세포는 소리 에너지를 전기적인 신호로 바꾸어 준다.
④ 소리의 파동이 외이도를 지나 고막을 진동시키면, 청세포는 그 진동을 감지하여 청신경을 통해 뇌에 신호를 보낸다.
⑤ 물체를 두드리는 것만으로도 순간적인 진동이 발생하여 주변 공기에 압력 변화를 일으켜 소리를 만들어 낼 수 있다.

8 윗글을 읽고 추론한 내용으로 적절하지 <u>않은</u> 것은? ○ 8850-0122

① 만약 우리 주변에 파동을 전달할 수 있는 매질이 없다면, 우리는 소리를 들을 수 없겠군.

② 긴 관을 지닌 악기나 더블 베이스의 진동수는 바이올린의 진동수에 비해 낮을 수밖에 없겠군.

③ 발성 기관의 구조로 인해 남자보다 더 두꺼운 성대를 가진 여자라 할지라도 높은 소리를 낼 수밖에 없겠군.

④ 110dB의 크기로 소리를 내는 클럽에서의 음악 소리는 단순히 귀로만 듣는 것이 아니라 피부로도 느낄 수 있겠군.

⑤ 우주 영화에서 연출적인 부분을 없애고 사실감만 부여한다면, 전투기가 지나가거나 별이 폭발해도 소리가 나지 않겠군.

9 [A]를 바탕으로 〈보기〉를 이해한 내용으로 적절한 것은? ○ 8850-0123

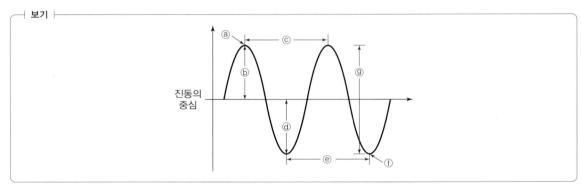

① 진동의 중심을 기준으로 ⓐ는 마루, ⓑ는 주기라고 한다.

② 진동의 중심을 기준으로 ⓑ는 진폭, ⓒ는 진동수라고 한다.

③ 진동의 중심을 기준으로 ⓒ는 파장, ⓓ는 진폭이라고 한다.

④ 진동의 중심을 기준으로 ⓔ는 진동수, ⓕ는 골이라고 한다.

⑤ 진동의 중심을 기준으로 상단과 하단에 걸쳐 있는 ⓖ는 진폭이라고 한다.

10 ㉠의 문맥적 의미와 가장 가까운 것은? ○ 8850-0124

① 일주일을 기다린 결과 신문에 합격자 발표가 <u>났다</u>.

② 너무나 먹고 싶던 설렁탕에서 김이 모락모락 <u>났다</u>.

③ 홍수로 인해 축대가 무너져 온 동네에 난리가 <u>났다</u>.

④ 결국 모든 것이 해결되고 그 일의 전말은 잡지에 <u>났다</u>.

⑤ 며칠간 열심히 생각하던 그는 그제야 멋진 생각이 <u>났다</u>.

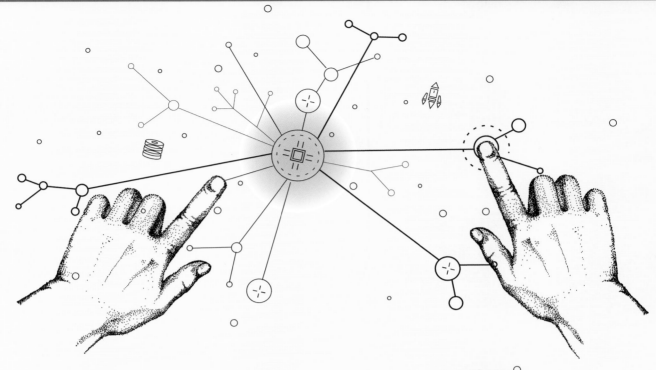

한국사, 사회, 과학의 최강자가 탄생했다!

「개념완성, 개념완성 문항편」

완벽한 이해를 위한 **꼼꼼하고 체계적인** 내용 정리

내신 대비 최적화된 교과서 **핵심 분석**

내신/수능 적중률을 높이기 위한 **최신 시험 경향 분석**

개념완성

한국사영역
필수 한국사 / 자료와 연표로 흐름을 읽는 한국사

사회탐구영역
통합사회 / 생활과 윤리 / 윤리와 사상 /
한국지리 / 세계지리 / 사회·문화 /
정치와 법 / 동아시아사

과학탐구영역
통합과학 / 물리학 I / 화학 I /
생명과학 I / 지구과학 I / 물리학 II /
화학 II / 생명과학 II / 지구과학 II

개념완성 문항편

사회탐구영역
통합사회

과학탐구영역
통합과학 / 물리학 I / 화학 I /
생명과학 I / 지구과학 I

올림포스

[국어, 영어, 수학의 EBS 대표 교재, 올림포스]

2015 개정 교육과정에 따른 모든 교과서의 기본 개념 정리
내신과 수능을 대비하는 다양한 평가 문항
수행평가 대비 코너 제공

국어, 영어, 수학은 EBS 올림포스로 끝낸다.

[올림포스 16책]

국어 영역 : 국어, 현대문학, 고전문학, 독서, 언어와 매체, 화법과 작문
영어 영역 : 독해의 기본1, 독해의 기본2, 구문 연습 300
수학 영역 : 수학(상), 수학(하), 수학 I, 수학 II, 미적분, 확률과 통계, 기하

EBS

정답과 해설

단기간에 내신을 끝내는 유형별 문항 연습

ON

단숨에 켠다.

단기 특강 독서

예비 고등학생을 위한 기본 수학 개념서

50일
수학 상 하

50일 수학 상 하 |2책|

- 중학 수학과 고교 1학년 **수학 총정리**

- 수학의 **영역별 핵심 개념**을 완벽 정리

- 주제별 개념 정리로 **모르는 개념과 공식만 집중 연습**

"고등학교 수학, 더 이상의 걱정은 없다!"

EBS 단기 특강 독서

정답과 해설

01 글에 담긴 정보 파악 ①

교과서에서 길을 보다 본문 8~9쪽

유제 1 ④   유제 2 ②

유제 1 세부 정보 파악

4문단에 따르면 오스트레일리아의 바닷가재 공동체는 바닷가재의 숫자가 계속 줄어드는 공유 자원의 비극을 해결하기 위해 공동체를 결성한 후, 설치할 수 있는 어망의 숫자를 제한하였다. 이와 함께 자신들의 이익을 지키기 위해 다른 사람이 약속을 어기고 어망을 더 설치하는 것을 서로 감시하였다.

오답 피하기 ┃ ① 3문단에서 공산주의 국가는 모든 국민이 모든 자원과 재산을 공유하기 때문에 공유 자원의 비극이 더 자주 발생한다고 하였다.

② 4문단에서 공유 자원의 비극을 피하기 위해서는 시장에 맡기기보다 정부 또는 시민들의 자발적인 개입이 필요하다고 하였다. 따라서 정부의 개입에 의해서만 해결될 것이라는 주장은 적절하지 않다.

③ 1문단에서 산이나 들, 바다에 있는 동식물들은 우리 모두가 공동으로 소유하고 소비하는 공유 자원이라고 하였다.

⑤ 3문단에서 공산주의 국가의 주민들은 자원이 특정한 사람의 것이 아니라는 생각에 함께 써야 할 자원을 개인이 집으로 가져와 사용하면서도 도덕적으로 문제가 없다고 생각한다고 하였다.

유제 2 세부 정보, 핵심 정보 파악

1문단에서 4,000만이 넘는 휴대 전화 소유자에게 필요한 전파 역시 공유 자원이라 설명하고 있다. 공유 자원은 여러 사람이 공동으로 소유하고 소비하는 자원이므로, 국민 대다수가 사용하는 스마트폰에 이용되는 전파도 역시 공유 자원이라 볼 수 있다.

오답 피하기 ┃ ① 1문단에서 사람들이 자주 찾는 관광 자원은 공유 자원이라고 하였다. 따라서 사람들이 구경하면서 즐기는 자연 속 풍물인 관광 자원은 공유 자원으로 볼 수 있다.

③ 3문단에서 공산주의 국가에서 공유 자원의 비극이 더 자주 발생하기는 하지만, 시장 경제에서도 공유 자원의 비극이 발생한다고 하였다.

④ 북유럽 어느 도시의 자전거 정책은 편의를 위해 자전거를 공유하고자 만든 정책이었으나, 자신의 것이 아니라는 생각에 과도하게 남용되어 실패하게 된 사례라고 할 수 있다.

⑤ 아마존 원주민들이 열대림을 태우는 이유는 경제적 이득을 얻을 수 있기 때문이다. 따라서 열대림을 태우지 않는 것이 경제적 이득이 될 수 있도록 한다면 열대림을 보호할 동기를 부여해 줄 수 있다.

수능의 빛을 찾다 본문 10~11쪽

1 ⑤   2 ④   3 ③

「삼국의 유교 사상」

해제 ┃ 하늘의 후손이라는 천손 의식을 밑바탕에 깔고 있었던 삼국에는 각각 내용은 조금 다르지만 유교적 이념을 구현하기 위한 유교 사상이 내재되어 있었다. 고구려에서는 국가 최고의 국립 교육 기관이라는 태학이 성립되기 이전부터 선비 정신을 바탕으로 한 유교 사상이 뿌리내리고 있었으며, 유교의 오경을 중심으로 문무를 겸한 엘리트가 양성되었다. 백제에서는 16관등의 이름이나 중앙 관제 및 지방 행정 기구의 편제 등에 유교적 이념이 드러났고, 유학의 덕치 사상을 바탕으로 풍흉에 따라 다르게 세금을 매기는 정책을 만들기도 하였다. 당대의 지식인 계층은 유교의 경전과 제자백가의 책들을 폭넓게 읽었고, 학문과 기술을 비롯한 문화 부흥을 주도하였다. 지리적 여건상 스스로 고유성을 간직했던 신라에서는 지증왕과 법흥왕 대에 이르러 유학이 사회 모든 분야로 확산되어 갔고, 유교 사상을 근본으로 국가 체제와 사회 질서를 유지하려 노력했다. 이러한 유교 사상은 신라의 화랑도에 영향을 미치기도 하였다.

주제 ┃ 유교적 이념을 구현하기 위한 유교 사상이 삼국에 미친 영향

구성 ┃

• 1문단: 삼국에 공통으로 내재된 하늘의 후손이라는 의식과 유교 사상
• 2문단: 유교 사상이 고구려에 미친 영향
• 3문단: 유교 사상이 백제에 미친 영향
• 4문단: 유교 사상이 신라에 미친 영향

1 세부 정보 파악

4문단에서 신라는 들쭉날쭉한 왕의 명칭을 통일하고 유교식 연호를 사용하였으며, 중국식 상복제와 지방 군현제를 제정하고 율령을 반포하는 등 유교 사상을 근본으로 국가 체제와 사회 질서를 유지하려 했다고 하였다.

오답 피하기 | ① 3문단에서 백제는 근초고왕 시대에 이미 박사 제도가 있었으며, 이는 고구려보다 먼저 유학 교육 기관을 설치했다는 추측이 가능하게 한다고 설명하고 있다. 따라서 삼국 중 고구려가 유학을 가르치는 교육 기관을 가장 먼저 설치했을 것이라는 말은 적절하지 않다.

② 2문단에서 고구려에서는 태학이 설립되기 이전부터 현자를 존중하는 기풍과 선비 정신을 바탕으로 유교 사상이 뿌리내리고 있었다고 언급하고 있다. 따라서 태학이 설립된 후 비로소 유교 사상이 뿌리내리게 되었다는 말은 적절하지 않다.

③ 2문단에서 고구려에는 평민들의 교육을 담당하는 경당이 있었고 경당의 학생들은 유사시에 전쟁터에 나설 수 있는 상비군의 역할을 맡았다고 하였다. 따라서 경당의 학생들이 아닌 학생의 교육을 담당하던 이들이 상비군으로 활동했다는 말은 적절하지 않다.

④ 3문단에서 백제의 유교적인 이념이 드러난 예를 설명하면서, 16관등의 이름이나 옷의 색깔 등에 음양오행 사상, 십간십이지의 관념이 깔려 있었다고 설명하고 있다. 따라서 백제의 16관등의 이름이 유교적 이념과 무관하다는 말은 적절하지 않다.

2 세부 정보, 핵심 정보 파악

4문단에서 신라에서는 4세기 내물왕 시대에 유학이 보급되었고, 그 후 지증왕과 법흥왕 대에는 체제 정비와 더불어 유학이 사회 모든 분야로 확산되어 갔다고 하였다. 따라서 지증왕과 법흥왕 대에 유교 사상이 보급되었다는 진술은 적절하지 않다.

오답 피하기 | ① 3문단에서 백제에서는 16관등의 이름이나 옷의 색깔, 중앙 관제 및 지방 행정 기구의 편제 등에 음양오행 사상, 십간십이지의 관념이 깔려 있었다는 점에서 유교적인 이념이 드러난 예를 찾을 수 있다고 하였다.

② 3문단에서 백제에서 역대 임금들이 어려운 백성들을 구제하는 데 힘을 쏟았던 것이나 풍년과 흉년에 따라 세금을 다르게 매겼던 정책 역시 유학의 덕치 사상에서 나온 결과라고 하였다.

③ 2문단에서 고구려에서는 유학이 유행하면서 매매혼과 같은 풍습이 사라지게 되었다고 하였다.

⑤ 4문단에서 신라에서는 진흥왕 대에 유교 사상에 입각한 왕도 정치를 표방했고, 신라의 화랑도 역시 유교 사상의 영향을 받은 흔적이 많다고 하였다.

3 세부 정보 파악

2문단에서 고구려에서는 유학이 유행하면서 부모와 남편이 죽었을 때에는 삼 년 동안 상복을 입는 등의 유교적 예법이 백성들 사이에서 널리 행해지게 되었다고 하였다. 따라서 유교 사상의 영향으로 남편이 죽으면 삼 년 동안 상복을 입는 예법이 폐지되었다는 말은 적절하지 않다.

오답 피하기 | ① 1문단에서 삼국은 모두 '하늘의 후손'이라는 의식을 밑바탕에 깔고 있다는 것이 공통점이었다고 설명하고 있다.

② 2문단에서 고구려의 태학에서는 유교의 오경을 중심으로 역사·문학·무술을 가르쳤고, 문무를 겸한 엘리트를 양성했다고 언급하고 있다.

④ 3문단에서 백제에서는 근초고왕 시대에 이미 박사 제도가 있었고, 여러 분야의 박사들은 학문과 기술을 비롯한 문화 부흥에 큰 역할을 담당하고 일본에도 파견되어 그곳의 학술을 진흥시켰다고 하였다.

⑤ 4문단에서 신라에서는 들쭉날쭉한 왕의 명칭을 통일하고 유교식 연호를 사용하여 유교 사상을 근본으로 국가 체제와 사회 질서를 유지하려 했다고 하였다.

02 글에 담긴 정보 파악 ②

교과서에서 **길**을 보다   본문 14~15쪽

유제 1 ⑤   유제 2 ②   유제 3 ④

유제 1 내용들 간의 의미 관계 파악

「해바라기」는 분명 뛰어난 작품이기에 많은 전기들이 없었어도 대중적인 인기를 누릴 수 있었겠지만 아마 지금과 같은 지위에는 오르지 못했을 것이라는 이 글의 내용을 통해 ⑤가 적절함을 확인할 수 있다.

오답 피하기 | ① 「해바라기」의 주제는 반 고흐 자신의 짧고 격정적인 삶처럼, 순간적이지만 매우 강렬한 의미를 담아내고 있으므로 짧았던 작가의 삶과 연관 지어 볼 수 있다. 반 고흐의 훌륭한 예술 세계는 사후에 인정받았으므로 「해바라기」처럼 순간적이었지만 매우 강렬했다고 볼 수 있는 것이다.

② 반 고흐의 짧고 격정적인 삶처럼 「해바라기」도 순간적이지만 매우 강렬한 의미를 담아내고 있다는 이 글의 내용을 볼 때, 영원한 가족 간의 사랑을 그린 것이라고는 볼 수 없다.

③ 전기 소설과 다양한 노래에서는 반 고흐의 삶을 신화화하고 있으므로 「해바라기」를 비판하고 있다고는 볼 수 없다.

④ 「해바라기」는 단순한 형식과 열정적인 붓놀림 때문에 첫눈에 반 고흐의 작품임을 알아볼 수 있다고 하였다.

③ 2문단의 '그러한 삶을 사람들에게 확고하게 각인시켜 준 전기들이 없었더라면, 반 고흐의 그림들은 지금 누리고 있는 지위를 얻을 수 없었을 것이다.' 부분을 통해 확인할 수 있는 내용이다.

⑤ 반 고흐를 상징하는 작품이 된 「해바라기」는 다양한 소품으로 활용되어 상품화되고 있으므로, 예술의 순수함과 동시에 이를 이용하는 상업주의를 함께 엿볼 수 있다.

유제 2 내용들 간의 의미 관계 파악

반 고흐는 이미 충분한 재능을 가지고 있는 성실한 화가였다. 여기에 그의 전기들이 더해져서 지금과 같은 지위를 얻을 수가 있었으므로, 그의 전기들이 촉진제로 작용하고 있음을 파악할 수가 있다.

오답 피하기 | ① 그의 뛰어난 재능과 그의 전기들이 모두 반 고흐를 신화화하는 데 도움이 되었다고 볼 수 있다. 그의 전기들이 반 고흐를 신화화하는 데에 방해가 되고 있지는 않다.

③ 재능을 가지고 있는 부분에서 반 고흐의 예술가적인 면을 살펴볼 수 있다.

④ 반 고흐가 자신의 전기들을 통해 동생 태오에게 자신이 재능을 가진 성실한 화가임을 알게 하였다는 내용은 이 글에서 확인할 수 없다.

⑤ 반 고흐의 전기는 그의 파란만장한 삶을 소재로 하였기 때문에, 당연히 반 고흐의 주된 삶인 화가로서의 모습을 다루고 있음을 알 수 있다.

유제 3 세부 내용, 핵심 내용 파악

반 고흐는 재능을 가진 성실한 화가였다는 것을 이 글의 내용을 통해 확인할 수 있다. 물론 이러한 그의 삶을 사람들에게 확고하게 각인시켜 준 전기들이 없었더라면, 반 고흐의 그림들은 지금과 같은 정도의 명성을 얻을 수 없었을 것이다.

오답 피하기 | ① 반 고흐의 삶을 회고하는 카탈로그 표지에 '해바라기'가 있다는 것은 그만큼 그의 삶과 해바라기를 분리하여 생각할 수는 없다는 것을 보여 주고 있다.

② 반 고흐는 자신이 흡족함을 느낀 작품에만 자신의 이름을 서명했다고 이 글에서 언급하고 있으므로, 작품 「해바라기」에 만족을 하고 있는 것으로 볼 수 있다.

수능의 빛을 찾다   본문 16~17쪽
1 ①   2 ①   3 ②

「우리는 사물을 어떻게 볼까」

해제 | 이 글은 빛이 만들어지는 원리와 우리가 감지할 수 있는 가시광선에 대해 설명하고 있다. 사람의 망막에 존재하는 간상세포와 원추 세포에 대해 설명한 후에, 각각의 기능에 대해 언급하고 있다. 밤하늘의 별을 바라볼 때의 예를 통해 간상세포의 기능을 이해하기 쉽도록 설명하고 있으며, 명순응과 암순응이 생기는 이유에 대해 설명하고 있다. 마지막으로 삼원색의 수용체가 동물마다 각기 달라서 동일 대상을 동물마다 다르게 인식하고 있음을 말하고 있다.

주제 | 간상세포와 원추 세포의 역할과 기능

구성 |
• 1문단: 빛이 만들어지는 원리
• 2문단: 간상세포와 원추 세포의 역할
• 3문단: 명암을 구별하는 간상세포
• 4문단: 암순응과 명순응의 예
• 5문단: 동물마다 각기 다른 삼원색의 수용체

1 중심 화제 파악

마지막 문단에서 삼원색의 수용체가 동물마다 모두 다르다는 것을 언급하고 있다. 올빼미는 사물을 흑백 영상으로 보지만, 원숭이는 빨간색이 갈색으로 바뀐 세상을 본다. 따라서 모든 동물이 사물을 흑백으로 보고 있는 것은 아니다.

오답 피하기 | ② 마지막 문단에서 꿀벌을 비롯한 몇몇 곤충들은 우리가 보지 못하는 자외선을 볼 수 있음을 설명하고 있다.

③ 1문단에서 자외선과 가시광선 중에서 사람의 눈이 감지할 수 있는 빛은 가시광선뿐임을 설명하고 있다.

④ 2문단에서 '중심와' 부위에 초점이 맺혀져야 선명한 상을 볼 수 있기 때문에 눈동자를 끊임없이 움직이고 있음을 설명하고 있다.

⑤ 마지막 문단에서 사람의 망막에는 약 1억 2천만 개의 간상 세포와 7백만 개의 원추 세포가 존재한다고 설명하고 있다.

2 내용들 간의 의미 관계 파악

막대 모양의 간상세포는 명암을 구별하는 예민한 센서이고, 원추 세포는 빛이 있는 곳에서 작동하는 센서로 색을 감지한다.
오답 피하기 | ② 간상세포는 망막의 중심이 아닌 바깥쪽에 많이 존재하고 있다.
③ 포유류에게 더 잘 발달되어 있는 시세포가 무엇인지는 이 글의 내용을 통해서 확인할 수 없다.
④ 밤하늘의 별을 보는 데에 중요한 역할을 하는 것은 간상세 포이다.
⑤ 자외선에 민감한 반응을 하는지를 확인할 수 있는 내용은 이 글에서 찾을 수 없다.

3 세부 내용, 핵심 내용 파악

〈보기〉의 두 번째 지침에서는 주변 시력을 사용해야 함을 설명하고 있고, 이 글에서도 어두운 밤하늘의 별을 제대로 보기 위해서는 눈동자를 약간 옆으로 돌려야 함을 설명하고 있다. 이는 모두 간상세포들이 망막 주변에 위치하고 있기 때문에 야간에는 이를 사용하여 물체를 바라보아야 한다는 사실을 말해 주는 것이다.
오답 피하기 | ① 암순응이 이루어지지 않은 상황에서 밝은 불빛에 노출이 되면 시력이 회복되지 못할 정도로 손상된다는 내용을 이 글과 〈보기〉의 내용만을 통해서는 확인할 수 없다.
③ 어두운 곳에서 제대로 보기 위해서는 간상세포를 활용하여 주변 시력을 통해 사물을 바라보아야 한다. 어둡지 않은 곳에서 연습을 하는 것은 아무런 의미가 없다.
④ 이 글에서 조종사들은 간상세포에서 일어나는 과정을 도와 주는 붉은색 고글을 착용한다고 언급하고 있다. 간상세포는 명암을 구별하는 예민한 센서이고, 원추 세포는 색을 감지하는 세포이다. 암순응 적응 시간과 원추 세포와는 아무런 관련이 없다.
⑤ 야간 비행 시의 사고를 방지하기 위해 비행 중에 항공기의 위치를 알 수 있도록 날개의 끝과 뒤에 달아 놓는 항공등을 켜는 것은 반드시 필요하다. 다만 조종실의 조명은 가능한 한 최소로 조절해야 한다. 조종실의 조명을 밝게 하는 것은 야간 비행을 더 위험하게 만든다.

03 서술상의 특징 파악

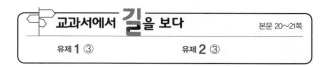
교과서에서 **길**을 보다
본문 20~21쪽
유제 1 ③   유제 2 ③

유제 1 글의 구조 파악

이 글은 한옥이 과학적인 이유에 대해서 인간의 삶에 가장 중요한 영향을 미치는 햇빛과 바람의 조절 측면에서 설명하고 있다. 한옥에서 햇빛을 조절하기 위해 사용하는 방법을 지붕과 창과 방이라는 3요소로 나누어 설명하고 있으며, 바람이 잘 통하게 된 이유에 대해서도 설명하고 있다.
오답 피하기 | ① 한옥의 과학성에 대해 설명하는 글이며, 한옥이 불편하다는 통념이 잘못되었음을 증명하는 내용은 이 글에서 확인할 수 없다.
② 한옥의 과학성에 대한 여러 가지 관점이 드러나 있지 않기에 서로 다른 관점을 대비한다는 말은 성립할 수 없다.
④ 한옥의 과학성으로 인해 좋은 점을 나열하고 있고, 한옥의 배치로 인해 초래된 문제점이나 해결 방안은 드러나지 않는다.
⑤ 한옥의 역사적 기원에 대한 상반된 관점이 등장하지도 않고, 이를 절충한 의견도 존재하지 않는다.

유제 2 내용 전개 방식 파악

이 글은 인간의 삶에 미치는 기후 요소로 햇빛과 바람을 제시한 후, 이 두 가지 요소의 조절이 한옥의 과학성에 큰 영향을 미친다고 설명하고 있다. 또한, 한옥의 건축 요소 중 지붕, 창, 방의 3가지 요소에 따라 한옥이 과학적인 이유에 대해 인과적으로 분석하고 있다.
오답 피하기 | ① 한옥과 양옥의 개념을 정의하고 있지 않다. 또한, 한옥의 특성에 대한 전문가의 의견도 인용하고 있지 않다.
② 한옥의 과학성에 대한 서로 다른 견해를 소개하고 있지 않으며, 한옥의 과학성이 지닌 전망과 한계점 역시 밝히고 있지 않다.
④ 한옥의 특성은 제시되어 있지만, 시대에 따른 통시적인 관점에서 설명하고 있지는 않다. 또한, 한옥이 현대 사회에 미치는 영향력에 대한 비판도 제시되어 있지 않다.
⑤ 한옥의 과학성에 대한 이론이 다양하게 분화되는 과정은 설명하고 있지 않으며, 한옥이 더 과학적인 성격을 지니게 하기 위한 대안 역시 제시되어 있지 않다.

1 ⑤   2 ②   3 ⑤

「칸트의 미학 이론」

해제 | 이 글은 작품의 실제적인 창작과 감상에서 한계를 드러냈던 기존의 미학 이론들의 문제점에 대해 답을 제시하고자 했던 칸트의 미학 이론을 다루고 있다. 칸트는 지식의 보편타당성은 이루었지만 현실에 부합하지 않는 한계를 드러낸 '합리론적 미학'과 실제적인 경험을 강조하여 현실에는 부합했지만 보편타당성을 확보할 수 없는 한계를 드러낸 '경험론적 미학'을 비판적으로 종합하고자 했다. 이를 위해 정신 능력을 '감성, 오성, 이성'으로 구분하여 인식의 과정을 체계화하였고, 여기에 다양한 감각 직관인 현상들을 모아서 개념화하는 역할을 담당했던 '오성'과 이미지를 바탕으로 현상들을 모아서 오성에게 전달하는 '상상력'의 개념을 적용하여 자신만의 미학 이론을 완성하였다. 이렇게 칸트의 인식론은 데카르트의 합리론의 문제점과 흄의 회의론도 극복할 수 있었지만, 현상의 질료인 아직 무엇인지 알 수 없는 것이 어디서 오는 것인지 알 수 없다는 한계점도 남는다.

주제 | 합리론과 경험론을 비판적으로 종합한 칸트의 미학 이론

구성 |

• (가): 예술의 창작과 감상에 한계를 드러낸 합리론과 경험론
• (나): 합리론과 경험론을 극복하고자 했던 칸트의 미학 이론
• (다): 칸트가 말하는 인식의 과정 ① – 감성과 감각 기관을 중심으로
• (라): 칸트가 말하는 인식의 과정 ② – 오성과 상상력을 중심으로
• (마): 칸트의 미학 이론의 의의와 한계점

1 글의 구조 파악

이 글은 중심 화제인 '미학 이론'에 대해 소개하고 기존의 합리론적 미학 이론과 경험론적 미학 이론이 갖는 한계점을 비교하면서, 그 한계와 문제점에 대한 답을 칸트의 미학 이론을 통해 제시하고 있다. 칸트는 합리론이 보편타당성을 이루었으나 현실에 부합하지 않는 반면, 경험론은 현실에 부합하지만 보편타당성을 이루지 못했다고 보고 이를 비판적으로 종합해야 한다고 생각하고 있다.

오답 피하기 | ① 이 글에서 미학 이론의 개념에 대해 따로 소개하고 있지는 않다. 또한 미학 이론을 합리론적 미학, 경험론적 미학, 칸트의 미학으로 분류하고 있지만, 구체적인 요소들로 분석한 내용은 드러나지 않는다.
② 이 글은 미학 이론을 데카르트의 합리론적 미학, 흄의 경험론적 미학, 칸트의 미학으로 나누어 설명하고는 있지만, 세 명의 학자들이 합의한 결과는 제시하고 있지 않다.
③ 이 글은 칸트의 미학 이론에 대해 제기할 수 있는 문제들을 나열한 것이 아니라, 기존 이론에 대해 문제를 제기하고 이를 해결하고자 했던 칸트의 노력이 드러나 있다.
④ 이 글은 칸트의 미학 이론에 대해 소개하고 있으나, 이 이론이 발전되어 온 과정을 서술하고 있지는 않으며 역사적인 고찰도 드러나지 않는다.

2 내용 전개 방식 파악

이 글은 예술의 창작과 감상을 명석한 원리로 묶어 두려 했던 합리론적 미학과 실제적인 경험을 강조했던 경험론적 미학이 지닌 한계점을 소개하고 있다. 또한, 그러한 한계들을 비판적으로 종합하여 기존 이론들이 지닌 한계에 대한 답을 제시하려 했던 칸트의 미학 이론을 소개하고 있다.

오답 피하기 | ① 데카르트와 흄의 미학 이론이 소개되어 있기는 하지만, 합리론적 미학 이론이 지닌 발전 가능성에 대한 전망은 소개되어 있지 않다.
③ 데카르트와 흄, 칸트가 공통적으로 주장하는 미학 이론은 제시되어 있지 않으며 그러한 미학 이론이 현대 사회 속에서 지니는 한계점 역시 설명되어 있지 않다.
④ 칸트가 말하는 인식의 단계는 감성, 오성, 이성 등을 통해 드러나 있지만, 그러한 칸트의 미학 이론의 변화 양상을 통시적으로 살펴보고 있지는 않다.
⑤ 데카르트가 합리론적 미학 이론의 입장을 표명했던 것은 드러나 있지만, 이를 이용하여 칸트의 주장이 지닌 한계점을 비판하고 있는 내용은 찾아볼 수 없다.

3 글의 구조 파악

(마)는 데카르트의 합리론과 흄의 회의론을 극복한 칸트의 미학 이론의 의의를 설명하고 있다. 또한, 아직 무엇인지 알 수 없는 현상의 질료가 어디로부터 오는지 알 수 없다는, 칸트의 인식론에서 해결되지 않은 채 남아 있는 문제점에 대해서도 소개하고 있다.

오답 피하기 | ① (가)에서 합리론적 미학 이론이 실패한 사실은 언급하고 있으나, 그 이유에 대한 가설의 제시와 검증은 이루어지지 않았다.
② (나)에는 경험론적 미학 이론에 대한 상반된 관점이 드러나 있지 않기에 이를 절충하고 종합하는 의견 역시 나타나 있지 않다.

③ (다)에서는 칸트의 미학 이론의 문제점을 분석한 것이 아니라 칸트가 말하는 인식의 과정을 설명하고 있다.
④ (라)에는 칸트의 미학 이론 속 요소들이 드러나 있기는 하지만, 그것들이 지니는 차이점에 대한 설명은 제시되지 않았다.

04 내용 추론

교과서에서 **길**을 보다

본문 26~27쪽

유제 1 ④   유제 2 ②

유제 1 인과 관계 추론

4문단에서 머그잔 실험의 결과에 대한 원인을 부존 효과로 설명하고 있다. 부존 효과는 어떤 물건을 갖고 있는 사람이 그것을 포기하는 것을 꺼리는 태도이므로 ㉠의 이유로는 ④가 가장 적절하다.

오답 피하기 | ① 머그잔에 대한 경제적 가치가 구체적으로 어떻게 상승했는지는 밝히고 있지 않다.
② 3문단에서 특별히 머그잔을 좋아하는 사람만 골라 나눠 준 것이 아니라고 밝히고 있다.
③ 3문단에서 머그잔에 대한 학생들의 평가가 각양각색일 것으로 추측하고 있는데, 각양각색이라면 ㉠처럼 머그잔을 소유한 사람과 그렇지 않은 사람이 이원적으로 금액 차이가 날 까닭이 없다.
⑤ 머그잔을 갖지 못한 학생들이 머그잔의 가치를 높게 평가했다면 실험은 반대의 결과가 나왔어야 할 것이다.

유제 2 상관관계 추론

1문단에 따르면 부존 효과는 현재 자신이 소유하고 있는 물건의 가치를 더 높게 평가하는 경향이다. 하지만 풀 옵션 모델이 객관적으로 기본 모델보다 많은 기능을 갖추고 있으므로 구매자가 풀 옵션 모델보다 기본 모델을 더 나은 상품으로 인식하지는 않을 것이다.

오답 피하기 | ① A에서 풀 옵션 모델을 먼저 시승한 구매자의 차량 구입 가격이 높게 나타난다는 것은 그들이 풀 옵션 모델을 많이 구매했다는 것인데, 이는 시승으로 인해 부존 효과가 발생하여 다른 모델보다 풀 옵션 모델에 더 가치를 두게 되었다는 것을 의미한다. 부존 효과는 물건을 소유했을 때 나타나는 현상이므로 결국 풀 옵션 모델을 시승한 구매자는 그것을 자신이 소유한 차로 느꼈을 가능성이 높다.
③ B의 사례는 5문단의 TV 홈쇼핑 상품 사례와 유사하다. 즉 콘텐츠를 사용하는 과정에서 부존 효과가 발생했는데, 그렇다면 고객은 그 콘텐츠를 자신의 소유물로 생각했을 것이다.
④ 5문단에서 운동 기구를 한 달간 쓰면서 부존 효과가 발생한 소비자는 그것이 없는 사람에 비해 만족감을 갖게 되었다고 설명하고 있다. 따라서 B의 콘텐츠에 대해서도 유사한 현상이 나타날 것이다.
⑤ 콘텐츠에 대한 부존 효과가 발생한 고객은 그 배후에 있는 손실 기피적 태도 역시 발생할 것이다.

수능의 **빛**을 찾다

본문 28~29쪽

1 ③   2 ②   3 ⑤

「무역에서의 절대 우위론과 비교 우위론」
해제 | 이 글은 국제 무역의 두 가지 이론인 절대 우위론과 비교 우위론에 대해서 다루고 있다. 나라마다 특화한 재화를 세계 시장에서 교환하면 거래 당사국이 모두 이익을 얻을 수 있다는 점을 골자로, 재화를 생산하는 데 드는 비용을 토대로 이론을 전개하고 있다. 두 나라가 무역을 한다고 가정했을 때, 한 나라가 다른 나라보다 낮은 생산비로 생산할 수 있는 능력을 절대 우위라 칭한다. 한편, 한 나라가 두 개의 상품 모두 생산에 드는 비용이 다른 나라에 비해 많다고 하더라도 생산비가 상대적으로 적게 드는 상품을 수출할 경우에 두 나라 모두에 이익이 된다고 주장하는 이론이 비교 우위론이다. 이러한 비교 우위의 결정 요인에 대해서도 다루고 있다.
주제 | 무역에서의 절대 우위와 비교 우위
구성 |
• 1문단: 나라마다 특정 재화를 생산하여 국제 거래에 임하는 이유
• 2문단: 무역에서의 절대 우위의 개념과 사례
• 3문단: 무역에서의 비교 우위의 개념
• 4문단: 비교 우위의 사례
• 5문단: 나라마다 비교 우위가 다르게 나타나는 이유
• 6문단: 비교 우위론의 의의

1 세부 내용 추론

2문단에서 한 나라가 다른 나라보다 어떤 재화를 생산하는 데 동일한 생산 요소를 투입해서 더 많이 생산하거나, 그 나라보다 적은 생산 요소를 투입해서 더 싸게 생산할 수 있을 때, 즉 다른 나라보다 낮은 생산비로 생산할 수 있는 능력을 절대 우위라 한다고 서술하고 있다.

오답 피하기 | ① 1문단에서 다른 나라보다 더 잘 만들 수 있는 재화와 서비스를 특화 생산하여 국제 거래를 통해 교환하면 거래 당사국이 모두 이익을 얻을 수 있다고 서술하고 있다.
② 2문단에서 A국이 B국보다 생산비가 절대적으로 적게 드는 재화와 서비스를 생산하여 B국에 수출하고, 생산비가 절대적으로 많이 드는 재화와 서비스를 B국으로부터 수입하면 모두에게 이익이 된다고 서술하고 있는데 이는 동일한 생산 요소를 투입해도 더 많은 재화를 만들어 수출할 수 있어 이익이 된다는 말이다.
④ 4문단에서 C국과 D국의 생산비를 예로 들어 비교 우위론에 대해 설명하고 있다. 즉 한 나라가 다른 나라에 비해 모든 재화와 서비스를 생산하는 데 절대 우위를 가지더라도 두 나라 사이에 무역이 발생할 수 있다는 것이 비교 우위론의 개념이다.
⑤ 5문단에서 국가마다 노동, 자본, 토지 등의 부존 자원과 기술 수준이 다르다고 설명하고 있다. 이는 결국 재화마다의 생산비가 달라 비교 우위를 가능하게 하는 근거가 되는데 비교 우위론이 성립하는 조건이 나라마다 생산하는 데 드는 생산비의 차이에서 비롯되는 것이므로 적절한 설명이다.

2 생략된 정보 추론

4문단에서 기회비용은 어떤 것을 선택할 때 선택한 것을 포기한 것의 가치로 나타낸 것을 뜻한다고 하였다. 이에 따르면 C국이 휴대 전화를 생산할 때의 기회비용은 옷 $\frac{10}{12}$ 단위이고 옷을 생산할 때의 기회비용은 휴대 전화 $\frac{12}{10}$ 단위이므로 휴대 전화를 생산할 때의 기회비용보다 옷을 생산할 때의 기회비용이 더 크다는 것을 알 수 있다.

오답 피하기 | ① C국의 휴대 전화 생산에 대한 기회비용은 옷 $\frac{10}{12}$ 단위이다. 이를 소숫점 단위로 나타내면 0.83이 된다.
③ 비교 우위론에 따르면, 절대 우위에 약세를 보이는 국가에서도 상대적으로 생산비가 낮은 재화를 수출하면 이득이 된다

고 본다. D국의 경우, 옷 생산에 비교 우위를 가지므로 이를 수출했을 때 이익을 얻을 수 있다.
④ C국의 휴대 전화와 옷 생산에 드는 비용이 각각 10달러, 12달러이므로 휴대 전화를 특화하면 2달러를 절약할 수 있다.
⑤ D국의 휴대 전화와 옷 생산에 드는 비용이 각각 20달러, 15달러이므로 옷을 특화하면 5달러를 절약할 수 있다.

3 상관관계 추론

4문단을 보면 각국이 비교 우위 상품을 특화하여 1:1로 교환할 경우, 기회비용이 많은 상품을 생산할 때 추가로 들어가는 비용을 절감할 수 있음을 알 수 있다. 따라서 갑국이 컴퓨터를 특화하여 을국에 수출한다면 10의 노동량으로 냉장고를 얻을 수 있으므로 결국 5의 노동량을 절감할 수 있게 된다.

오답 피하기 | ① 4문단을 보면 기회비용은 선택한 것을 포기한 것의 가치로 나누는 것이므로, 갑국의 컴퓨터 1단위 생산에는 냉장고 $\frac{10}{15}$ 단위의 기회비용이 발생한다. 이를 소수점으로 나타내면 0.67단위이다.
② 을국이 컴퓨터와 냉장고 1단위를 생산하는 데 드는 노동량은 갑국의 그것에 비해 모두 적다. 따라서 두 상품 모두 절대 우위를 가지고 있다.
③ 갑국이 컴퓨터를 생산할 때는 냉장고 $\frac{10}{15}$ 단위, 냉장고를 생산할 때는 컴퓨터 $\frac{15}{10}$ 단위가 기회비용으로 산출된다.
④ 을국은 냉장고를 생산할 때의 노동량이 컴퓨터를 생산할 때의 노동량보다 적으므로 냉장고를 특화하는 것이 이득이다.

05 다른 상황에 적용

교과서에서 길을 보다

본문 34~35쪽

유제 1 ③   유제 2 ④

유제 1 다른 상황에 적용하기

[A]에 따르면 대표성 휴리스틱은 사람들이 가지고 있는 선입견에 의해 나타난다. 철학을 전공하고 사회 정의에 관심이 높은 사람은 사회 운동가일 거라는 선입견으로 인해 1)을 가장 많이 선택한 것이다. 문제는 2)와 3)이다. 사람들은 사회 운동가이면서 은행원인 3)을 단순 은행원인 2)보다 더 많이 선택했

지만 사실 확률적으로 볼 때 2)가 3)을 포함하고 있으므로 2)
일 확률이 3)일 확률보다 더 높다. 그러나 사람들이 휴리스틱
을 사용하는 이유가 현실의 상황을 객관적으로 판단하기 어렵
기 때문이라는 1문단의 설명을 고려하면 확률적으로 3)이 2)보
다 높다는 계산은 염두에 두지 않았을 것으로 추측할 수 있다.

오답 피하기 | ① [A]에서 대표성 휴리스틱은 어떤 대상이나 사
람이 특정 범주의 전형적인 특성을 얼마나 많이 나타내는지를
바탕으로 판단한다고 서술되어 있다.

② 사회 운동가의 전형적 특성은 사회 정의에 관심이 많다는
것이 되므로 이에 따라 린다가 사회 운동가일 가능성이 크다
고 판단할 근거가 된다.

④ [A]에서 은행원의 전형적 특성은 일반적으로 꼼꼼하고 계
산적인 성격이라고 서술하고 있다. 〈보기〉의 린다는 외향적이
고 사회성이 높은 성격이므로 은행원보다는 사회 운동가에 더
어울린다고 생각할 것이다.

⑤ 〈보기〉에 따르면 객관적인 확률 순서는 3)이 가장 낮음에
도, 사람들이 대표성 휴리스틱에 의해 2)를 가장 적게 선택했
으므로 합리적인 판단을 내리지 못한 것으로 볼 수 있다.

유제 **2** 구체적 상황에 적용하기

[B]에 따르면 가용성 휴리스틱은 사건에 대해 떠올릴 수 있
는 기억이나 사례에 의존하여 판단하는 방법이므로 기억 속에
저장하기 쉬운 단어인 –ing로 끝나는 단어가 더 많은 것으로
판단했을 것이다. 하지만 단어 자체를 놓고 보면 여섯 번째 철
자가 n으로 끝나는 단어가 기억 속에 적게 남은 것일 뿐, 그것
이 –ing로 끝나는 단어보다 낯설고 생소하다는 근거는 없다.

오답 피하기 | ① 여섯 번째 철자가 n인 단어보다는 –ing로 끝
나는 단어가 인지하기도 쉽고 머릿속에 저장하기도 쉬우므로
피험자들은 –ing로 끝나는 단어를 더 쉽게 기억해 낼 수 있을
것이다.

② 사전에 등장하는 단어의 수는 여섯 번째 철자가 n으로 끝
나는 단어가 더 많을 수는 있으나 –ing로 끝나는 단어를 기억
해 내는 게 더 쉽다는 것이 실험 결과이다.

③ 여섯 번째 철자가 n인 단어보다 –ing로 끝나는 단어가 눈
에 더 쉽게 띈다. 그 말은 머릿속에 인지하기도 더 쉽다는 뜻
이다.

⑤ 상식적으로 볼 때 7개의 철자로 된 단어 중 여섯 번째 철자
가 n인 단어는 –ing로 끝나는 단어를 포함하고 있으므로 최
소 같거나 더 많을 것이다.

본문 36~37쪽

1 ③ **2** ④ **3** ③

「의무론적 윤리설과 목적론적 윤리설」

해제 | 이 글은 물에 빠진 아이를 구하는 남자의 상황을 바탕으로 목
적론적 윤리설과 의무론적 윤리설에 대해 설명하는 글이다. 두 윤리
설은 행위의 동기와 결과 중 어느 쪽을 중요시하느냐에 따라 양분된
다. 칸트로 대표되는 의무론은 선과 악을 결정하는 것은 행위의 결과
가 아니라 오직 그 행위를 만든 의지뿐이라고 주장하며, 벤담과 밀로
대표되는 목적론은 공리주의로서 어떤 행위가 최대의 이익을 산출
할 때 그것을 선으로 볼 수 있다고 주장한다. 그러한 공리주의는 양
적 공리주의와 질적 공리주의로 나누어진다고 설명하고 있다.

주제 | 사례를 바탕으로 본 의무론적 윤리설과 목적론적 윤리설의
특징

구성 |
• 1문단: 물에 빠진 아이를 구한 남자의 입장에 대한 서양 윤리학의
관점
• 2문단: 칸트로 대표되는 의무론적 윤리설
• 3문단: 칸트가 주장한 정언 명법의 개념
• 4문단: 벤담과 밀로 대표되는 목적론적 윤리설
• 5문단: 공리주의의 두 영역인 양적 공리주의와 질적 공리주의의
특징

1 다른 상황에 적용하기

㉠의 관점, 즉 의무론적 윤리설에서는 도덕 행위의 핵심은
결과가 아니라 그 행위를 만든 의지라고 주장하면서 주어진
의무를 다할 것을 강조했다. 따라서 친구를 구하지 못했더라
도 갖은 방법을 동원해 구하고자 노력했다면 도덕적이라 볼
수 있을 것이다.

오답 피하기 | ① 늪에 빠진 친구에게 총대를 내민 행동은 친구
를 구하기 위한 의지의 표현이므로 ㉠의 입장에서 윤리적이라
말할 수 있다.

② 〈보기〉에 따르면 K는 더 이상의 시도를 하지 않은 채 친구
를 구할 가능성이 없다고 판단하였다. 이는 도덕적 인간에게
주어진 의무를 다해야 함을 강조하는 칸트의 관점에서 보았을
때 윤리적이라 할 수 없을 것이다.

④ 늪에 빠진 친구를 두고 돌아선 행동이 결국 친구의 오기를
불러일으켜 그를 살게 했다. 따라서 최대 다수의 최대 행복을
표방하는 ㉡의 입장에서 윤리적이라 볼 수 있다.

⑤ 총대를 내미는 행동만 반복했다면 결국 친구를 구하지 못
하게 될 것이다. 이는 행복한 결과를 중시하는 ㉡의 입장에서
결코 윤리적이라 할 수 없을 것이다.

2 다른 상황에 적용하기

3문단에서 칸트의 정언 명법은 개인적으로 하려는 일이 동시에 모든 사람이 해도 괜찮은 일인지 생각하고 행동할 것을 강조한다. 그것은 도덕 행위가 보편적으로 인정받을 수 있는 행위여야 한다는 사실을 전제하고 있다.

오답 피하기 | ① 4문단을 보면 도덕 행위의 결과를 중요시하는 것은 공리주의의 입장이다.

② 4문단에서 공리주의에서 이익은 쾌락이나 행복으로 바꾸어 말할 수 있다고 하였다. 따라서 공리주의의 입장이다.

③ 4문단에서 공리주의의 모토는 '최대 다수의 최대 행복'임을 강조하고 있다. 이는 사회적으로 더 많은 사람에게 이익을 가져다주는 행위가 도덕적임을 의미한다. 따라서 공리주의의 입장이다.

⑤ 2문단에서 칸트는 도덕적 인간에게 주어진 의무를 다해야 함을 강조하고 있다. 하지만 4문단을 보면 도움으로 얻게 될 쾌락을 고려하는 것은 공리주의의 입장임을 알 수 있다. 따라서 도덕적 의무감과 쾌락을 함께 고려하는 것은 칸트의 입장으로 적절하지 않다.

3 구체적 상황에 적용하기

〈보기〉의 상황에서 A는 절대적이고 불변의 가치, 즉 인간 목숨의 존엄성을 들어 반대하고 있다. 이는 의무론적 윤리설의 입장과 상통하는 것이다. 반대로 B는 특수한 상황임을 들어 찬성하고 있으며 한 명을 희생하더라도 다수가 행복할 수 있는 선택이 옳다고 생각한다. 이는 목적론적 윤리설의 입장을 대변한 것이다. 목적론적 윤리설이 소수보다 다수의 입장을 고려한다고 했을 때 B가 전체의 입장과 이익보다 자신이 처한 상황을 고려한다는 진술은 적절하지 않다.

오답 피하기 | ① 3문단에 따르면 A의 견해는 칸트의 정언 명법에 해당하는데 이는 의무론적 윤리설의 관점이다.

② A는 의무론적 윤리설의 입장을 취하고 있으며 2문단에서 의무론적 윤리설에서는 과거에서부터 주어진 의무를 다해야 함을 강조한다.

④ 5문단에서 벤담은 공리주의를 주창하면서 행복의 양적인 측면을 고려했으므로 한 명이 희생되더라도 다수가 살아남는 결과가 나온다면 도덕적이라고 말할 것이다.

⑤ 5문단에서 밀은 벤담과 함께 공리주의를 주창했지만 행복

(이익)의 질이 중요하다고 생각했기 때문에 〈보기〉와 같은 상황에서 희생당하는 B가 느끼는 고통의 크기를 고려하여 비윤리적인 행위로 간주할 것이다.

06 비판과 평가

교과서에서 **길**을 보다   본문 42~43쪽

유제 1 ④   유제 2 ②

유제 1 내용의 비판적 이해

4문단에서 알 수 있듯이 '전자 패놉티콘'에서의 정보는 벤담의 '패놉티콘(㉠)'에서의 시선과 차이가 있다. 시선에는 한계가 있지만 컴퓨터를 통한 정보의 수집은 국가적이고 전 지구적일 수 있다. 철학자 들뢰즈는 이러한 인식을 토대로 지금 우리가 살고 있는 사회가 푸코의 '규율 사회'를 벗어나 새로운 '통제 사회'라고 주장한다. 그러므로 국가적이고 전 지구적으로 대상을 감시하는 통제 사회를 의미한다는 것은 ㉠에 대한 푸코의 비판적 평가로 적절하지 않다.

오답 피하기 | ① 2문단에 따르면 패놉티콘에서 대상에 대한 감시는 은밀하고 알 수 없게 이루어졌다.

② 2문단에 따르면 패놉티콘에서 대상에 대한 처벌은 확실하고 효과적으로 수행되었다.

③ 2문단에 따르면 패놉티콘은 한 명의 권력자가 다수를 감시하는 '규율 사회'를 상징한다.

⑤ 2문단에 따르면 패놉티콘은 '모세관 같은 권력'이 사회 구석구석에 스며들어 우리를 통제한다는 푸코 철학의 정수를 보여 주는 좋은 실례였다.

유제 2 글쓴이의 의도, 관점 평가

5문단에서 글쓴이는 전자 패놉티콘을 가능케 하는 정보 기술은 동시에 역패놉티콘이나 시놉티콘으로 기능할 수 있고,

이것은 역감시의 기제라고 주장하고 있다. 〈보기〉에서 관리자가 노동자의 작업 진행을 일일이 체크하는 것은 '감시'에 해당하고 노동자들이 관리자의 사적이고 주관적인 평가를 감시하는 것은 '역감시'에 해당한다. 즉 오버뷰 시스템이라는 정보 기술이 감시의 역할을 하지만 이와 동시에 역감시의 역할도 하고 있음을 알 수 있다.

오답 피하기 | ① 4문단에서 정보는 불확실성을 가지고 있다고 하였으나 〈보기〉에 그런 불확실성이 드러난 것은 아니다.

③ 〈보기〉에서 알 수 있듯이 노동자들이 데이터베이스에 근거해서 관리자의 사적이고 주관적인 평가를 감시하게 되었다. 감시의 대상이 몇몇 권력자에 국한된다는 것은 〈보기〉에 대한 반응으로 적절하지 않다.

④ '비대칭적 시선'에 대해서는 1문단에서 확인할 수 있다. 죄수의 일거수일투족이 간수에게 시시각각 포착될 수 있었던 반면 죄수는 간수가 자신을 감시하고 있다는 사실은커녕 간수의 존재 자체도 알 수 없었다. 이와 달리 〈보기〉에서는 관리자와 노동자가 서로 감시를 한다는 점에서 '비대칭적 시선'이라고 볼 수 없다.

⑤ 회사가 개인 정보를 수집하고 프라이버시를 침해하는 것에 대해 사람들이 예민한 반응을 보인다는 것은 〈보기〉에서 확인할 수 없는 내용이다.

수능의 빛을 찾다

본문 44~45쪽

1 ③   **2** ①   **3** ④

「동물의 도덕적 지위에 대한 논쟁」

해제 | 이 글은 동물의 도덕적 지위에 대한 견해들을 소개하고 있다. 데카르트는 동물을 '자동 인형' 또는 '움직이는 기계'로 여기는데, 이와 같은 주장에서는 동물의 도덕적 지위는 소유자의 권리를 통해서 간접적으로 보호받을 수밖에 없다. 데카르트와 마찬가지로 아퀴나스와 칸트는 동물 스스로 도덕적 지위를 갖지 못한다고 생각하지만, 인간의 품성에 끼치는 영향을 근거로 동물 학대에 반대한다. 반면 동물에게 도덕적 지위를 직접적으로 부여하려는 이론으로 동물 권리론과 동물 해방론이 있다. 동물 권리론은 동물의 본래적 가치와

삶의 주체라는 성질을 내세우고, 동물 해방론은 고통을 느끼는 것에 있어서 평등의 원리를 내세운다.

주제 | 동물의 도덕적 지위에 대한 논쟁

구성 |
- 1문단: 동물의 도덕적 지위
- 2문단: 동물의 도덕적 지위에 대한 데카르트와 아퀴나스의 견해
- 3문단: 동물의 도덕적 지위에 대한 칸트의 견해
- 4문단: 동물의 도덕적 지위에 대한 동물 권리론의 견해
- 5문단: 동물의 도덕적 지위에 대한 동물 해방론의 견해

1 내용의 비판적 이해

2문단에서 알 수 있듯이 데카르트에 의하면 동물은 움직이는 기계에 불과한 존재이기 때문에 동물의 도덕적 지위는 소유자의 권리를 통해서 간접적으로 보호받을 수밖에 없다. 즉 동물 그 자체는 도덕적 지위가 전혀 없지만, 그 동물의 소유자 때문에 간접적으로 보호받을 수 있다는 것이다. 이러한 주장은, 주인이 없는 동물은 함부로 대해도 되느냐는 비판에 직면할 수 있다.

오답 피하기 | ① 데카르트에게 있어 동물은 '자동 인형' 또는 '움직이는 기계'에 불과하다. 그러므로 동물에게 인간과는 질적으로 차이가 나는 자유 의지가 있다고 하는 것은, 데카르트에 대한 비판으로 적절하지 않다.

② 데카르트에 의하면 동물은 '이성 영혼'뿐 아니라 '생장 또는 감각 영혼'까지 없다. 그러므로 동물이 인간보다 더 빠르고 정확한 판단과 행동을 할 수 있다는 것은, 데카르트에 대한 비판으로 적절하지 않다.

④ 2문단에 따르면 데카르트와 같은 주장에서는 동물의 지위가 무생물의 지위와 다를 바가 없다.

⑤ 데카르트에 의하면 동물은 '이성 영혼'뿐 아니라 '생장 또는 감각 영혼'까지 없다. 데카르트에 따르면, 소유자가 있든 없든 동물에게는 감각이 없다.

2 글쓴이의 의도, 관점 평가

동물에게 도덕적 지위를 직접적으로 부여하려는 이론으로는 동물 권리를 주장하는 이론과 동물 해방을 주장하는 이론이 있다. 2~3문단에 따르면 아퀴나스와 칸트는 모두 동물 스스로 도덕적 지위를 갖지 못한다고 생각한다. 둘 모두 동물 학대에 반대하는 이유는 그것이 인간의 품성에 영향을 끼치기

때문이다. ①은 동물에 대한 자비로운 감정이 인간에 대한 자비로운 감정을 계발한다고 하였으므로, 이는 아퀴나스나 칸트의 견해에 가깝다고 할 수 있다. 그러므로 동물이 직접적인 도덕적 지위를 갖는다는 관점에서 내놓을 수 있는 견해로 적절하지 않다.

오답 피하기 | ② 사람이든 동물이든 동일하게 고통을 느낀다고 하였으므로, 5문단에 언급된 동물 해방론의 견해에 해당한다.

③ 동물이 본래적 가치를 갖는다고 하였으므로, 4문단에 언급된 동물 권리론의 견해에 해당한다.

④ 동물을 삶의 주체라고 하였으므로, 4문단에 언급된 동물 권리론의 견해에 해당한다.

⑤ 평등의 원칙을 적용해야 한다고 하였으므로, 5문단에 언급된 동물 해방론의 견해에 해당한다.

3 내용의 비판적 이해

3문단에서 알 수 있듯이 칸트는 동물이 직접적인 도덕적 지위를 갖지 못한다고 여기는데, 이는 동물이 인간과 달리 합리적이고 자율적인 존재가 아니기 때문이다. '동물에 대한 친절함을 실천해야 한다. 동물에게 잔인한 사람은 사람을 대할 때도 가혹하기 때문이다.'에서 알 수 있듯이, 칸트가 동물 학대에 반대하는 이유는 동물이 직접적인 도덕적 지위를 갖기 때문이 아니라, 인간의 품성에 끼치는 영향 때문이다. 한편, 동물 해방론에서는 인간과 동물 모두 고통을 느낀다는 점에서 차이가 없는 만큼, 평등의 원리에 따라 동물에게도 직접적인 도덕적 지위를 부여해야 한다고 주장한다.

오답 피하기 | ① 동물 해방론에서 평등의 원리를 언급한 이유는, 인간과 동물 모두 고통을 느낀다는 점에서 동일하기 때문이다.

② 동물 해방론에서 종 차별주의를 언급한 이유는, 인간과 동물 모두 고통을 느낀다는 점에서 동일하기 때문이다.

③ 칸트의 견해에 대한 비판으로는 가능하지만, 이 글에 제시된 동물 해방론의 입장에서 내놓을 수 있는 비판으로는 적절하지 않다.

⑤ 삶에 대한 인간과 동물의 동등한 권리에 대해 언급하고 있는 것은 '동물 권리론'의 입장에 해당한다.

07 어휘 및 어법 이해 적용

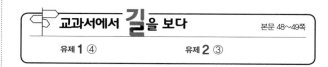
교과서에서 **길**을 보다   본문 48~49쪽

유제 1 ④   유제 2 ③

유제 1 어휘의 문맥적 의미 파악

㉠과 ④의 '호소'는 '어떤 일에 참여하도록 마음이나 감정 따위를 불러일으킴.'의 의미이다.

오답 피하기 | ①, ②, ③, ⑤는 모두 '억울하거나 딱한 사정을 남에게 간곡히 알림.'의 의미로 사용되고 있다.

유제 2 동음이의어, 다의어 파악

㉢와 ③의 '대응'의 의미는 모두 '어떤 일이나 사태에 맞추어 태도나 행동을 취함.'이다.

오답 피하기 | ① ⓐ의 의미는 '자기의 의견이나 주의를 굳게 내세움. 또는 그런 의견이나 주의', ①의 '주장'의 의미는 '운동 경기에서, 팀을 대표하는 선수'이다.

② ⓑ의 의미는 '하나도 남김없이 모두 다인. 또는 그런 것', ②의 '전적'의 의미는 '이전에 이루어 놓은 업적'이다.

④ ⓓ의 의미는 '결정적인 판단을 하거나 단정을 내림. 또는 그런 판단이나 단정', ④의 '결단'의 의미는 '단체를 결성함.'이다.

⑤ ⓔ의 의미는 '전하여 보냄.', ⑤의 '전송'의 의미는 '글이나 사진 따위를 전류나 전파를 이용하여 먼 곳에 보냄.'이다.

수능의 **빛**을 찾다   본문 50~51쪽

1 ⑤   2 ②   3 ①

「예술과 사회 이론」

해제 | 이 글은 아름다움에 대한 형이상학적 개념 구상을 플라톤의 저서인 『국가』의 내용을 통해 해석하고 있다. 즉 예술은 우주의 영원한 아름다움으로 고양시키는 일을 해야 한다는 것이다. 플라톤은

'예술'을 '공예'나 '기술'의 맥락에서 출발한 것으로 보았고, 당대 예술가들의 지위를 높지 않게 평가하고 있다. 예술가들이 정당한 지위를 차지하기 위해서는 불변의 우주 질서를 알고 열망하도록 복돋워야 한다고 주장하였다. 르네상스와 바로크 아카데미에서 공표한 미 개념은 매우 이상화되고 규범적인 것으로 플라톤적 미론에 의거한 것으로 볼 수 있다.

주제 | 플라톤의 예술과 미(美) 관념

구성 |

• 1문단: '예술'에 대한 플라톤의 주장
• 2문단: 15~17세기의 플라톤적 미론

1 어휘의 문맥적 의미 파악

ⓔ '결부'의 의미는 '일정한 사물이나 현상을 서로 연관시킴.'이다. '한 덩어리가 되게 묶음.'은 '결속'의 의미이다.

오답 피하기 | ① '관념'의 의미는 '어떤 대상에 관한 인식이나 의식 내용'이다.

② '고양'의 의미는 '정신이나 기분 따위를 북돋워서 높임.'이다.

③ '맥락'의 의미는 '사물 따위가 서로 이어져 있는 관계나 연관'이다.

④ '간주'의 의미는 '상태, 모양, 성질 따위가 그와 같다고 봄.'이다.

2 어휘의 문맥적 의미 파악

'내포되다'의 의미는 '어떤 성질이나 뜻 따위가 속에 품어지다.'이므로 '깃들다'와 바꾸어 쓰기에 가장 적절하다.

오답 피하기 | ① '구축되다'의 의미는 '체제, 체계 따위의 기초가 닦아져 세워지다.'이다.

③ '설계되다'의 의미는 '계획이 세워지다.'이다.

④ '완비되다'의 의미는 '빠짐없이 완전히 갖추어지다.'이다.

⑤ '연계되다'의 의미는 '잇따라 매어지다.'이다.

3 동음이의어, 다의어 파악

ⓕ '설립'의 의미는 '기관이나 조직체 따위를 만들어 일으킴.'이고 '설치'는 '베풀어서 둠.'의 의미이다. 조명 탑은 설립하는 것이 아니라, 설치하는 것이다.

오답 피하기 | ② ⓖ '재현'의 의미는 '다시 나타남. 또는 다시 나타냄.'이다.

③ ⓗ '의거'의 의미는 '어떤 사실이나 원리 따위에 근거함.'이다.

④ ⓘ '상충'의 의미는 '맞지 아니하고 서로 어긋남.'이다.

⑤ ⓙ '파악'의 의미는 '어떤 대상의 내용이나 본질을 확실하게 이해하여 앎.'이다.

08 실전 문제 1

본문 52~57쪽

1 ⑤	2 ⑤	3 ②	4 ④
5 ④	6 ⑤	7 ⑤	8 ④
9 ②	10 ⑤		

[1~3]

「주자를 통해 본 합리성의 의미」

해제 | 합리성의 주자학적 의미에 대한 글쓴이의 견해를 밝히고 있는 글이다. 서양에 있어서 합리적이라는 의미는 추론, 분석, 계량을 가능케 하는 인간의 이성에 근거를 둔다는 것이다. 이와 달리 주자에게 있어서 합리성의 원천은 마음의 인지적 능력에 있는 것이 아니라 인간의 마음 안에 품수되어 있는 이(理)에 있다. 주자에게 있어 바람직한 인생이란 이치에 맞게 사는 일이며, 바람직한 행위의 기준은 이치에 따르는 일이다. 결론적으로 말해, 합리성의 주자학적 의미는 바로 인간의 사고나 행위가 이치에 맞음을 의미한다.

주제 | 합리성의 주자학적 의미

구성 |

• 1문단: 중국 철학 전통에 있어서 '합리성'이라는 단어의 부재
• 2문단: 서양에 있어서 '합리적'이라는 단어의 의미
• 3문단: 주자학에 있어서 이(理)의 의미
• 4문단: 이(理)를 체득하기 위한 '격물궁리'와 '거경함양'
• 5문단: 주자학적 마음이 지닌 지적 능력의 특성
• 6문단: 합리성의 주자학적 의미

정답과 해설

1 세부 정보, 핵심 정보 파악

3문단에서 알 수 있듯이 주자학에 있어서 이(理)는 크게 두 가지 의미를 내포하고 있는데, 그중 하나는 현상 세계의 궁극 원리 혹은 존재 법칙으로서의 이이다. 즉 주자학은 자연에 보편적 질서나 이치가 담겨 있다고 여긴다. 반면 2문단에서 알 수 있듯이, 계몽주의 철학에 와서는 인간은 더 이상 자연을 이치의 담지자로 간주하지 않고 다만 정복 또는 지배의 대상으로 여기게 되었다.

오답 피하기 | ① 6문단에 따르면 주자에 있어서 바람직한 인생이란 이치에 맞게 사는 일이며, 바람직한 행위의 기준은 이치에 따르는 일이라고 할 수 있다.

② 2문단에 따르면 서양에서 '합리적'이라는 단어는 '이성에 근거를 둔'이라는 말로 설명된다. 즉 합리성의 원천을 인간이 지닌 지적 능력인 이성에 두고 있는 것이다.

③ 2문단에 따르면 계몽주의 철학은 인간이 지닌 지적 능력, 즉 이성에 대한 확신을 가지고 자연을 정복 또는 지배의 대상으로 여긴다.

④ 5문단에서 주자에 따르면 이(理)를 체득할 수 있는 지적 능력이 인간에게 구비되어 있다고 하였다. 한편 2문단에서, 계몽주의 철학은 인간에게 추론·분석·계량 등을 가능케 하는 이성이 있다고 하였다.

2 세부 내용 추론

'격물궁리'란 자연 세계의 이치와 행위 세계의 이치를 철두철미하게 탐구하는 것을 의미한다. 이때 '행위 세계의 이치'의 구체적인 내용을 〈보기〉를 통해 확인할 수 있는데, 주자가 말하는 행위 세계의 이치는 곧 임금과 신하, 아버지와 아들 등 사회적·인간적 관계 속에서 인간이 마땅히 따르고 지켜야 할 도리를 의미한다고 할 수 있다.

오답 피하기 | ① 〈보기〉는 인간과 자연과의 관계가 아니라, 인간과 인간과의 관계에서 필요한 도리에 대해 언급하고 있다. 또한 5문단에서 알 수 있듯이, 인간과 자연과의 합일을 가능하게 해 주는 수단(도구)은 주자학적 마음이 지닌 지적 능력이다.

② 마지막 문단에서 알 수 있듯이 주자의 입장에서 본다면, 인간이 성취해야 할 최고의 목표가 있다면 이것은 바로 인간 자신의 본성을 최고도로 실현하는 일이요, 자신의 본성을 실현한다 함은 곧 인간에게 품수되어 있는 이치를 체현하는 일과

같다. 그러므로 인간의 본성이 악을 따라간다고 하는 것은 적절하지 않다.

③ 3문단에 따르면, 인간을 포함한 모든 존재물들이 마땅히 따라야 하는 당위 원칙은 이(理)의 두 가지 의미 중 하나이다. 하지만 〈보기〉를 참고할 때 '행위 세계의 이치'는 '인간'에게 적용되는 당위 원칙이라고 할 수 있다.

④ 임금과 신하의 도리를 말하고 있다는 점에서, '행위 세계의 이치'는 신분 질서를 성찰하고 개혁하는 것이 아니라, 오히려 당대의 신분 질서를 유지하기 위한 이치라고 할 수 있다.

3 내용의 비판적 이해

4문단에 따르면 주자에게 있어서 측은지심과 같은 감정은 인간 본성의 발로이며 이치의 현상적 표현이다. 하지만 〈보기〉는 어떤 행위가 아무리 옳더라도 그것이 이성에서 나온 것이 아니고 감정에서 나온 것이라면 그 행동은 도덕적 가치가 없다고 말하면서 감정을 부정적으로 여기고 있다. 이에 대해 주자는 도덕 감정이란 인간 본성의 발로이고 이치가 드러나 나타난 것이므로, 동정심과 같은 감정을 부정적인 것으로 치부하면 안 된다고 주장할 것이다.

오답 피하기 | ① 오직 이성에 의한 판단만을 합리적인 것으로 간주할 필요가 있다는 것은 주자가 아니라 〈보기〉의 내용과 관련성이 있다.

③ 주자가 이성과 감정을 상호 보완적이라고 파악했는지는 확인할 수 없는 내용이다. 또한 1문단에서 중국 철학 전통에서는 '합리성' 혹은 '이성'이라는 단어가 부재했다고 언급하고 있다.

④ 주자가 감정을 이성보다 먼저 발현되는 인간의 본성으로 파악했는지는 확인할 수 없는 내용이다. 또한 1문단에서 중국 철학 전통에서는 '합리성' 혹은 '이성'이라는 단어가 부재했다고 언급하고 있다.

⑤ 이성 또는 감정이 그 행위의 도덕적 가치를 결정하는 것은 아니라는 주장은 주자의 견해로 적절하지 않다.

「민담과 민담 해석」

해제 | 이 글은 민담의 정의와 다양한 해석 방법을 소개하고 있다. 민담은 민간에 전해 내려오는 이야기임과 동시에 본래 성인들을 위한 이야기로, 사회적으로 부당하게 불이익을 받은 사람들이 자유롭고 행복한 삶을 꿈꾸는 관점들이 반영되어 있다. 이를 해석하는 방법에는 구조주의적 방법, 역사 유물론적 방법, 심층 심리학적 방법이 있다. 프로프는 구조주의적 방법을 통해 모든 민담은 일정한 부분들로 이루어져 있고, 그것이 연관되어 전체를 이루기 때문에 모든 민담이 구조상 똑같은 유형에 속한다고 보았다. 뤼티 역시 민담은 외적 구조에 따라 부분들로 엮이며, 이 부분들이 서로 관계를 맺으며 전체를 구성한다고 보는 구조주의적 방법을 따르고 있다. 헤트만은 민담이 특정한 사회적 상황 속에서 탄생되었고, 보다 나은 미래에 대한 인식을 지향하기 위한 소망상으로 작용한다는 역사 유물론적 해석 방법을 주장했다. 프로이트는 심층 심리학적 방법을 통해 민담을 인간의 꿈과 동일시하고, 현실적 소망이나 욕망의 보완이나 충족으로 보면서 현실과 밀접한 관련이 있다고 생각하였다.

주제 | 민담 해석에 대한 세 가지 방법론

구성 |
- 1문단: 민담의 정의와 다양한 해석 방법 소개
- 2문단: 민담 해석의 방법론 ① – 프로프의 구조주의적 방법
- 3문단: 민담 해석의 방법론 ② – 뤼티의 구조주의적 방법
- 4문단: 민담 해석의 방법론 ③ – 헤트만의 역사 유물론적 방법
- 5문단: 민담 해석의 방법론 ④ – 프로이트의 심층 심리학적 방법

4 내용 전개 방식 파악

민담을 해석할 수 있는 방법론을 구조주의적 방법, 역사 유물론적 방법, 심층 심리학적 방법으로 나누어 설명하면서, 각 방법론의 대표적인 연구가들(프로프, 뤼티, 헤트만, 프로이트 등)의 의견을 제시하고 있다.

오답 피하기 | ① 민담의 개념에 대한 정의는 나타나 있지만, 민담 해석의 개념을 정의한 부분은 드러나지 않는다.

② 민담 해석 방법의 다양한 양상은 볼 수 있지만, 이를 시간적 순서에 따라 설명하고 있지는 않다.

③ 민담 해석에 대한 다양한 방법들이 소개되고는 있지만, 그것들이 상반되어 있다고 볼 수 없고 각 의견들의 절충안을 모색하는 부분도 드러나지 않는다.

⑤ 민담 해석에 대한 역사적 기원은 확인할 수 없으며, 다양한 가설들이 존재하지도 않는다.

5 세부 정보, 핵심 정보 파악

2문단에 따르면 프로프는 민담이 부분으로 이루어져 있고, 이 부분들이 서로 연관되어 전체를 이룬다고 보았다. 하지만 모든 민담은 구조가 동일하다고 보았다. 따라서, 민담이 부분들의 조합에 따라 다양한 유형의 구조가 생성될 수 있다는 것은 프로프의 의견과는 일치하지 않는 설명이다.

오답 피하기 | ① 3문단에 따르면 뤼티는 민담에 등장하는 인물들이 개별인이 아니라 일반적인 인간을 대변한다고 말한다. 이로 인해 등장인물들의 이름, 행위, 전형적 특징 등은 달라지지만, 그 중심 기능은 동일하다고 설명하고 있다.

② 4문단에 따르면 역사 유물론적 해석 방법을 주장했던 헤트만은 민담 속에 나타나는 동경, 공포, 소망, 욕구는 보다 행복한 삶의 세계를 재구성하기 위한 것이라고 설명하고 있다.

③ 1문단에 따르면 민담 속에는 사회적으로 가난하거나 부당하게 불이익을 당하는 등장인물들이 성공과 부를 추구하면서 보다 자유롭고 행복한 삶을 꿈꾸는 관점들이 반영된다고 설명하고 있다.

⑤ 4문단에 따르면 헤트만은 현실 세계에서 일어나는 어려움, 허기, 억압 등이 이와 정반대적 현상인 민담 속 마법적인 도우미들의 사건 개입을 통해 전망 없는 주인공의 상황이 행복한 결말로 도출된다고 설명하고 있다.

6 구체적 상황에 적용하기

프로이트는 민담을 인간의 꿈과 동일하게 보고 있으며, 이런 꿈이란 현실적 소망이나 욕망의 보완 및 충족, 망각의 의미를 띤다고 말한다. 이런 의미에서 볼 때 민담은 단순한 이야기가 아니라 현실과 밀접한 관련이 있으며, 민담을 해석하는 주체의 심리 상태와도 관련이 있다고 한다. 〈보기〉에서 현실 속 고통이 민담 속에서 동물 공포증으로 나타난다고 한 것으로 보아, 민담 속의 동물 공포증은 민담을 해석하는 환자의 고통과 무관하지 않다고 할 수 있다.

오답 피하기 | ① 2문단에 따르면 민담 속 텍스트와 그 영향의 기능적 연관성을 연구하는 것에 의미를 두고 있는 이론은 프로프의 이론이며, 구조주의적 방법으로 볼 수 있다.

② 〈보기〉에 따르면 프로이트는 민담에 대한 회상을 다루어 나가면서 민담이 주요 회상을 억제하는 부차적 회상의 기능을 한다고 설명하고 있다. 따라서 주요 회상의 억제에 도움이 되지 않는다는 말은 적절하지 않다.

③ 2문단에 따르면 민담의 구조가 결여적 요소에서 출발해서 갈등 해소적 기능으로 끝나는 구조를 띤다는 이론은 프로프의 이론이며, 구조주의적 방법으로 볼 수 있다.

④ 3문단에 따르면 민담이 외적 구조에 따라 부분들로 엮어지고, 이 부분들이 서로 관계를 맺으면서 전체를 향한다고 말한 이론은 뤼티의 이론이며, 구조주의적 방법으로 볼 수 있다.

[7~10]

「아날학파와 망탈리테」

해제 | 이 글은 신문화사를 대표하는 역사학파인 아날학파에 대한 내용을 담고 있다. 근대 역사학은 랑케의 실증주의 사관에 의해 확립되었다. 그러나 랑케의 사학은 지배층 중심으로 해석되는 경향이 짙었기에 이에 대한 대안으로 '사회사'가 등장하게 되었다. 마르크시즘과 아날학파를 양대 버팀목으로 삼았던 사회사는 '밑으로부터의 역사'를 실천에 옮기면서 종래의 역사학보다 훨씬 더 많은 사람들을 서술의 대상으로 편입시키는데, 이 글은 '아날학파'의 역사관에 대해 보다 자세히 설명하고 있다. 아날학파의 특징과 대표 학자, 문제점을 지적하면서 그 대안책으로 '망탈리테'라는 개념을 제시하였다.

주제 | 아날학파의 특징과 의의 및 망탈리테의 개념

구성 |
• 1문단: 랑케 사학의 의의와 문제점
• 2문단: 아날학파의 등장과 개념
• 3문단: 아날학파의 핵심 이론
• 4문단: 아날학파의 연구 영역
• 5문단: 초기 아날학파의 문제점
• 6문단: 망탈리테의 개념과 특징
• 7문단: 후기 아날학파의 의의

7 세부 정보 파악

아날학파는 초기의 문제점을 극복하기 위해 '망탈리테'라는 개념을 도입했지만, 이는 아날학파 자체 내에서 생성된 개념이다.

오답 피하기 | ① 엄격한 사료 비판과 사실의 검증을 통해 랑케는 역사를 하나의 학문으로 격상시키는 데 공헌하였다.

② 초기의 아날학파는 계량적이고 통계적인 방법으로 역사를 연구하였다.

③ 20세기에 아날학파가 등장하기 전까지 정치사 위주의 역사 서술은 지배층의 역사를 중심 대상으로 하였다.

④ 이 글의 마지막 문장을 보면 망탈리테로 인해 아날학파의 역사 연구가 고대사와 중세사에 집중되어 있던 경향으로부터 탈피하였다는 점을 알 수 있다.

8 세부 내용 추론

아날학파의 이론에 따르면, 대중들의 생활상은 변하지 않는 구조, 즉 장기 지속적 역사에 해당한다.

오답 피하기 | ① 대중들의 생활상을 연구하는 아날학파의 역사를 '아래로부터의 역사'라 칭했으므로 이와 반대선상에 있는 정치사는 위로부터의 역사에 해당한다고 볼 수 있다.

② 변하지 않는 구조는 장기 지속으로서의 역사이므로 장기간에 걸쳐 남아 있는 자료 연구를 통해 파악될 수 있을 것이다.

③ 지리나 풍토, 기후 등은 변하지 않는 구조이다.

⑤ 역사적 소외 계층은 아날학파가 중점을 두고 연구한 대상이다.

9 구체적 상황에 적용하기

정치적인 신념에 따라 움직이는 것은 이데올로기이며, 지역적인 정서에 따라 움직이는 것은 오랜 기간에 걸쳐 형성된 집단적인 사고방식에 해당하므로 망탈리테이다. 이데올로기는 의식적으로 이루어지는 것인 반면, 망탈리테는 의식적이라고 말할 수 없는 태도, 규범 등에 따른다. 이 글에 따르면 태도나 규범, 특정 사회 집단의 가치관은 망탈리테에 해당하는데, 이것은 지리나 기후와 같은 장기 지속적인 조건에 의하여 오랜 기간에 걸쳐 형성된 집단적인 사고방식, 생활 습관 같은 것이므로 유권자들이 자신의 정치적인 신념, 즉 이데올로기에 따라 후보자를 선택하는 것을 어렵게 만든다. 따라서 망탈리테는 유권자들의 정책 판단을 흐리게 하고, 지역적인 정서에 따라 투표를 하게 할 가능성이 높다.

오답 피하기 | ① 유권자들이 가지고 있는 정치적인 신념은 망탈리테가 아니라 이데올로기에 해당한다.

③ 지역적인 정서에 따라 표심이 움직이는 것은 망탈리테로 인한 것이며, 사람들이 의식적으로 만든 삶의 목표를 추구하는 것은 이데올로기에 대한 설명이다.

④ 후보자들이 공약, 정책보다 지역의 민심을 얻기 위해 노력하는 행위는 망탈리테에 근거한 것이다.

⑤ 후보자가 선거에서 공약과 정책의 완성도에 주의를 기울이는 것은 이데올로기로 인한 것이다.

10 어휘의 문맥적 의미 파악

ⓔ '대비(對比)'는 '두 가지의 차이를 밝히기 위하여 서로 맞대어 비교함. 또는 그런 비교'를 의미하는데 ⑤에서의 '대비(對備)'는 '앞으로 일어날지도 모르는 어떠한 일에 대응하기 위하여 미리 준비함.'이라는 의미를 띠고 있다.

오답 피하기 | ① 전파(傳播): 전하여 널리 퍼뜨림.
② 착안(着眼): 어떤 문제를 해결하기 위한 실마리를 잡음.
③ 촉발(觸發): 어떤 일을 당하여 감정, 충동 따위가 일어남.
④ 경향(傾向): 현상이나 사상, 행동 따위가 어떤 방향으로 기울어짐.

09 실전 문제 2

본문 58~63쪽

1 ④	2 ②	3 ⑤	4 ③
5 ⑤	6 ③	7 ④	8 ⑤
9 ④	10 ⑤		

[1~3]

「언론과 공인」

해제 | 이 글은 언론의 의미를 역사적으로 살펴보고, 뉴미디어 시대의 언론의 의미에 대해 고찰하고 있다. 각국의 포털 사업자들은 2012년 '인터넷 뉴스 서비스 사업자의 기사 배열에 관한 자율 규약'을 마련하여 국민의 알 권리를 위해 보도의 자유로운 유통을 보장하고, 언론 보도의 다양성, 공정, 이해 상충 배제, 청소년 보호와 선정성 지양 등을 뉴스 서비스의 기본 원칙으로 하고 있으나 다양한 콘텐츠를 규제할 법규가 없음을 지적하고 있다. 최근에 등장한 로봇 저널리즘의 경우에도 법적 책임을 물을 곳이 애매하다는 점을 밝히며 서둘러 법적 책임 범위가 확립되어야 함을 말하고 있다.

주제 | 뉴미디어 시대의 언론의 책임과 법률 제정의 필요성

구성 |

• 1문단: 시대별 언론의 용어 변천
• 2문단: 뉴미디어 시대의 언론 개념의 모호성
• 3문단: 로봇 저널리즘의 기사에 대한 법적 책임
• 4문단: 미디어와 관련된 법률 제정의 필요성

1 세부 정보 파악

미디어 콘텐츠의 규제 법규 내용은 이 글에서 언급한 내용이 아니다. 포털 사업자들이 끊임없이 새로운 형태의 미디어 콘텐츠를 제공하고 있으나, 그러한 콘텐츠를 규제할 법규는 무엇인지 여전히 명확하지 않음을 지적하고 있을 뿐이다.

오답 피하기 | ① 현재 미국에서는 기자의 취재원 보호권을 인정하는 '방패법'이 제정되어 40여 개 주에서 시행 중이라고 하였다.
② 최근 젊은 연령층을 상대로 하는 인기 있는 1인 미디어의 경우 뉴스를 전달하는 기자보다는 다양한 오락적인 정보를 제공하는 엔터테이너에 가까운 성격을 띠고 있다고 하였다.
③ 로봇 저널리즘으로 작성된 기사의 수는 장차 크게 증가할 것으로 예측되고 있으며 이에 따른 다양한 문제점들도 나올 것으로 보고 있다.
⑤ 포털 사업자들은 자율 규제를 통해 뉴스 서비스와 관련된 책임을 부담하기 위해 2012년 '인터넷 뉴스 서비스 사업자의 기사 배열에 관한 자율 규약'을 마련하여 국민의 알 권리를 위해 보도의 자유로운 유통을 보장하고, 언론 보도의 다양성, 공정, 이해 상충 배제, 청소년 보호와 선정성 지양 등을 뉴스 서비스의 기본 원칙으로 정하였다고 하였다.

2 내용 전개 방식 파악

[A]에서는 언론의 의미가 시대에 따라 변천되어 왔음을 밝히고, 〈독립신문〉, 대한민국 법령 등의 구체적인 사례를 제시하고 있다.

오답 피하기 | ① 언론의 폐해를 언급하고 있는 부분은 찾을 수 없다.
③ 언론의 가치를 설명하고 있는 부분은 찾을 수 없다.
④ 언론의 의미 변화 과정을 제시하고 있을 뿐, 언론의 의미에 담긴 문제점을 지적하고 있지는 않다.
⑤ 언론의 의미 변화 과정을 보여 주고 있을 뿐, 이를 통해 언론에 대한 인식의 변화가 필요함을 말하고 있지는 않다.

3 구체적 상황에 적용하기

〈보기〉에서 실시간 중계 영상을 3분 정도만을 보여 주고 중계가 끝난 뒤에는 영상을 삭제하는 것이 모바일 사용자의 특성과 저작권 문제를 고려한 것임을 말하고 있다. 즉 모바일 사용자들은 실시간 중계에 큰 관심을 가지고 있다는 것을 알 수 있다. 저작권과 관련한 문제는 영상을 제공하는 포털 사이트와 관련된 것이지, 모바일 사용자의 특성과 연결 지을 수 없다.

오답 피하기 | ① 지난 동계 올림픽과 비교했을 때, 새로운 장비들이 등장하고 있는 것을 통해 미디어 환경이 빠르게 변화하고 있음을 알 수 있다.

② 로봇 저널리즘으로 작성된 기사가 오보일 경우에 법적인 책임을 어디에 물어야 할지는 모호하다는 것을 이 글에서 밝히고 있다.

③ 증강 현실을 활용하는 모습을 통해 새로운 형태의 미디어 콘텐츠를 개발하였음을 알 수 있다.

④ 관중의 의사를 묻지 않고 사진을 찍었다면 사생활 침해 문제를 걸고 넘어갈 수 있는 사안으로 볼 수 있다.

[4~6]

「선거 운동의 자유와 공정성」

해제 | 이 글은 선거 운동의 정의와 특성을 바탕으로 유권자인 국민들이 합리적 선택을 하기 위해 요구되는 자유로운 선거 운동과 평등 선거의 실현에 대해 다루고 있다. 일반적으로 정당의 정책이나 후보자의 정견 등을 외부에 표현할 수 있는 '선거 운동의 자유'는 개인적 자유권으로서도 중요하지만, 민주 정치를 가능하게 하는 제도 보장적 성격을 지니고 있다. 따라서 후보자나 그 지지자 등은 국민을 대상으로 한 선거 운동에서 최대한의 자유를 보장받는 것이 중요하다. 하지만, 선거 운동에서 그에 못지않게 중요한 것이 '평등 선거'이다. 평등 선거의 공정성을 위해서는 선거의 수단 및 방법에 대한 규제보다는 비용 측면에서의 규제가 더 효과적이며, 이 방법은 창의적인 선거 운동을 할 수 있게 한다는 장점도 있다. 이러한 자유와 공정성은 역의 관계에 있으며, 이 관계를 잘 풀어 나가는 것이 선거 운동에서의 과제이다.

주제 | 선거 운동 영역에서의 자유선거와 평등 선거

구성 |
• (가): 선거 운동의 정의와 특성
• (나): 선거 운동의 자유가 지니는 의미
• (다): 선거 운동의 자유의 성격과 특징
• (라): 선거 운동에서 평등 선거를 위한 규제 방법
• (마): 선거 운동 과정에서 자유와 공정성의 관계

---

4 세부 정보, 핵심 정보 파악

(다)는 선거 운동의 자유가 보장되어야 하는 이유와 그 의의를 설명하는 내용이다. 선거 운동의 자유는 개인적 자유권으로서도 중요하지만, 민주 정치를 가능하게 하는 제도 보장의 성격을 가지고 있다. 더불어 정치적 영역에서의 표현의 자유이면서 동시에 다른 영역에서의 자유를 보장하기 위한 전제가 되는 자유라는 의의도 지니고 있다. (다)에 선거 운동의 자유가 보장됨으로 인해 발생하는 문제점에 대해서는 제시되지 않았다.

오답 피하기 | ① (가)는 선거 운동이 선거권자가 후보자에 대한 정보를 획득하는 과정이라 밝히고 있고, 선거 운동의 성패에 따라 후보자 또는 정당이 정권의 획득이나 실패라는 결과를 가져가게 된다고 밝히고 있다.

② (나)는 선거 운동의 자유를 좁게 보면 정당의 정책, 후보자의 정견 등을 외부에 표현할 수 있는 자유를 의미하고, 넓게 보면 정치적 의견과 정치 사상을 외부에 표현할 수 있는 자유라고 밝히고 있다.

④ (라)는 공정한 선거를 위해 선거 운동의 비용 측면에서 규제하는 방법을 소개하고, 이것이 창의적인 선거 운동으로 이어질 수 있다고 밝히고 있다.

⑤ (마)는 선거 운동의 공정함을 위해 자유를 규제할 수 있는 상황을 제시하면서, 이러한 규제에 의해 자유가 제한받게 되는 상황에 대해 밝히고 있다.

---

5 세부 정보, 핵심 정보 파악

(라)에서 평등 선거의 실현을 위해서는 공정한 선거 운동이 필요하며 개개의 선거 운동 행위 및 수단·방법에 대한 규제보다는 비용 측면에서 규제하는 것이 규제의 실효성이 크다고 언급하고 있다. 따라서 실효성을 높이기 위해서는 선거 방법보다는 선거 비용에 대한 규제가 더 바람직하다고 할 수 있다.

오답 피하기 | ① (나)에 따르면 선거 운동의 자유는 표현의 자유로서 국민 주권주의, 자유선거 원칙, 참정권과 깊이 관련된다.

② (다)에 따르면 선거 운동의 자유는 사회·경제·문화 등 다른 영역에서의 자유를 보장하기 위한 전제가 되는 자유이다.

③ (가)에 따르면 유권자인 국민들도 정치적 의사의 발현과 정보의 교환이 안 되는 경우에는 합리적 선택이 불가능하다.

④ (다)에 따르면 선거 운동의 자유를 의미하는 정치적 언론·출판·집회·결사의 자유는 개인적 자유권의 측면뿐만 아니라

민주 정치를 가능하게 하는 제도 보장적 성격을 지닌다.

6 반응의 적절성 평가

(B)에서 ⓑ는 세로축과 관련된 선거 운동의 자유가 아니라 가로축과 관련된 선거 비용의 양을 의미한다. 따라서 선거 비용이 E만큼 보장된다면, 선거 운동의 자유는 ⓑ가 아니라 'A-G'만큼 보장이 된다고 볼 수 있다.

오답 피하기 | ① (A)에서 선거 운동의 규제가 B에서 이루어진다면, 그래프에서 C의 좌표에 속해 있는 D에 해당되는 ⓐ만큼의 선거 운동의 자유가 보장된다.
② (A)의 그래프는 반비례를 나타내고 있으므로, 가로축인 선거 운동의 규제가 A에 가까워질수록 세로축인 선거 운동의 자유는 최대한 보장될 수 있다.
④ (B)의 그래프는 가로축의 선거 운동의 비용이 보장될수록 세로축의 자유가 커지고 있는 모습을 나타내고 있으므로 정비례 관계를 나타낸다.
⑤ (A)는 선거 운동에서 자유를 규제했을 때 나타나는 현상을 보여 주는 그래프이고, (B)는 선거 운동의 비용이 보장되었을 때 선거 운동의 자유가 무한대로 늘어나는 모습을 보여 주는 그래프이다.

[7~10]

「환율 결정 이론」

해제 | 이 글은 환율 결정 이론 가운데 가장 기본적이라 할 수 있는 '구매력 평가설'에 대해 다루고 있다. 국가 간의 통화의 교환 비율은 장기적으로는 각국 통화의 상대적 구매력을 반영한 수준으로 결정된다는 이론으로, 일물일가 법칙을 근거로 한다. 구매력 평가설은 인플레이션이 환율에 어떤 영향을 미치는지를 평가하는데, 물가 상승은 원화 구매력 하락을 가져오고, 추후 환율의 인상으로 이어질 수 있음을 설명한다. 그 외에 환율 결정에 영향을 주는 요소로 생산성을 꼽고 그 사례를 설명하고 있다.
주제 | 환율 결정 이론으로서 구매력 평가설과 생산성
구성 |
• 1문단: 환율과 원화 가치의 관계 및 환율 결정 이론의 개념
• 2문단: 구매력 평가설의 개념과 일물일가 법칙

• 3문단: 일물일가 법칙의 적용 예외 사례
• 4문단: 물가가 환율에 미치는 영향
• 5문단: 생산성이 환율에 미치는 영향
• 6문단: 환율 결정 이론의 의의

7 글의 전개 방식 파악

글의 앞부분에서 환율과 원화 가치의 관계(현상)를 설명하면서 환율 결정 이론(개념)을 제시하고, 그중 구매력 평가설을 설명하기 위해 빅맥 지수를 사례로 들어 내용을 전개하고 있다. 또한 환율 결정 이론으로서의 생산성을 설명하기 위해 스마트폰 생산을 사례로 들어 내용을 전개하고 있다.

오답 피하기 | ① 환율 결정 이론이 변화하게 된 과정을 제시하고 있지는 않다.
② 이론에 대한 전문가의 견해를 인용하고 있지는 않다.
③ 개념을 설명하기 위해 예를 들고 있지만 예외적인 현상이라기보다 일반적인 경제 현상에 해당한다.
⑤ 다양한 사례를 제시하고 있는 것은 맞지만 그것을 토대로 새로운 이론을 도출하는 것이 아니라 기존 이론을 소개하면서 이해를 돕기 위해 사례를 추가하는 형태로 내용을 전개하였다.

8 세부 정보 파악

5문단에서 임금이 10% 상승하더라도 근로자 1인당 생산성이 20% 올랐다면 상품 한 단위를 생산하는 데 드는 생산 원가가 오히려 줄어들게 된다고 설명하고 있다. 이에 따라 근로자의 생산성이 임금에 비해 증가폭이 크다면 생산 원가는 줄어들 것이다.

오답 피하기 | ① 4문단에서 구매력 평가설은 특정 시점의 환율을 예측하는 것이 아닌, 장기적으로 인플레이션이 환율에 어떤 영향을 미치는지 평가하는 이론이라고 소개하고 있다.
② 1문단에서 원화 가치가 내리면 환율은 오른다고 설명하고 있다.
③ 4문단의 뒷부분에서 전반적인 물가 수준이 높아질수록 원화의 구매력은 떨어진다고 설명하고 있다. 즉 물가 수준이 낮아지면 원화의 구매력은 올라갈 것임을 추론할 수 있다.
④ 4문단을 참고하면 물가가 오를 때 화폐의 구매력은 감소하여 화폐의 가치 하락으로 이어진다. 따라서 화폐를 보유하거나 은행에 예치하는 것보다 금융 자산으로 활용하려는 사람이 늘어나게 된다.

9 생략된 정보 추론

일물일가 법칙은 자유로운 교역이 이루어진다면 동일한 재화의 시장 가격은 나라에 상관없이 똑같다는 이론으로, 만약 두 나라에서 재화 가격이 다르다면 차익 거래를 통해 수익을 창출할 수 있고 결국 환율은 조정된다고 서술하고 있다. 즉 차익 거래는 일물일가 법칙에 의해 결국 환율을 같아지게 만들 것이다.

오답 피하기 | ① 3문단의 끝에서 목욕탕, 미용실 등 서비스업으로 대표되는 비교역재는 국제 무역의 대상이 될 수 없어 일물일가 법칙이 적용되지 않는다고 서술하고 있다.
② 3문단에서 현실적으로 세금(국가 간 무역에서 발생하는 관세)이나 거래 비용 등이 있어 일물일가 법칙이 항상 성립하지는 않는다고 서술하고 있다.
③ 일물일가 법칙에 의하면 이 경우 서울에서 운동화가 24,000원에 팔려야 하는데 30,000원이라면 일물일가 법칙에 어긋난 상황이고 이로 인해 차익 거래가 나타나게 될 것이다.
⑤ 2문단에서 자유로운 교역이 이루어진다면 동일한 재화의 시장 가격은 나라에 상관없이 똑같다는 것을 전제로 하고 있다.

10 다른 상황에 적용하기

차익 거래는 일물일가 법칙을 근거로 하며 두 나라에서 재화 가격이 다른 경우에 나타난다. 현재 물가 상승으로 인해 우리나라의 커피 가격이 미국보다 높아져 있다. 그러나 화폐 간 교환 비율인 명목 환율은 1000원/달러이므로 이와 같은 가격 비율이 다른 재화에 적용된다면 미국에서 상품을 구입하여 한국에 되파는 차익 거래를 통해 이익을 볼 수 있을 것이다.

오답 피하기 | ① 2문단에서 구매력 평가설을 파악하기 위해 제시한 계산 공식을 적용해 보면, $[1-1/(1000/1200)]=-0.2$이므로 원화는 약 20% 높게 평가되고 있다고 볼 수 있다.
② 〈보기〉에서 커피 가격을 고려하면 명목 환율보다 실질 환율이 높은 상태이므로 우리나라 물가가 높아져 있음을 알 수 있다. 4문단에서 물가 수준이 높아질수록 원화의 구매력이 떨어진다고 서술되어 있으므로 현재 원화의 구매력은 상대적으로 낮아진 상태일 것이다.
③ 명목 환율은 통화 간 교환 비율이므로 미국의 5달러는 원화로 5,000원이다. 따라서 이를 적용하면 미국 매장 가격인 5달러로 한국 매장에서 6,000원인 커피를 구입할 수 없다.
④ 인건비 대비 생산성이 높아진다는 말은 물가를 끌어내리는

요인이 되므로 결국 실질 환율도 떨어질 것이고, 그렇게 되면 명목 환율과 실질 환율의 차이가 줄어들 것이다.

10 실전 문제 3

본문 64~69쪽

1 ③	2 ③	3 ④	4 ④
5 ⑤	6 ①	7 ③	8 ⑤
9 ⑤			

[1~3]

「조류의 호흡계」

해제 | 이 글은 조류가 지닌 호흡계의 특징과 장점을 설명하고 있다. 사람은 호흡할 때에 산소가 들어오는 길과 이산화 탄소가 나가는 길을 같은 통로로 사용하기 때문에 허파에서 산소와 이산화 탄소의 교환 시 효율성을 떨어뜨리고 있다. 이와 달리 조류는 허파에서 공기의 흐름을 한 방향으로 흐르게 하는데, 이에 따라 허파에 늘 이산화 탄소가 섞이지 않은 새로운 공기를 제공한다. 또한 공기와 피가 반대 방향으로 흐르기 때문에 기관과 핏줄이 만나는 모든 부위에서 산소의 확산이 이루어지게 되고 공기 중 대부분의 산소가 지속으로 확산되게 된다. 이러한 호흡 구조 때문에 조류는 높은 상공에서도 호흡에 지장이 없이 날 수 있고, 날 때 필요한 많은 양의 에너지를 만들기 위한 산소를 충분히 공급해 줄 수 있다.

주제 | 조류가 지닌 호흡계의 특징과 장점

구성 |
• 1문단: 사람의 호흡계의 비효율성
• 2문단: 공기의 흐름이 한 방향인 조류의 호흡계
• 3문단: 공기와 피가 반대 방향으로 흐르는 조류의 호흡계
• 4문단: 완전한 호흡계를 가진 조류

1 내용 전개 방식 파악

조류는 사람과는 달리 허파에서 공기가 한 방향으로 흘러 허파에 늘 새로운 공기를 제공하고(2문단), 허파가 사람과는 판이한 구조로 되어 있어 공기와 피가 반대 방향으로 흐르기 때문에 산소의 확산이 충분히 이루어진다(3문단). 이를 통해 알 수 있듯이, 이 글은 사람의 호흡계와의 비교를 통해 조류가 지닌 호흡계의 특징과 장점을 소개하고 있다.

오답 피하기 | ① 조류의 변화 과정을 살펴보고 있다는 것은 이 글에 대한 설명으로 적절하지 않다.

② 조류에 대한 다양한 견해가 제시되어 있지 않다. 이 글은 조류의 호흡계에 대해 설명하고 있는 글이다.

④ 전문가의 견해가 인용된 부분은 찾아볼 수 없다.

⑤ 1문단에 사람의 호흡계가 지닌 단점이 언급되어 있으나, 이를 보완하기 위한 방안을 모색하고 있는 것은 아니다.

2 글쓴이의 의도, 관점 평가

2문단과 3문단에 걸쳐 조류가 지닌 호흡계의 특징과 장점을 언급하고 있다. 조류는 허파에서 공기가 한 방향으로 흘러 허파에 늘 새로운 공기를 제공하고(2문단), 공기와 피가 반대 방향으로 흐르기 때문에 산소의 확산이 충분히 이루어진다(3문단). 이로 볼 때, 글쓴이가 조류의 호흡계에 대해 완전하다고 한 이유는, 공기가 일방향으로 흐르고 이 방향과 역방향으로 피가 흐르기 때문이다.

오답 피하기 | ① 2문단에 따르면 조류는 사람과는 달리 허파에 늘 이산화 탄소가 섞이지 않은 새로운 공기를 제공한다. 그러므로 산소와 이산화 탄소의 비율을 적절하게 조절한다는 것은 적절하지 않은 진술이다.

② 2문단에서 조류는 허파에 늘 새로운 공기를 공급한다고 말하고 있다. 그러므로 새로 들어오는 공기와 잔존해 있는 공기가 균형을 이루고 있다는 것은 적절하지 않은 진술이다.

④ 마지막 문단에 따르면 새의 호흡 구조는 날 때 필요한 많은 양의 에너지를 만들기 위한 산소를 충분히 공급해 줄 수 있다. 그러므로 날 때 필요한 에너지를 효율적으로 비축할 수 있는 구조로 되어 있다는 것은 적절하지 않은 진술이다.

⑤ 3문단에서 알 수 있듯이 공기 중의 산소와 핏속의 이산화 탄소의 교환은 각각의 압력 차에 의한 확산에 의해 이루어진다. 이는 일반적인 과학적 원리에 해당하는 진술일 뿐, 조류의 호흡계에만 해당하는 특징은 아니다.

3 구체적 상황에 적용하기

전기낭(ⓔ)과 후기낭(ⓜ)의 압력 차로 인해 허파(ⓒ)에서의 공기의 흐름이 일정한 방향을 유지할 수 있다는 것은 이 글에서 확인할 수 없는 내용이다.

오답 피하기 | ① ㉠은 기관에 해당한다. 3문단에 따르면 공기와 피가 반대 방향으로 흐르게 되면 항상 기관 내의 산소 압력이 핏속의 산소 압력보다 높다.

② ㉡은 허파에 해당한다. 2문단에서 알 수 있듯이, 허파에 새로운 공기가 공급되면 호흡률을 높임으로써 몸에 더욱 더 많은 산소를 공급할 수 있고 이에 따라 더욱 더 활발한 대사 활동을 할 수 있게 된다.

③ 3문단에서 전기낭과 후기낭 사이에 허파가 놓여 있다고 하였으므로 ㉢은 허파에 해당한다. 2문단에 따르면, 조류는 사람과는 달리 허파에 늘 이산화 탄소가 섞이지 않은 새로운 공기를 제공한다.

⑤ 2문단에서 알 수 있듯이 새가 숨을 들이쉴 때에 공기는 먼저 후기낭(ⓜ)으로 들어간 후 내쉴 때 전기낭(ⓔ)으로 왔다가 다음에 기관(㉠)을 통해 빠져나간다.

[4~6]
「적정 약물 요법의 이해」

해제 | 이 글은 위약의 개념을 밝히고, 위약 반응이 일어나는 이유에 대해 신경 생물학적인 차원, 진화적 차원, 심리 사회적이고 문화적인 측면에서 검토하고 있다. 신경 생물학적 차원에서 접근하여 고전적 조건 반사 이론을 집중적으로 살펴보고, 조건 반사의 형성만을 전적으로 담당하는 대뇌 피질 부위는 따로 존재하지 않지만, 감각을 맡고 있는 대뇌 피질이 조건 반사의 형성에 반드시 필요하다고 결론을 내린 파블로프의 이론을 소개하고 있다. 또한 인지적 손상으로 인해 전전두 피질의 조절이 이루어지지 않는다면 위약 반응 또한 소실된다는 사실도 소개하고, 우리 주변의 삶이 모두 위약 반응에 영향을 주고 있음을 밝히고 있다.

주제 | 위약의 정의와 위약 반응의 원인

구성 |
• 1문단: 위약의 정의와 위약 반응의 뜻
• 2문단: 위약 반응을 설명하는 이론들
• 3문단: 신경 생물학적 차원에서의 위약 반응 분석
• 4문단: 조건 반사의 형성에 영향을 주는 대뇌 피질
• 5문단: 진화론적 관점에서의 위약 반응 분석
• 6문단: 심리 및 문화적인 차원에서의 위약 반응

4 세부 정보 파악

진화론적 관점은 위약 반응을 한 개체에 국한하지 않고 거

시적 관점에서 인류의 생존과 번식에 유리한 형질을 축적해 온 기나긴 과정의 산물로 보려는 관점이다.

오답 피하기 | ① 위약은 효과가 없는 거짓 약으로 약리학적 활성이 없는 가짜 약물이거나 그 자체로는 효과가 없는 어떠한 의료적인 시술을 모두 지칭한다.

② 위약은 활성이 없음에도 이것을 투여하거나 시술을 하게 되면 환자에게 이롭거나 긍정적인 효과가 실제로 나타나는 경우가 있는데, 이러한 효과를 '위약 반응'이라고 한다.

③ 의료진들의 태도와 말, 환자의 성격, 환자 개인의 믿음과 기대, 과거의 치료에 대한 기억, 의사-환자 상호 관계의 작용, 방송이나 신문 등의 매스컴, 인터넷 정보 등과 같은 다양한 비특이적인 요소들이 중요하게 작용하므로, 환자의 성격에 따라 위약의 효과는 다르게 나타날 수 있다.

⑤ 면역 반응과 같은 무의식적인 생리적 과정과 관련한 위약 반응은 조건 반사를 통하여 이루어지는 사례로 볼 수 있다.

5 **내용들 간의 의미 관계 파악**

파블로프는 비록 조건 반사의 형성만을 전적으로 담당하는 대뇌 피질 부위는 따로 존재하지 않지만, 감각을 맡고 있는 대뇌 피질이 조건 반사의 형성에 반드시 필요하다고 결론을 내렸다.

오답 피하기 | ① 자극과 중성적 자극은 모두 반응을 유발하는 요인들이다.

② 중성적 자극이 자극과 반복적으로 연합된 경우에는, 중성적 자극만으로도 반응을 일으킬 수 있다. 하지만 중성적 자극과 특정 자극이 연결된 경험이 없다면 반응을 일으킬 수는 없다.

③ 특정 반응을 이끌어 내지 못하는 중성적 자극이 그 특정 반응을 무조건적으로 이끌어 내는 자극과 반복적으로 연합되면 차후에는 중성적 자극만으로도 그 해당 반응을 유발할 수 있다.

④ 조건 반사는 특정 반응을 이끌어 내지 못하는 중성적 자극이 그 특정 반응을 무조건적으로 이끌어 내는 자극과 반복적으로 연합되면서 차후에 중성적 자극만으로도 그 해당 반응을 유발하게 하는 무의식적 현상이다.

6 **구체적 상황에 적용하기**

파블로프는 여러 번의 실험 끝에 특정 조건 반사만을 전담하는 대뇌의 부위가 특별히 따로 존재하는 것은 아니라고 결론을 지었다.

오답 피하기 | ② A 씨의 위약 반응은 평소 믿고 지내 왔던 의사와의 관계, 방송 정보 등 비특이적인 요소들로 인해 일어난 것으로 볼 수 있다.

③ A 씨는 오디차를 끓이는 주전자만 보아도 졸음이 쏟아지는 것 같다고 하였으므로 오디차를 끓이는 주전자는 일종의 중성적 자극의 역할을 하고 있다고 볼 수 있다.

④ A 씨는 숙면에 효과가 없는 차를 마셨음에도 불구하고 숙면의 효과를 보았기 때문에 위약 반응이 일어난 것으로 볼 수 있다.

⑤ 전전두 피질의 조절이 이루어지지 않는다면 위약 반응 또한 소실된다. A 씨의 경우 위약 반응이 잘 일어나고 있으므로 전전두 피질의 조절이 잘 이루어지고 있는 것으로 볼 수 있다.

[7~9]

「산성비」

해제 | pH는 우리 생활에서 많이 사용하는 단위로, 우리 몸의 위산의 pH는 1 정도이며 흡수된 금속들을 이온 상태로 만들 정도이다. 우리 몸에 음식물이 들어오면 위에서 산성으로 변환된 후 십이지장을 거치면서 중화되어 염기성을 지니게 된다. 이러한 pH를 측정하여 pH가 5.6보다 작은 비를 산성비라고 하는데, 이런 산성과 염기성은 H_3O^+의 농도가 어느 정도인지에 따라 구분된다. 산성도가 높아질수록 H_3O^+의 농도 역시 높아지며, 순수한 물 1리터에 H_3O^+의 농도가 10^{-7}몰이 포함되어 있는 경우를 중성이라 하고 산성도가 높아지면 산성, 낮아지면 염기성이라고 한다. 한편, 대기 중에 자연적으로 존재하는 이산화 탄소가 빗물에 녹으면서 탄산이 생성되고, 빗물은 약한 산성을 띠게 되지만 동상이 부식되거나 호수의 물고기가 죽는 폐해가 일어날 정도의 산성도는 아니다. 하지만, 산화물이 빗물에 섞이며 생긴 강한 산성비는 현재 우리나라에도 큰 문제가 되고 있다. 이를 해결하기 위해서는 국내적인 노력도 필요하지만, 국제적인 협력이 필요하며, 이것들이 잘 병행되어야 효과적인 대비책이 될 수 있다.

주제 | 산성비가 강한 산성을 지니게 되는 이유

구성 |

• 1문단: 우리 몸에 존재하는 산성과 염기성
• 2문단: 산성비의 정의 및 산성과 염기성 비교
• 3문단: 산성비가 강한 산성을 띠게 되는 이유
• 4문단: 산성비의 원인과 대비책의 필요성

7 **세부 정보, 핵심 정보 파악**

1문단에서 위에서 산성으로 변환된 음식물들은 십이지장을

거치면서 중화되어 소장으로 내려가고, 소장은 pH가 8 정도가 되어 약간의 염기성을 띤다고 설명하고 있다. 따라서 소장에서 몸에 무리가 되지 않을 정도의 약한 산성을 띤다는 설명은 적절하지 않다.

오답 피하기 | ① 1문단에서 위산의 pH는 1 정도이며, 위에서는 강산의 일종인 염산이 분비되고, 이 정도의 pH는 흡수된 금속들도 이온 상태로 만들어 줄 정도라고 설명하고 있다.

② 2문단에서 염기성 용액은 H_3O^+가 순수한 물보다 적게 포함되어 있다고 설명하고 있다. H_3O^+의 농도가 낮다는 것은 pH가 높아 산성도가 낮다는 설명이므로 적절하다.

④ 4문단에서 중국의 동부 지역에서 경제 활동이 늘어나면서 많은 양의 화석 연료를 사용하게 되고, 그 결과 내뿜은 대기 오염 물질이 바람을 타고 우리나라에 들어와 산성비에 일정 부분 영향을 미쳤다고 설명하고 있다.

⑤ 1문단에서 박테리아와 병원균을 비롯한 많은 균들이 온도와 pH에 민감하기 때문에 산성 조건에서는 살아남기 힘든데, 사람 피부의 pH는 4~6 정도의 약한 산성이라고 설명하고 있다.

8 세부 내용 추론

3문단에서 주로 화석 연료에 포함된 황, 질소 등이 연소 과정에서 기체 상태의 산화물로 공기 중에 배출되게 되면, 강한 산성비의 주요 원인이 된다고 설명하고 있다.

오답 피하기 | ① 3문단에서 산소에 비해 약 30배 정도나 잘 녹는 기체는 이산화 탄소이며, 이것이 녹으면 탄산이 생성되어 약한 산성을 띤 용액을 만들어 낸다고 설명하고 있다. 하지만, 동상이 부식될 정도의 강한 산성이 되는 것은 아니다.

② 3문단에서 공장 지대와 산업화가 된 지역의 대기 중에 존재하는 각종 가스들이 빗물에 녹아서 H_3O^+를 발생시킨다고 하였다. 따라서 H_3O^+의 농도가 낮아진다는 진술은 적절하지 않다.

③ 3문단에서 청정 지역 혹은 농촌 지역보다 공장 지대와 산업화가 된 지역의 대기 중에 녹아 있는 가스가 문제가 되어 H_3O^+의 농도를 높여서 pH가 낮아진다고 설명하고 있다.

④ 3문단에서 물에 이산화 탄소가 녹아서 탄산이 생성되며 용액은 약한 산성을 띤다고 설명하고 있다. 심각한 폐해를 일으키는 산성비는 이런 약한 산성이 아닌 산화물이 포함된 강한 산성을 띠는 비를 말한다.

9 구체적 상황에 적용하기

2문단에 따르면 pH가 4인 산성 용액에 포함된 H_3O^+의 농도는 pH가 7인 물에 포함된 H_3O^+의 농도의 1000배라고 설명하고 있다. 이를 토대로 pH의 숫자가 1만큼 낮아져서 산성화되었을 때 H_3O^+의 농도는 10배만큼 늘어나고, pH의 숫자가 1만큼 높아지면 H_3O^+의 농도가 반대로 1/10만큼 줄어드는 것을 알 수 있다. 따라서 pH가 3인 식초는 pH가 4인 요구르트에 비해 H_3O^+의 농도가 10배만큼 크고, pH가 2인 염산에 비해서는 H_3O^+의 농도가 1/10배만큼 작아짐을 알 수 있다.

오답 피하기 | ① 2문단에 따르면 순수한 물은 1리터에 H_3O^+의 농도가 10^{-7}몰이 포함되어 있으며, 이를 pH 단위로 환산을 하면 7이다. 소금물의 산성도는 순수한 물과 마찬가지로 7이기에 적절한 이해로 볼 수 있다.

② 2문단에서 산성 용액은 푸른색 리트머스 종이를 붉은색으로 바꾼다고 설명하고 있다. 〈보기〉에 따르면 염산은 산성 용액이므로 푸른색 리트머스 종이를 붉은색으로 바꾼다는 진술은 적절하다.

③ 2문단을 통해 H_3O^+의 농도는 산성도의 숫자가 1만큼 커질 때 1/10만큼 줄어듦을 알 수 있다. 따라서 산성도가 7인 소금물의 H_3O^+의 농도는 산성도가 4인 요구르트의 H_3O^+의 농도보다 3만큼 커지므로, 1/1000만큼 줄어든다고 볼 수 있다.

④ 2문단에서 페놀프탈레인 용액은 산성 용액에는 반응하지 않지만 염기성 용액과 만나면 붉은색으로 바뀐다고 설명하고 있다. 따라서 페놀프탈레인 용액이 섞였을 때 산성 용액인 식초는 변화가 없고, 염기성 용액인 비눗물은 붉은색으로 바뀐다는 진술은 적절하다.

11 실전 문제 4

본문 70~76쪽

1 ④	2 ⑤	3 ④	4 ④
5 ①	6 ④	7 ③	8 ③
9 ②	10 ④		

[1~3]

「앙부일구」

해제 | 이 글은 조선 세종대에 처음으로 만들어진 해시계인 앙부일구의 구조와 원리에 대해 설명하고 있다. 오목형 해시계인 앙부일구는 해그림자를 만드는 시침과 해그림자의 움직임을 읽을 수 있도록 시각 눈금을 새긴 시반면으로 구성되어 있다. 시반면에는 절기선과 시각선이 새겨져 있는데, 위도선을 절기선으로 경도선을 시각선으로 삼았다. 앙부일구에 새겨진 시각 눈금은 전통 시법을 따른 것인데, 하루를 12등분한 후 매시는 초와 정 두 부분으로 나눈다. 이와 함께 하루를 100각으로도 나누었고, 이 100각은 24등분되어 매시의 초와 정에서 4와 1/6각씩 각각 균등하게 배분되었다. 이러한 12시 100각법은 이후 12시 96각법으로 바뀌었는데, 이는 100각법의 초와 정 끝부분에 각각 배분되던 24개의 소각을 없애고 매시의 초와 정을 균등한 길이의 네 각으로 나누었다. 96각법에 의한 시각은 현재의 시각으로 정확하게 변환해서 읽을 수 있다.

주제 | 앙부일구의 구조와 원리

구성 |
• 1문단: 오목형 해시계인 앙부일구
• 2문단: 앙부일구의 구조
• 3문단: 앙부일구의 시침과 시반면의 모양
• 4문단: 12시 100각법에 따른 시각 눈금
• 5문단: 12시 96각법에 따른 시각 눈금

1 세부 정보, 핵심 정보 파악

1문단에 따르면 보통 전통 사회에서 사용되던 해시계는 시반면이 평평한 평면형 해시계가 대부분이다. 하지만 앙부일구는 시반면이 오목한 오목형 해시계이다. 이를 통해 전통 사회에서 사용되던 해시계와 앙부일구의 시반면의 모양이 다른 것은 알 수 있지만, 시침의 모양이 다르다는 것은 확인할 수 없는 내용이다.

오답 피하기 | ① 1문단에 따르면 그 모양이 하늘을 우러르는 가마솥 모양과 같다 해서 '앙부일구'라 이름 붙여졌다.
② 4문단에서 세종대에 사용되던 시법이 100각법이었기 때문에 처음 만들어진 앙부일구에 새겨진 시각의 눈금도 100각법에 따른 것이라고 말하고 있다.
③ 3문단에 따르면 앙부일구의 시반면에는 절기선과 시각선이 위도선과 경도선으로 각각 새겨져 있다.
⑤ 2문단에서 대부분의 앙부일구들은 거의 동일한 구조를 갖는다고 언급하고 있다.

2 세부 내용 추론

자초에서 해정은 시각선에 새겨진 것으로, 이를 24등분한 것은 하루를 24등분한 것이지 24절기와는 관련이 없다. 3문단에 따르면 24절기는 절기선들이 끝나는 시반면의 주둥이에 적어 놓았다.

오답 피하기 | ① 4문단에 따르면 하루는 12등분한 시(時)로 나누고, 매시는 초와 정 두 부분으로 나눈다. 이에 따라 하루는 24등분이 된다.
② 2문단에 따르면 앙부일구의 시반면에는 해그림자의 움직임을 읽을 수 있도록 시각 눈금이 새겨져 있다.
③ 4문단과 5문단에서 확인할 수 있다. 96각법은 100각법의 초와 정 끝부분에 각각 배분되던 24개의 소각(1/6각=1분)을 없애고, 매시의 초와 정을 균등한 길이의 네 각으로 나누었다.
④ 96각법은 초와 정 각각의 시간이 60분이 되어 현재의 시법과 일치하지만, 100각법은 매시의 초와 정에서 4와 1/6각씩 각각 균등하게 배분되었으므로, 현재의 시법과는 다르다.

3 구체적 상황에 적용하기

'신시'는 15~17시이고, 매시는 '초'와 '정'으로 나뉘므로 '정'에 해당하는 시간은 16~17시이다. '정'은 초각, 1각, 2각, 3각으로 4등분되므로, '신시 정3각'은 16시 45분에서 17시를 가리킨다.

오답 피하기 | ① '신시 초2각'에 해당한다.
② '신시 초3각 5분'에 해당한다.
③ '신시 정2각'에 해당한다.
⑤ '유시 초초각'에 해당한다.

[4~6]

「미세 먼지 과학」

해제 | 이 글은 미세 먼지를 제어하기 위한 다양한 포집 장치를 소개하고 있다. 먼저 필터는 기상이나 액상 중의 작은 고형물을 제거하기 위한 여과체로, 집진 효율이 높고 필터의 형태를 인위적으로 조작할 수 있기 때문에 여러 가지 형태의 분진을 포집할 수 있다는 장점과 습윤 환경에서는 사용하기 어렵다는 단점이 있음을 밝히고 있다. 이

어서 세정 집진기의 원리를 소개하고 연소 공정에서 발생하는 고온 가스를 냉각시키는 효과가 있다는 장점과 함께 사용 액체의 종류에 따라 장치의 부식 가능성이 있다는 단점을 밝히고 있다. 마지막으로 전기 집진기는 미세 먼지 입자의 정전기력을 이용한 집진 장치로 공기 청정기 등 함진 농도가 비교적 낮은 경우에 사용되고 있음을 설명하고 있다.

주제 | 미세 먼지의 다양한 제어법 소개

구성 |
- 1문단: 대표적인 미세 먼지 제어법
- 2문단: 필터의 원리 및 장단점
- 3문단: 세정 집진기의 원리 및 장단점
- 4문단: 전기 집진기의 원리 및 장단점
- 5문단: 미세 먼지 배출량 제어의 필요성

4 내용 전개 방식 파악

오염 물질을 제어하는 방법에는 필터, 세정 집진기, 전기 집진기가 대표적임을 소개하고 각각의 특성에 대해 설명하고 있다.

오답 피하기 | ① 오염 물질을 제어하는 방법을 설명하는 글이다. 오염 물질의 특징을 검토하고 있는 부분은 찾을 수 없다.
② 오염 물질의 발생 원인을 검토하고 있는 부분은 찾을 수 없다.
③ 오염 물질의 성분을 분석하고 있는 부분은 찾을 수 없다.
⑤ 오염 물질 중 미세 먼지의 규제가 크게 강화되고 있는 현실을 언급하고 있을 뿐, 오염 물질에 대한 경각심이 높아졌음을 언급한 부분은 찾아볼 수 없다.

5 세부 정보 파악

미세 먼지를 제어하기 위해 주로 사용하는 섬유 필터는 연소 가스로부터 입자상 오염 물질을 분리하는 가장 잘 알려진 도구이다. 단일 필터 섬유 자체로도 약간의 분진을 포집할 수 있다.

오답 피하기 | ② 필터에 의한 미세 먼지 처리는 집진 효율이 높고 필터의 형태를 인위적으로 조작할 수 있기 때문에 여러 가지 형태의 분진을 포집할 수 있다.
③ 필터의 특성에 따라 고온과 부식성 화학 물질이 포함되어 있는 가스를 처리하고자 할 때에는 필터의 잦은 교체가 필요할 수 있으며, 습윤 환경에서는 사용하기가 어렵다.
④ 세정 집진기의 원리는 일반적으로 물인 세정액과 직접적인

접촉에 의해 충돌과 차단, 응축의 원리로 먼지 입자를 제거한다. 이는 자연계에서 이루어지는 습식 침강의 원리를 기계화시킨 것이다.
⑤ 세정 집진기의 경우 가연성, 폭발성 먼지를 안정적으로 처리할 수 있으며, 미세 먼지와 가스를 동시에 처리하기 위하여 배출 가스의 화학적 특성에 준하여 산 또는 알칼리성 세정액을 사용할 수 있다.

6 구체적 상황에 적용하기

전기 집진기는 집진 전극판에 부착된 먼지 입자를 물리적 충격을 통하여 떨어뜨리거나 액상으로 세정하여 제거한다. 따라서 집진 전극판에 부착된 분진은 물리적 충격을 통해 제거하는 것이 가능할 것이다.

오답 피하기 | ① 필터는 여러 가지 형태의 분진을 포집할 수 있다.
② 세정 집진기는 연소 공정에서 발생하는 고온 가스를 냉각시키는 효과가 있다.
③ 이미 쌓인 먼지층을 포집체로 하여 분진을 효율적으로 포집할 수 있는 것은 필터이다.
⑤ 전기 집진기는 미세 먼지 입자의 정전기력을 이용한 집진 장치이다. 미세 먼지는 우선적으로 10,000V 이상의 강한 코로나 방전을 통해서 양극으로 하전될 뿐이다. 코로나 방전을 통해 모든 유해 물질을 제어할 수 있는 것은 아니다.

[7~10]

「자기 부상 열차의 원리」

해제 | 이 글은 자기장의 원리를 활용한 자기 부상 열차의 운행이 실현되는 과정을 서술하고 있다. 초전도체의 특성을 바탕으로 고속으로 달리는 열차가 부상하는 과정을 설명하고 있고, 선형 모터의 코일이 N극, S극으로 바뀌는 원리를 활용하여 기차의 추진력에 대해 설명하고 있다.

주제 | 자기 부상 열차의 부양과 추진 원리

7 중심 화제 파악

1문단에서 통상 구리 도선으로 제작된 전자석으로는 5천 가우스(0.5테슬라) 이상의 강한 자기장을 얻기가 어렵다고 밝히면서, 이 정도의 자기장으로는 열차를 뜨게 할 수 없다고 설명하였다. 그러나 열차를 뜨게 하는 자기장의 세기가 정확히 얼마가 되는지 수치로 나타내지는 않았다.

오답 피하기 | ① 2문단에서 초전도체의 뜻을 밝히면서 그 특성을 설명하고 있다.

② 3문단에서 초전도 자석을 실은 열차가 도체 위를 지나는 과정에서 부상하는 원리를 설명하고 있다.

④ 4문단에서 선형 모터와 추진 코일에 전류를 흘려 전극을 바꾸는 과정에서 열차가 추진력을 얻는다고 설명하고 있다.

⑤ 5문단에서 열차 부상 기술의 두 가지 방식인 초전도를 이용한 일본식 방식과 통상적인 전자석을 이용한 독일식의 방식을 설명하고 있다.

8 핵심 정보 파악

2문단에서 초전도체에 전류를 흘리면 전류가 감쇠하지 않고 계속 돌아, 초전도체 고리 주위에 일정한 자기장이 생긴다고 하였다. 자기장을 가하더라도 자기장이 전혀 생기지 않는 반자성의 성질을 가지는 것은 초전도체 내부에 해당한다.

오답 피하기 | ① 3문단의 앞부분에서 지속 전류가 흐르면 이 전류 때문에 생기는 자기장은 아래를 향한다고 하였다. 즉 전류의 흐름과 자기장은 수직 방향을 이룬다.

② 1문단 첫 번째 문장에서 확인할 수 있다.

④ 3문단을 통해 빠른 속도로 열차가 지나가는 금속판은 급격한 자기장의 변화를 겪고, 이러한 외부 자기장의 변화를 방해하기 위해 금속판에는 유도 전류(와류)가 초전도 자석의 전류와는 반대 방향으로 흐른다는 점을 알 수 있다.

⑤ 1문단에서 자석의 철심에 감은 코일은 항상 저항이 있어 이로 인해 많은 열이 발생하고 상당한 에너지 손실이 생긴다고 밝히고 있다.

9 세부 정보 파악

독일의 방식은 통상적인 구리 전자석을 열차의 바퀴 부근에 붙여 달리면서 전자석의 강도를 높여 바퀴 윗부분에 있는 선로 자석에서 자력으로 뜨게 만드는 방법이다. 이때 전자석의 강도가 높으면 자력으로 뜨게 만든다는 것은 알 수 있지만, 강도가 높을수록 더 빨리 달릴 수 있는지는 알 수 없다.

오답 피하기 | ① 3문단에서 초전도 자석을 실은 열차가 도체판 위를 지나가는 속도가 빠르면 빠를수록 밀치는 힘 역시 커져 결과적으로 열차는 고속으로 달리면서 부상한다고 하였다.

③ 3문단에서 초전도 자석을 실은 열차의 경우 외부 자기장의 변화를 방해하기 위해 금속판에는 유도 전류(와류)가 초전도 자석의 전류와는 반대 방향으로 흐른다고 하였다.

④ 1문단에서 구리 코일의 경우 일정한 자기장을 유지하려면 계속 전압을 가하여 전류를 흐르게 해야 한다고 하였다. 반면에 초전도체는 한번 전류를 흘리면 더 이상 전원 공급이 없어도 지속 전류를 유지할 수 있다고 하였다.

⑤ 5문단에서 두 방식이 각각 자기장을 발생시키는 원리에 대해 설명하면서 이것이 열차를 뜨게 할 수 있음을 밝히고 있다.

10 구체적 상황에 적용하기

4문단에 따르면 벽면에 설치된 추진 코일에 전류를 흘려 N극과 S극을 바꾸면서 추진력을 얻는다는 사실을 알 수 있다. 따라서 열차에 설치된 초전도 자석의 극이 변하지 않아도 벽면에 설치된 추진 코일의 힘으로 기차가 움직일 수 있을 것이다.

오답 피하기 | ① 4문단에서 달리는 기차의 선로 양편 벽면에 추진 코일을 설치하고 여기에 삼상 교류 전류를 흘리면 각 코일의 N극과 S극이 순간순간 바뀌게 된다고 하였다.

② 4문단에서 어느 순간 벽면 코일의 S극은 열차에 설치된 초전도 자석의 N극과 당기는 힘을 작용한다고 하였다.

③ 4문단에서 벽면 코일의 S극은 열차에 설치된 초전도 자석의 N극과 당기는 힘을 작용하고 그 옆의 코일은 N극으로 초전도 자석의 N극을 밀어내어 열차를 앞으로 밀어낸다고 하였다.

⑤ 4문단으로 보아 기차의 추진 원리는 자석의 N과 S극을 이용한 것이므로 자기장의 성질로 인한 것임을 알 수 있다.

12 실전 문제 5

1	①	2	③	3	③	4	②
5	③	6	⑤	7	③	8	④
9	②						

[1~3]

「판소리와 입창」

해제 | 이 글은 판소리에서 입창이 지니는 의미를 다각적으로 고찰하고 있다. 판소리사적으로 볼 때, 초기의 경우에는 서서 노래하는 입창의 방식이 매우 특이한 공연 방식으로 인식되었다. 판소리에서 입창이 지니는 의미는 우선 판소리가 기존의 음악과는 완전히 다른 미의식을 가지고 있었다는 점인데, 가장 큰 특징은 바로 사설의 내용에 맞게 창자의 감정을 좀 더 자유롭고 극적으로 표현할 수 있었다는 것이다. 두 번째로 입창은 남성적 소리의 방식과 깊은 연관성을 가지고 있었다. 마지막으로 입창을 하면서 자연스럽게 연극적 행위인 발림이 강조되었다. 이와 같이 발림이 강조되었다는 사실은 공연학적으로 중요한 의미를 지니는데, 이것은 판소리가 소리를 중심으로 하는 청각 예술의 특성뿐만 아니라 보는 것이 중심이 되는 시각 예술의 성격까지 동시에 가지고 있다는 사실이다.

주제 | 판소리에서 입창이 지니는 의미

구성 |

• 1문단: 판소리 초기 특이한 공연 방식이었던 입창
• 2문단: 판소리에서 입창이 지니는 의미 ① - 창자의 감정을 드러냄.
• 3문단: 판소리에서 입창이 지니는 의미 ② - 남성적인 소리의 방식
• 4문단: 판소리에서 입창이 지니는 의미 ③ - 발림

1 내용 전개 방식 파악

2~4문단에 걸쳐 판소리에서 입창이 지니는 의미를 살펴보고 있다. 입창은 창자의 감정을 좀 더 자유롭고 극적으로 표현할 수 있게 해 주었고(2문단), 남성적인 소리의 방식과 깊은 연관성을 갖고 있으며(3문단), 자유로운 동작(발림)을 가능하게 해 주었다(4문단).

오답 피하기 | ② 판소리에서의 입창에 대한 서로 다른 두 견해를 비교하고 있지 않다.

③ 입창의 변천 과정을 살펴보고 있다는 것은 이 글에 대한 설명으로 적절하지 않다.

④ 판소리가 아닌 다른 예술 분야에서의 입창을 언급하고 있는 부분은 확인할 수 없다.

⑤ 판소리의 우수성을 밝히는 글이 아니라, 판소리에서 입창이 지니는 의미를 살펴보고 있는 글이다.

2 구체적 상황에 적용하기

2문단과 4문단에 따르면 판소리에서 입창이 발생하면서 〈보기〉의 '때로는 앉아서 혹은 구부리고, 때로는 서서 말하기도 하고~' 등과 같이 몸동작을 자유롭게 취하게 되고, '울기도 웃기도 하니' 등과 같이 감정을 직접적으로 드러내었다.

오답 피하기 | ① 사설 내용을 최대한 객관적으로 전달하고 있다는 것은 이 글과 〈보기〉에서 확인할 수 없는 내용이다.

② 굵직한 남성의 소리를 통해 웅장한 분위기를 자아내고 있는 부분을 〈보기〉에서 확인할 수 없다.

④ 〈보기〉에서 '때로는 울기도 웃기도 하니'라고 하였으므로, 감정을 절제하고 있다는 것은 적절하지 않은 진술이다.

⑤ 극적 분위기에 맞는 소리를 하는 것은 맞지만, 공연 중 문득 떠오른 생각도 그대로 표출하고 있다는 것은 이 글과 〈보기〉 모두에서 확인할 수 없는 내용이다.

3 글쓴이의 의도, 관점 평가

4문단에서 글쓴이는 판소리가 소리를 중심으로 하는 청각 예술의 특성뿐만 아니라 보는 것이 중심이 되는 시각 예술의 성격까지 동시에 가지고 있다고 하였다. 한편 〈보기〉는 머리를 흔들고 눈알을 굴리며 온몸을 절도 없이 흔들어 대는 판소리 창자들의 행위에 대해 부정적인 시각을 나타내고 있다. 그러므로 연극적 행위는 판소리의 일부분이므로 음악적 성취가 더 우선시되어야 한다고 하는 것은, 이 글의 글쓴이가 〈보기〉를 비판하는 내용으로 적절하지 않다.

오답 피하기 |

① 4문단에 따르면 판소리는 청각 예술의 특성뿐만 아니라 시각 예술의 성격까지 동시에 가지고 있다.

② 4문단에 따르면 판소리는 소리를 중심으로 하는 청각 예술의 특성뿐만 아니라 보는 것이 중심이 되는 시각 예술의 성격까지 동시에 가지고 있다.

④ 4문단에 따르면 판소리 창자들은 완결된 예술체를 구현하기 위해 소리뿐만 아니라 연극적 행위인 발림까지 동원하여 보다 높은 수준의 소리를 만들기 위해 노력했다.

⑤ 4문단에 따르면 발림은 창을 하면서 그 이면을 표현하기 위해 수행하는 무용적 동작이다.

[4~6]

「연극의 기본 사조」

해제 | 연극사는 우리에게 과거의 사회적 이슈들과 관심사들에 대해 중요하고도 필요한 정보를 얻을 수 있게 해 주고, 현재 사회의 모습을 좀 더 제대로 투영할 수 있게 해 준다. 그중 고전주의는 규칙과 제약이 아주 엄격했던 사조로, 신에 대한 숭배와 외경심을 다루면서 신과 운명에 맞서다가 예속되는 인간의 숙명론적인 인생관을 표현했다. 그러한 고전주의에 반기를 든 낭만주의는 이성보다는 본능에 충실하고자 했고, 정해진 현실의 틀보다는 다양성 속에서 인생의 가치를 찾으려 했으며, 상상력을 중시하면서 신비한 세계를 탐구하고자 노력했다. 20세기 들어 사실주의 무대에 반기를 든 표현주의가 등장했는데, 연극 제작에 있어 통일성을 중시하고, 인물의 내적인 갈등을 표현하기 위해 얼굴선을 비틀어 표현하는 것이 특징이었다. 마지막으로 초현실주의는 감성을 중심으로 한 연극에 관심이 많았으며, 인식 가능한 사건들과 환상적인 사건들을 혼재시켜 표현하기도 하였다.

주제 | 연극의 기본 사조들을 통해 바라본 연극의 역사

구성 |
- 1문단: 연극사 연구를 통해 얻을 수 있는 효용성과 연극사의 대표 사조들
- 2문단: 18세기 연극 사조의 특징 – 고전주의를 중심으로
- 3문단: 19세기 연극 사조의 특징 – 낭만주의를 중심으로
- 4문단: 20세기 연극 사조의 특징 ① – 표현주의를 중심으로
- 5문단: 20세기 연극 사조의 특징 ② – 초현실주의를 중심으로

4 내용 전개 방식 파악

이 글은 연극사를 공부함으로 인해 얻을 수 있는 것들에 대해 소개하면서, '연극사'라는 화제를 다시 여러 사조들로 나누어 그 특징들을 설명하고 있다. 이 과정에서 고대 그리스 시절의 고전주의로부터 20세기의 초현실주의까지 시대적 흐름에 따라 분류하여 설명하고 있는 것이 특징이라 할 수 있다.

오답 피하기 | ① 이 글에서 묻고 답하는 형식을 빌려 화제에 대한 독자의 이해를 돕고 있는 부분은 찾아볼 수 없다.
③ 이 글에서는 각 사조들의 주장이 일부 보이기는 하나, 주로 설명으로 되어 있고 의견이나 주장에 대한 반증 사례는 찾아볼 수 없다.
④ 이 글에서는 용어의 정의보다는 각 사조의 특징들이 제시되어 있고, 유추의 방식 또한 사용되고 있지 않다.
⑤ 이 글에 각 사조들의 특징은 제시되어 있으나 유용성과 한계에 대한 지적 찾아볼 수 없고 새로운 발전 방향의 모색 역시 찾아볼 수 없다.

5 구체적 상황에 적용하기

3문단에 따르면 낭만주의는 질서나 관습 대신에 상상력을 바탕으로 하여 현실 속의 이상을 창조하는 데 가치를 두었고, 환상적이면서도 웅장한 무대를 선호하며, 이국적인 정서, 지방색, 죽음, 무덤, 꿈 등을 주요 제재로 삼았다고 설명하고 있다.

오답 피하기 | ① 2, 3문단에 따르면 신과 운명에 맞서다가 예속되는 인간의 숙명론적인 인생관을 표현했던 것은 고전주의의 특징으로 볼 수 있지만, 인간의 이성보다 상상력을 중시한 것은 낭만주의의 특징으로 볼 수 있다.
② 2, 3문단에 따르면 질서와 규칙성을 중시한 것은 고전주의의 특징으로 볼 수 있지만, 감정의 억제가 창작에 지장을 준다는 이유로 이를 극복하고자 했던 것은 낭만주의의 특징으로 볼 수 있다.
④ 2, 3문단에 따르면 정해진 형식의 틀보다는 다양성 속에서 인생의 가치를 찾으려 했던 것은 낭만주의의 특징으로 볼 수 있지만, 권선징악적이고 교훈적인 내용을 관객들에게 전달하고자 했던 것은 고전주의의 특징으로 볼 수 있다.
⑤ 2, 3문단에 따르면 인위적인 것 대신에 자연스러움을 드러내고자 했던 것은 낭만주의만의 특징이고, 극의 주인공이 보통 이상의 신분을 지닌 사람, 즉 귀족이나 왕족 등이어야 했던 것은 고전주의만의 특징이다. 따라서 ㉠과 ㉡에 동일하게 드러난 특징으로는 볼 수 없다.

6 반응의 적절성 평가

5문단에 따르면 초현실주의자였던 프랑스의 앙토냉 아르토는 이성을 중심으로 한 희곡과 작품을 중심으로 전개하는 서양 연극보다는 감성을 중심으로 표현했던 동양 연극을 추천했다. 하지만 기존의 무대와 달리 상징적인 조명과 의상을 사용할 것을 요구한 것은 표현주의 연극의 특징으로 볼 수 있다.

오답 피하기 | ① 4문단에 따르면 표현주의 연극에서는 작가의 주관적인 시각에 의해 비사실적인 인물들이 등장하고, 배우의 연기보다는 음향과 같은 무대 효과를 통해 꿈 같은 분위기를 조성한다고 하였다.
② 4문단에 따르면 표현주의 연극 무대에서 사용하는 연극 언어는 대부분 한 줄 혹은 두 줄 정도의 짧은 단문의 대사가 많이 쓰이기도 한다.
③ 4문단에 따르면 표현주의 연극은 바그너의 음악극에서 영향을 받아 연극 제작에 있어 통일성을 중시했고, 작가나 배우

보다는 연출가가 총책임을 맡아야 한다고 주장했다.
④ 5문단에 따르면 앙토냉 아르토는 그동안의 서양 연극이 개인들의 심리적인 문제나 집단의 사회적인 문제들에만 집착했음을 비판하며 인간의 무의식 속에 내재한 것의 중요성을 강조했다.

[7~9]

「김홍도의 풍속도에 나타난 과학」
해제 | 이 글은 조선 후기 서민의 생활상을 감칠맛 나게 표현한 김홍도의 풍속도, 그중에서도 「씨름」에 대해 집중적으로 조명하고 있다. 특히 「씨름」의 구도, 등장인물의 표정, 배치 등을 과학적 원리와 접목시켜 해석함으로서 「씨름」의 가치를 재조명하고 있다.
주제 | 과학적 원리로 살펴본 김홍도의 「씨름」
구성 |
• 1문단: 조선 후기 김홍도 풍속화의 의의
• 2문단: 「씨름」의 구도가 가진 과학적 원리
• 3문단: 「씨름」의 구도의 절묘함
• 4문단: 「씨름」에 담긴 불안정성과 역동감
• 5문단: 「씨름」에 드러난 다중 시점

7 중심 화제 파악

1문단 끝에서 김홍도의 풍속화에 다양한 예술적 원리가 숨어 있다고 밝히면서, 2문단부터는 구도, 인물 배치, 시점 등을 예술적 원리와 접목시켜 설명하고 있다.
오답 피하기 | ① 1문단에 김홍도 풍속화가 중국화와 차별된다는 말은 거론하고 있지만, 구체적인 차이점을 밝히고 있지는 않다.
② 김홍도와 신윤복의 화풍을 비교하는 내용은 나오지 않았다.
④ 3문단에서 「씨름」의 군중 중 엿장수와 아이에 대해 거론하면서 해학적 요소가 있음을 말하고 있으나 이것이 글의 주가 되지는 않는다.
⑤ 구도와 관련한 불안정성에 대해서는 4문단에서 거론하고 있다. 그러나 이 또한 「씨름」의 다양한 특징 중 하나이다.

8 핵심 정보 파악

3문단 첫 문장에서 모든 군중의 시선이 씨름꾼에게로 모이

도록 원형 구도를 택하고 있다고 밝혔지만, 다음 문장에서 엿장수를 예로 들며 모든 구경꾼의 시선이 가운데로만 모이지는 않고 있음을 설명하고 있다.
오답 피하기 | ① 3문단에서 답답함을 방지하고자 오른쪽 공간을 틔어 놓았다고 설명하고 있다.
② 4문단에서 위쪽에 아래쪽보다 월등히 많은 구경꾼을 배치하여 불안정한 느낌을 준다고 설명하고 있다.
③ 2문단에서 씨름 구경꾼들의 신분에 대해 설명하고 있다. 이를 통해 서로 다른 신분의 구경꾼이 모여 있음을 알 수 있다. 또한 1문단을 고려했을 때, 여러 계층의 인물들이 모여 씨름을 구경하고 있다는 것은 조선 후기 생활상을 반영하는 것으로 볼 수 있다.
⑤ 5문단에서 구경꾼들을 바라보는 시점은 하늘에서 아래로, 씨름꾼을 바라보는 시점은 땅에서 위로 설정하여 비범한 역동감을 드러내고 있음을 말하고 있다.

9 다른 상황에 적용하기

구도에 안정감을 주려면 아래쪽에 인물을 많이 배치해야 하는데, 「무동」은 「씨름」과 마찬가지로 등장인물을 그림의 위쪽에 많이 배치하는 구도를 보이고 있다. 따라서 안정적인 구도로 볼 수 없다.
오답 피하기 | ① 「씨름」의 인물들은 행위자(씨름꾼)와 관중의 관계이지만 「무동」의 인물들은 춤추는 아이와 그를 위해 음악을 연주하는 사람들의 관계이다. 즉 행위자와 관중의 관계가 아닌 것이다.
③ 〈보기〉의 설명을 보면 「무동」에서는 중심인물에 짙고 순도가 높은 색을 사용하여 주변 인물과의 차이를 드러냈지만, 「씨름」에서 농담의 차이를 이용한 표현을 하였는지 이 글에 드러나지 않았고, 그림에서도 그러한 특징을 발견할 수 없다.
④ 「씨름」은 대각선 인물 숫자의 합을 같게 배치하는 이방진 방식을 사용했지만 「무동」은 다만 인물들을 둥글게 배치하면서 위쪽에 무게를 두고 있다.
⑤ 춤과 씨름은 우리 민족의 서민 생활의 흥겨움을 드러내는 소재로 볼 수 있다.

13 실전 문제 6

본문 83~88쪽

1 ④	2 ③	3 ⑤	4 ④
5 ②	6 ①	7 ②	8 ③
9 ③	10 ②		

[1~5]

(가) 「고령화 사회의 노인 복지학」

해제 | 이 글은 매우 빠른 속도로 고령화 사회에 진입하고 있는 우리나라의 사회 현실을 말하고, 고령자가 겪는 네 가지의 어려움을 밝히고 있다. 이에 다양한 법 조항을 들어 고령자들이 윤택한 삶을 살아갈 수 있는 사회가 조성되어야 함을 주장하고 있다.

주제 | 고령화 사회의 고령자를 위한 사회 복지의 필요성

구성 |
• 1문단: 고령화 사회의 정의와 우리나라의 현실
• 2문단: 고령자가 겪는 어려움과 고령자를 위한 사회 복지의 필요성

(나) 「유니버설 디자인」

해제 | 이 글은 유니버설 디자인의 정의를 밝히고 고려되어야 하는 원칙에 대해 밝히고 있다. 첫째, 사용의 유연성이다. 사용자의 속도에 대한 적응성을 고려해야 한다는 것이다. 둘째, 단순하고 직관적이어야 한다는 것이다. 경험과 능력에 상관없이 누구나 다 쉽게 사용할 수 있어야 한다. 셋째, 정보의 지각성이다. 중요 정보의 가독성을 최대화해야 한다는 것이다. 넷째, 오류에 대한 관용성이다. 오류에 대한 경고를 제공하고, 오류의 경계에서 무의식적인 행위가 발생되지 않도록 디자인되어야 한다는 것이다. 이러한 유니버설 디자인의 원칙을 지키며 노인과 장애인을 위한 제품 개발에 많은 관심을 기울여야 한다.

주제 | 유니버설 디자인의 원칙과 필요성

구성 |
• 1문단: 유니버설 디자인의 정의
• 2문단: 사용의 유연성 원칙
• 3문단: 단순 · 직관성의 원칙
• 4문단: 정보의 지각성 원칙
• 5문단: 오류에 대한 관용성 원칙
• 6문단: 유니버설 디자인의 사례
• 7문단: 유니버설 디자인의 필요성

1 핵심 정보 파악

(가)는 처음에 고령화 사회의 의미를 밝히고 현재 우리나라의 상황을 살피고 있다. 이어서 고령자에게 수반되는 어려움을 말하고, 이에 우리나라의 헌법과 유엔 원칙에 명시된 항목을 언급하며, 고령화 사회와 관련된 법안을 소개하고 있다.

오답 피하기 | ① 고령화 사회로 인해 수반되는 고령자들의 어려움을 소개하고 있다. 고령화 사회의 순기능에 관한 내용은 찾아볼 수 없다.

② 고령화 사회를 준비하기 위한 자세에 대한 언급은 찾아볼 수 없다.

③ 고령화 사회에서 고령자를 바라보는 시각에 대한 언급은 찾아볼 수 없다.

⑤ 고령화 사회의 뜻을 밝히고 있기는 하지만, 특징에 대해서 구체적으로 언급한 부분은 찾아볼 수 없다.

2 세부 정보 파악

(나)의 마지막 문단에서 고령 인구의 급속한 증가로 인하여 노인들을 위한 서비스나 제품의 개발 등에 대한 필요성이 증가하고 있음을 명확하게 밝히고 있다.

오답 피하기 | ① (가)에 따르면 선진국의 경우와 달리 우리나라는 고령화 사회로의 진입 시기가 다른 나라보다 늦다고 할 수 있지만, 그 속도는 매우 빠르다고 할 수 있다.

② (가)에서는 고령자의 정신적인 어려움과 물질적인 어려움을 모두 언급하고 있는데, 이 중에서 고령자가 더 힘들어하는 것이 무엇인지는 밝히고 있지 않다.

④ 유니버설 디자인은 경제성이 없다는 이유로 제품의 개발이나 연구에 대부분을 관심을 기울이지 않고 있다.

⑤ (나)에 따르면 유니버설 디자인은 사용자의 연령 · 성별 · 신체적 조건 차이와 상관없이 모든 사람이 이용하기 편리한 환경을 추구하는 것으로 표준형의 사람뿐만 아니라 일시적 장애를 포함한 모든 장애인과 노약자 등 사회적 약자 계층을 최대한 수용하는 디자인을 목표로 한다.

3 구체적 상황에 적용하기

㉠과 ㉡은 우리 주변에서 흔히 볼 수 있는 유니버설 디자인의 사례이다. 지나치게 뜨거운 물을 틀었다거나, 빨간불일 때에 횡단보도를 건너는 등의 적합하지 않은 행동을 한 경우에 수정을 돕는 장치는 마련되어 있지 않으므로, 오류에 대한 관용성을 만족시키고 있다고는 볼 수 없다.

오답 피하기 | ① 일체형 수도꼭지는 오른손잡이와 왼손잡이 상관없이 모두 사용할 수 있으므로 유연성을 만족시키고 있다.

② 일체형 수도꼭지는 특별한 설명이 없더라도 쉽게 사용할 수 있으므로 단순하고 직관적이어야 한다는 원칙을 잘 만족시키고 있다.

③ 시각적인 정보뿐만 아니라 소리를 사용한 청각적인 정보를 함께 제공한다면, 정보의 지각성을 더욱 높게 만족시키게 될 것이다.

④ 파란불의 남은 시간을 알려 주는 시각 표시는 단순하고 직관적이어야 한다는 원칙을 잘 만족시키고 있다.

4 반응의 적절성 평가

(가)의 '특히 제34조 제4항 '국가는 노인과 청소년의 복지 향상을 위한 정책을 실시할 의무를 진다.''라는 내용을 통해 노인과 마찬가지로 청소년에 대한 복지 향상에도 큰 관심을 기울이고 있다는 사실을 확인할 수 있다.

오답 피하기 | ① 현재 우리나라의 전체 인구 중 65세 이상은 14.3%이며, 2026년에는 20.5%로 예상되어 초고령 사회가 될 것으로 전망된다.

② 선진국의 경우와 달리 우리나라는 고령화 사회로의 진입 시기가 다른 나라보다 늦다고 할 수 있지만, 그 속도는 매우 빠르다고 할 수 있다.

③ 우리 헌법 34조는 '모든 국민은 인간다운 생활을 할 권리를 가지며 국가는 사회 보장·사회 복지의 증진에 노력할 의무를 진다.'라고 규정하고 있다. 즉 우리나라 헌법은 '사회적 기본권'을 폭넓게 규정함으로써 모든 국민에게 생활의 기본적 수요를 충족시켜 건강하고 문화적인 생활을 보장하는 것이 국가의 책무라고 하는 복지 국가 원리를 헌법에 수용한 것이다.

⑤ 「고령화 관련 국제 행동 계획과 노인을 위한 유엔 원칙」 '주택과 환경'의 권고 조항에서는 "가능한 한 오랫동안 노인들이 자신의 집에서 계속 살아갈 수 있도록 돕기 위하여 출입하고 시설을 이용하는 데 있어 노인의 능력에 적합하도록 주택과 적응 환경을 복구 및 개발하고 그리고 실행 가능하고 적절하다면 리모델링 및 개량을 위한 법령을 마련해야 한다."라고 밝히고 있다.

5 어휘의 문맥적 의미 파악

'명시(明示)하다'는 '분명하게 드러내 보이다.'라는 의미를 지니고 있는 단어이다.

오답 피하기 | ① '게시하다'는 '여러 사람에게 알리기 위하여 내붙이거나 내걸어 두루 보게 하다.'의 의미를 지닌 단어이다.

③ '지시하다'는 '가리켜 보게 하다.'의 의미를 지닌 단어이다.

④ '판시하다'는 '어떤 사항에 관하여 판결하여 보이다.'의 의미를 지닌 단어이다.

⑤ '표시하다'는 '표를 하여 외부에 드러내 보이다.'의 의미를 지닌 단어이다.

[6~10]
「영화와 소리」

해제 | 이 글은 영화 속에 나타난 일반적인 현상들이 모두 과학적으로 설명 가능한지에 대한 의문에서 출발한다. 특히, '소리'를 중심으로 영화 속에 나타난 과학적 원리를 설명하고자 한다. 청각 기관을 통해 들을 수 있는 파동 또는 물체의 진동에 의해 발생하는 모든 파동을 지칭하는 '소리'는 공기의 압력 변화에 따라 진동이 발생한 후 나타난다. 그러한 진동들 중에서 진동수가 매우 높거나 낮은 소리는 들을 수 없는데, 이러한 소리가 우리 귀에 들리는 이유는 진동이 코르티 기관의 유모 세포에 의해 소리 에너지가 전기적인 신호로 바뀌어 뇌로 보내지게 되기 때문이다. 영화 속에서 전투 장면의 효과음이 등장하는 부분은 매질과 관련이 있으며, 실제 상황이라면 매질의 부재로 인해 우주에서는 소리를 들을 수 없다. 그리고 소리의 높이는 진동수와 비례 관계에 있어서 영화 속에서 사람이 줄어들면 발성 기관 역시 작아지기 때문에 소리의 세기 역시 작아질 수 있다는 사실도 유추해 볼 수 있다.

주제 | 영화 속에 숨겨진 일반적인 과학 현상의 원리

구성 |
• 1문단: 영화 속에 나타난 과학 현상에 대한 문제 제기
• 2문단: 소리와 밀접한 관련이 있는 파동의 정의 및 구조
• 3문단: 소리의 정의와 소리를 듣게 되는 원리
• 4문단: 공기의 진동이 소리로 전달되는 원리
• 5문단: 영화 속에 숨은 소리와 매질의 관계 – '스타워즈'를 중심으로
• 6문단: 영화 속에 숨은 소리와 진동수의 관계 – '화성 침공'을 중심으로

6 논지 전개 방식 파악

이 글은 영화 속에 나타난 과학 현상을 다양한 사례를 들어 설명하고 있다. 특히, 물체의 진동에 의해 발생하는 모든 파동을 지칭하는 '소리'가 영화 속에 어떤 과학적 원리를 가지고 숨어 있는지에 대한 것을 설명하는 글이라 할 수 있다.

오답 피하기 | ② 영화에 과학적 원리가 드러난 사례는 나타나 있으나, 그 과정을 역사적인 측면에서 설명한 것은 아니다.

③ 영화에 과학을 도입한 내용은 나타나 있으나, 그로 인해 발생하는 문제점이나 해결책은 제시되어 있지 않다.
④ 영화 속에 숨어 있는 과학 현상은 나타나 있으나, 전문가의 의견을 인용한 부분은 드러나지 않는다.
⑤ 영화 속에서 찾을 수 있는 과학 현상은 나타나 있으나, 이에 대한 서로 다른 견해는 드러나지 않는다.

7 세부 정보, 핵심 정보 파악

4문단에 따르면 공기의 진동이라고 해서 사람이 모두 들을 수 있는 것이 아니라고 하였다. 특히 진동수가 매우 높은 소리 혹은 부채를 천천히 움직이는 것과 같이 진동수가 매우 낮은 소리 둘 다 들을 수 없다고 설명하고 있다. 따라서 매우 낮은 소리는 들을 수 있다는 진술은 적절하지 않다.
오답 피하기 | ① 3문단에서 소리는 좁은 의미에서 청각 기관을 통해서 들을 수 있는 파동을 지칭하며, 넓은 의미에서는 물체의 진동에 의해 발생하는 모든 파동을 통칭한다고 설명하고 있다.
③ 4문단에서 고막이 진동하면 난원창 내의 기저막의 떨림이 내이 수용체, 즉 코르티 기관의 유모 세포에 영향을 주어 소리 에너지가 전기적인 신호로 바뀌어 뇌로 보내진다고 설명하고 있다.
④ 3문단에서 공기의 진동에 의해 발생한 음파는 외이도를 지나 고막을 진동시키고, 이 진동을 청세포에서 감지한 후 청신경을 통해 뇌에 신호를 보낸다고 설명하고 있다.
⑤ 3문단에서 간단하게 책상이나 문을 두드리기만 해도 책상이나 문의 판자가 순간적으로 진동하면서 주변 공기에 압력 변화를 일으켜 소리를 만든다고 설명하고 있다.

8 세부 내용 추론

6문단에서 사람의 목소리는 발성 기관의 구조에 따라 좌우되는데, 남자가 여자보다 더 두꺼운 성대를 가지고 있어 진동수가 낮아 낮은 소리를 낸다고 설명하고 있다. 따라서 남자보다 여자가 더 두꺼운 성대를 가지고 있다고 가정하면 그 여자는 남자보다 더 낮은 소리를 내게 된다고 할 수 있다.
오답 피하기 | ① 5문단에서 우리가 듣는 소리는 파동이며, 파동이 전달되기 위해서는 파동을 전달하는 매질이 꼭 필요하다고 설명하고 있다. 따라서 매질이 없다면 파동이 전달되지 않아 소리 역시 들을 수 없다고 할 수 있다.
② 6문단에 따르면 소리의 높이는 진동수에 비례한다. 따라서 더블 베이스나 긴 관을 지닌 악기들이 낮은 소리를 내게 되는 것은 진동수가 낮아서 발생하는 현상이라고 생각할 수 있다.

④ 4문단에서 사람이 소리를 피부로 느낄 수 있는 소리의 세기는 100dB 정도부터라고 설명하고 있다. 따라서 110dB의 크기를 지닌 클럽의 음악 소리는 귀로 들리는 것 외에 피부로도 느껴질 수 있다.
⑤ 5문단에서 우주에는 매질이 없어 전투기의 굉음이나 죽음의 별이 폭발하는 소리가 나지 않는데, 실감 나는 장면을 위해 설정한 연출이라고 설명하고 있다. 따라서 영화에 사실감만 부여한다면, 모든 효과음과 소리는 사라질 수밖에 없다.

9 반응의 적절성 평가

'파장'은 골에서 골 또는 마루에서 마루까지의 거리를 지칭하므로 ⓒ가 여기에 해당되고, '진폭'은 파동의 중심점에서 마루나 골까지의 거리를 지칭하므로 ⓓ가 여기에 해당된다.
오답 피하기 | ① '마루'는 사인 곡선에서 위로 튀어나온 부분을 지칭하므로 ⓐ는 여기에 해당된다. 하지만 ⓑ는 '진폭'에 해당되는 부분이므로, 이것이 '주기'를 지칭한다는 설명은 적절하지 않다.
② '진폭'은 파동의 중심점에서 마루나 골까지의 거리를 지칭하므로 ⓑ는 여기에 해당된다. 하지만 ⓒ는 '파장'에 해당되는 부분이므로, 이것이 '진동수'를 지칭한다는 설명은 적절하지 않다.
④ '골'은 사인 곡선에서 아래로 내려간 부분을 지칭하므로 ⓕ는 여기에 해당된다. 하지만 ⓔ는 '파장'에 해당되는 부분이므로, 이것이 '진동수'를 지칭한다는 설명은 적절하지 않다.
⑤ '진폭'은 파동의 중심점에서 마루나 골까지의 거리를 지칭하므로, ⓑ나 ⓓ가 여기에 해당한다.

10 어휘의 문맥적 의미 파악

㉠의 '나다'는 '소리, 냄새 따위가 밖으로 드러나다.'의 의미를 지닌 동사로, ②의 '김이 모락모락 났다.'에서 '났다'도 같은 의미로 사용된 것이다.
오답 피하기 | ① '합격자 발표가 났다.'에서 '났다'는 동사로, '이름이나 소문 따위가 알려지다.'의 의미로 사용되었다.
③ '온 동네에 난리가 났다.'에서 '났다'는 동사로, '어떤 현상이나 사건이 일어나다.'의 의미로 사용되었다.
④ '그 일의 전말은 잡지에 났다.'에서 '났다'는 동사로, '신문, 잡지 따위에 어떤 내용이 실리다.'의 의미로 사용되었다.
⑤ '멋진 생각이 났다.'에서 '났다'는 동사로, '생각, 기억 따위가 일다.'의 의미로 사용되었다.

EBS

윤혜정 선생님 직접 집필, 강의

윤혜정의
나비효과
입문편

비 3권 문학 　 소 2권 설 문학 　 시 1권 문학

첫술에도 배부르게 하는 국어 개념 공부의 첫걸음

국어 공부를 시작하는
학생들에게 방향을 잡아주는
국어 입문 교재

윤혜정 선생님의 베스트셀러,
"개념의 나비효과" &
"패턴의 나비효과"의 입문편
개념과 패턴을 중심으로 한 체계적인
정리를 통해 국어 공부의 밑바탕이 되는
기본 지식 UP↑

EBS 대표 강사 윤혜정 선생님의
입담이 생생하게 살아있는 교재

중요한 부분은 더 자세하게~
어려운 부분은 더 쉽게~
음성지원 되는 듯한 선생님의
친절한 설명이 가득 윤혜정 선생님이
직접 집필하여 강의와 함께하면 **시너지 UP↑**

시 문학, 소설 문학, 비문학(독서)이
영역별로 15강씩!
3책 분권으로 더 가볍고 부담 없이!

STEP 1 개념 설명 ▷ **STEP 2** 개념 QUIZ ▷ **STEP 3** 기출문제

영역별로 확실히 알아야 할 내용들을 15강으로 정리, 국어 공부에 필요한 알짜 지식들을 모두 습득
· 다양한 예문과 문항들, 기출문제를 통해 지문 독해에서 실전 수능까지 유기적으로 연결 OK!

단숨에 마무리!!

OFF

단기 특강 독서

정답과 해설

수능 국어 어휘

최근 7개년 수능, 평가원 6월·9월 모의평가 국어 영역
빈출 어휘, 개념어, 관용 표현, 필수 배경지식 등 선정 수록

어휘가 바로 독해의 열쇠!
수능 국어 성적을 판가름하는 비문학(독서) 고난도 지문도
이 책으로 한 방에 해결!!!

배경지식, 관용 표현과 어휘를 설명하면서
삽화와 사진을 적절히 활용하여
쉽고 재미있게 읽을 수 있는 구성

고1, 2 예비 수험생이
어휘&독해 기본기를 다지면서
수능 국어에 빠르게 적응하는 29강 단기 완성!

2015 개정 교육과정 반영! 뻔한 기본서는 잊어라!

새 수능 대비 EBS 기본서

EBS 수학의 왕도

2년 동안 EBS가 공들여 만든
신개념 수학 기본서

새 교과서, 새 수능 대비 EBS 수학 기본서

"국내 최대 1268문항"
개념을 시각화 했습니다. 한눈에 쏙!
591문항으로 개념다지기 누구나 할 수 있습니다.
기초에서 고득점으로 계단식 구성으로 "저절로 쑥~"

신유형·고득점문제
실력 문제
기본 문제
대표 문제
개념 문제

EBS

2015 개정 교육과정

수학의 왕도와 함께라면
수포자는 없다!!